项目名称：西南民族地区城市特色文化保护与培育路径研究
课题来源：国家社会科学基金项目
项目编号：14XMZ057

城市景区化进程中西南民族地区城市特色文化保护与培育路径研究

付德申　杨慧敏　著

中国财经出版传媒集团
经济科学出版社
Economic Science Press

图书在版编目（CIP）数据

城市景区化进程中西南民族地区城市特色文化保护与
培育路径研究/付德申，杨慧敏著 . -- 北京：经济科
学出版社，2021. 11
ISBN 978 - 7 - 5218 - 3266 - 2

Ⅰ. ①城… Ⅱ. ①付…②杨… Ⅲ. ①民族地区 - 城
市文化 - 建设 - 研究 - 西南地区 Ⅳ. ①G127. 7

中国版本图书馆 CIP 数据核字（2021）第 250536 号

责任编辑：李晓杰
责任校对：刘 娅
责任印制：张佳裕

城市景区化进程中西南民族地区城市特色文化保护与培育路径研究

付德申 杨慧敏 著

经济科学出版社出版、发行 新华书店经销
社址：北京市海淀区阜成路甲 28 号 邮编：100142
教材分社电话：010 - 88191645 发行部电话：010 - 88191522
网址：www. esp. com. cn
电子邮箱：lxj8623160@ 163. com
天猫网店：经济科学出版社旗舰店
网址：http：//jjkxcbs. tmall. com
北京密兴印刷有限公司印装
710×1000 16 开 13.5 印张 240000 字
2022 年 8 月第 1 版 2022 年 8 月第 1 次印刷
ISBN 978 - 7 - 5218 - 3266 - 2 定价：56.00 元
（图书出现印装问题，本社负责调换。电话：010 - 88191510）
（版权所有 侵权必究 打击盗版 举报热线：010 - 88191661
QQ：2242791300 营销中心电话：010 - 88191537
电子邮箱：dbts@ esp. com. cn）

目
录
Contents

>   >   >   >   >   >

第一章　绪论 …………………………………………………………………… 1

　　第一节　研究背景与问题提出 ……………………………………………… 1

　　第二节　研究目的与意义 …………………………………………………… 5

　　第三节　研究内容与创新点 ………………………………………………… 6

　　第四节　研究重点与研究方法 ……………………………………………… 8

　　第五节　技术路线 …………………………………………………………… 9

　　本章小结 …………………………………………………………………… 10

第二章　城市景区化进程中西南民族地区城市特色文化保护与培育的文献综述 ……… 11

　　第一节　城市景区化文献综述 ……………………………………………… 11

　　第二节　城市特色文化保护与培育文献综述 ……………………………… 15

　　第三节　城市景区化对城市特色文化保护与培育的文献综述 …………… 18

　　第四节　文献研究述评 ……………………………………………………… 22

第三章　城市景区化进程中西南民族地区城市特色文化保护与培育的理论基础分析 …… 25

　　第一节　城市景区化的理论基础 …………………………………………… 25

第二节　城市特色文化的理论基础 ……………………………… 36

第三节　城市景区化和文化的作用关系 ………………………… 44

本章小结 …………………………………………………………… 46

第四章　城市景区化进程中西南民族地区城市特色文化保护与培育状况的现状 ……… 47

第一节　西南民族地区城市景区化与城市特色文化保护整体现状 … 47

第二节　桂林市城市旅游文化保护与培育现状 ………………… 54

第三节　丽江市城市民族文化保护与培育现状 ………………… 64

第四节　黔东南州非物质文化遗产保护与文化旅游发展现状 … 71

本章小结 …………………………………………………………… 79

第五章　城市景区化进程中西南民族地区城市特色文化保护与培育的影响
　　　　因素、特征及作用机理 ………………………………… 80

第一节　城市景区化进程中城市特色文化保护和培育的影响因素 … 83

第二节　城市景区化背景下城市的特色物质文化保护和培育 … 130

第三节　城市景区化背景下城市的特色制度文化保护和培育 … 133

第四节　城市景区化背景下城市的特色精神文化保护和培育 … 135

第五节　城市景区化进程中西南民族地区城市特色文化保护
　　　　和培育的特征 …………………………………………… 137

第六节　城市景区化进程中西南民族地区城市特色文化保护
　　　　和培育的作用机理 ……………………………………… 140

本章小结 …………………………………………………………… 144

第六章　城市景区化进程中西南民族地区城市特色文化保护与培育的实证研究 ……… 145

第一节　城市景区化对城市特色制度文化保护的调查分析 …… 145

第二节　城市景区化对城市特色物质文化的研究假设与实证检验 … 153

第三节　城市景区化对城市特色制度文化的实证检验 ………… 161

第四节　城市景区化对城市特色精神文化的实证检验 ………… 164

第五节　城市景区化对城市特色文化保护与培育的结论与讨论 … 168

本章小结 ·· 168

第七章　城市景区化进程中西南民族地区城市特色文化保护与培育路径 ········ 170

第一节　城市景区化的政策含义 ························ 172
第二节　城市景区化进程中文化保护的政策建议 ············ 180
第三节　城市景区化进程中文化培育的政策建议 ············ 186
本章小结 ·· 193

第八章　结论 ··· 194

附录　城市景区化对西南民族地区城市特色文化保护与培育的
　　　调查问卷 ·· 197
参考文献 ··· 200

第一章

绪　论

第一节　研究背景与问题提出

文化是人类文明的产物，是人类变迁与演进的缩影，也是人类不可或缺的精神食粮。作为人类生产和生活的集聚地，以及人类文明的创造地，同时也作为人类的精神寓所，城市在自身发展的过程中，形成了一种独特的文化，即城市文化。西方学者罗伯特·帕克指出，城市绝非简单的物质现象，绝非简单的人工构筑物，城市有其自身的文化，也是人类文明的自然生息地。美国著名城市学家刘易斯·芒福德也在其著名专著《城市发展史——缘起、演变和前景》一书中写道："城市是文化的容器，而且所承载的生活比容器本身还更加重要。"我国著名的文化学者杨东平教授将城市比作一个自然和地理的单元，城市是人类的一种聚居的生活方式，是一片经济区域，也是一种文化空间——人造城市，城市造人，人类和城市造就城市的文化。城市盛世兴亡的背后，便构成了社会变迁的历史轨迹。大城市作为文化中心的关键类型，对于吸收和聚合知识分子有重要的作用，这主要依赖于城市相应的文化生长机制的文化生态环境。冯天瑜等人在《中华文化史》中提到："中华文化作为一个文化圈，和人类所创造的其他文化圈一样，具有其核心和边缘。作为文化场的内核所在，城市是各文化圈文化能量的聚合处和辐射中心。都市作为城市的最高形式，无论在博大和精细上都显现出了中华文化的魂魄。"①

---

① 冯天瑜，何晓明，周积明. 中华文化史［M］. 上海：上海人民出版社，2015.

一、政治背景

2015 年 8 月 18～19 日，全国旅游工作研讨班在安徽省黄山市举办。在本次研讨班上，首次明确提出全面推动全域旅游发展的战略部署，并给出量化工作目标。随后，国家旅游局下发了《关于开展"国家全域旅游示范区"创建工作的通知》，这是全域旅游从理念向实践落实的重要推动，是地方践行全域旅游的重要指引。通知下发后，全国各地积极推进国家全域旅游示范区的申报工作，2016 年 2 月，国家旅游局公布了 262 家首批国家全域旅游示范区创建单位。2016 年 5 月 26～27 日，全国全域旅游创建工作现场会暨创建工作培训班在浙江省杭州市桐庐县举办，首批国家全域旅游示范区创建单位及旅游部门负责人参加了会议，对推进全域旅游创建工作的深入开展进行了交流和探讨。

二、社会背景

20 世纪 90 年代中后期，特别是在邓小平南方谈话之后，我国的经济和社会发展速度进一步加快，城市化进程的快速推进促进了城市蔓延和城市郊区扩大，城市边缘地带有大量土地。自提出发展全域旅游以来，国内部分地区开始了开展全域旅游的探索和实践。以浙江省为例，从推动全省经济转型升级和城乡统筹发展大局出发，规划建设一批特色小镇，用新理念、新机制和新载体去推动城镇的产业集聚、创新和升级。浙江省对特色小镇也提出了基本要求，即全部建成为 3A 级以上的景区，且旅游类型特色小镇的建设须按照 5A 级景区的标准。宁夏银川市西夏区以"全域景区化、景区特色化、镇村景点化、配套景观化、景区要素完备化、公共服务便捷化"六化为重点，进一步完善基础设施建设，加强行业管理，丰富产品体系，把西夏区打造成处处是景点、全城是景观、满眼是风景的自驾自助优秀旅游目的地。苏州市提出"城市即旅游，旅游即生活"的理念，强调"大空间"，即把整个城市作为一个整体、作为最美旅游目的地和最大景区来建设。此外，海南三亚市、浙江桐庐县、广西桂林市阳朔县、江西安远县、湖南平江县、贵州贵阳市花溪区、陕西韩城市、河北涞水县、湖北武汉市黄陂区等市（县、区）也在全国率先进行了全域旅游的探索和实践。

三、经济背景

随着旅游市场的不断变化，旅游经济逐渐成为推动城市发展的重要组成部分和重要动力，一些中小型城市提出将城市打造成为景区的发展理念，也就是"城市景区化"。中国旅游城市的竞争发展，使城市旅游建设的质量得到很大的提升。全国各城市通过不断提升服务水平和服务质量来提高城市竞争力和知名度。一方面，旅游产业的发展能够带动第一、第二和第三产业的发展，对城市经济发展具有重要的推动作用。另一方面，旅游产业发展所需要的大量人力和物力，给当地居民的就业和产业的发展均带来了明显的推动作用。此外，经济发展趋势，从产品经济、商品经济到服务经济，已经逐步转向体验经济，且全世界服务业所占比重逐渐升高，由服务业产生的经济效应已经逐渐超越传统的工业和农业，成为经济新常态下最具发展潜力的产业。关键的是，旅游业是服务业的重要组成部分，在未来也处于重点发展行业的序列之中。

四、旅游业常态化发展

（1）大众化旅游时代的到来。改革开放以来，我国旅游业在"景点模式"的驱动下，实现了从短缺型旅游向初步小康型旅游的历史性跨越。2015 年，我国人均 GDP 已达到 7940 美元，人均出游率超过 3 次，表明我国大众化旅游消费的时代已经到来。大众旅游时代，"景点旅游"模式已经不适应新形势下旅游业发展的要求。经济新常态下的旅游业发展，必须客观考虑旅游市场和旅游发展的内在联系和要求，在遵循旅游产业发展规律的基础上，不断变革旅游发展模式，推进以抓点、线为特征的"景点旅游"发展模式向整合区域资源，推进产业融合、促进共建共享的"全域旅游"发展模式转变。

（2）旅游业成为新常态下中国经济增长的新引擎。据《国民经济和社会发展统计公报》（2018 年）数据显示，2018 年国内游客 55.4 亿人次，增长 10.8%；国内旅游收入 51278 亿元，增长 12.3%。入境游客 14120 万人次，增长 1.2%。其中，外国旅客 3054 万人次，增长 4.7%。国际旅游收入 1271 亿美元，增长 3.0%。国内旅游消费、境外旅游消费均位列世界第一。尽管我国目前面临经济下行的压力，但旅游业呈现出逆势增长的态势。巨大消费市场的推动和国家宏观政策的引导，促使旅游产业成为新常态下我国经济增长的重要新动力。发展全域旅游，可以促进城市景区化发展，具有促进新常态下稳增长、调结构、促就业、惠民生等作用，有利于推动经济结构的战略性调整。

（3）旅游业进入多元化、特色化发展新阶段。中国旅游消费市场开始向多元化、多层次、多领域发展，人们出行旅游将对吃、住、行、游、购、娱、商、养、学、闲、情、奇、厕各方面提出更高要求，由基本满足型逐步向舒适型、享受型过渡，我国旅游消费水平也逐步由低级向高级发展，旅游消费结构呈现多元化的特征。旅游产品越来越重视增强产品核心吸引力，更加适应游客个性化的需求。发展全域旅游有利于促进旅游业与其他产业的融合发展，延伸产业链，培育旅游新业态，丰富旅游产品类型，更能适应未来旅游市场的多元化、特色化要求。

（4）大力推进旅游业供给侧改革。我国正处于旅游业大发展的黄金机遇期，市场需求强劲，供给严重不足，供需矛盾突出，特别是高品质、有创意的旅游项目和服务短缺。发展全域旅游和促进城市景区化发展就是要加大旅游供给侧改革，实施旅游消费促进计划和旅游投资促进计划，加强旅游交通、景区景点、自驾车营地和信息化等硬件设施建设，推进"旅游＋"，大力发展乡村旅游、工业旅游、文化旅游、养老养生游，实现旅游业与一二三产业融合发展。

五、新型城镇化的建设

《国家新型城镇化规划（2014—2020 年）》提出，要根据不同地区的自然历史文化禀赋，发展具有地域风貌、历史记忆、文化脉络和民族特点的美丽城镇，要体现出区域的差异性，提倡形态多样，防止千城一面，形成符合实际同时又各具特色的城镇化发展模式。这说明发挥明显的文化资源优势、展现特征鲜明的地域文化、营造浓厚的文化氛围和整合文化资源，从而形成强大文化驱动力，是促进新型城镇化建设的重要路径。城市特色文化具有人文传承和自然演化的历史积淀，能够促使城市保持自我发展蕴意。随着经济和社会的发展和人们认识水平的不断提升，我国新型城镇化的发展不断向前推进。在这个过程中，新型城镇化的发展不仅注重促进城市硬件设施水平的提升，而且还注重提升城市文化内涵，更加强调从精神文化层面促进城市内涵式发展。文化是城市的灵魂，一座没有文化底蕴或者缺乏特色文化的城市，很难成为真正意义上的现代城市，也很难实现我国提出的新型城镇化的基本目标。因此，在新型城镇化不断推进的现实背景下，城市特色文化保护和培育是一个值得思考的问题。

六、城市特色文化建设

随着经济全球化的发展，城市在国家和区域中的地位和重要性不断提升，我国的城市在发展过程中进行了一系列转型，人们对城市竞争的意识也在逐渐提高。在这样的国家背景和社会背景之下，如何提升城市竞争力逐渐成为各级地方政府和学术界关注的焦点问题之一。目前，在以信息技术和知识产业为主的"新经济"的巨大冲击下，传统城市经济增长面临更大的挑战，城市间的竞争策略和路径也正在发生着变化，由以往的单一经济维度竞争转向社会、文化等方面的多维度竞争。文化作为一种无形和内在的重要资源，是提升现代城市竞争力的重要因素。城市特色文化在现代城市竞争力中具有重要的凝聚作用，是一种推动城市向前发展的鼓舞力量。

第二节 研究目的与意义

一、研究目的

本书以城市景区化为切入点，以西南民族地区的城市特色文化保护和培育路径为研究对象，梳理城市发展、城市文化等相关概念和理论，并在对西南民族地区城市景区化进程和城市特色文化现状的清晰认识的基础上，选取广西桂林市、云南丽江市和贵州黔东南苗族侗族自治州为调研目的地，从统计年鉴、实地调研中获取相关数据，对城市的景区化和特色文化保护的现状进行详细测算及评价。在此基础上，针对理论机理和研究假设，本书进行实证检验。通过理论研究和实证研究相结合的方式，找出城市景区化进程中城市特色文化保护与培育中的问题，进而构建西南民族地区景区化进程中城市特色文化保护和培育的对策体系，同时也为政府科学制定民族地区城市特色文化保护和培育政策提供支撑。

二、研究意义

近年来，在国家"十三五"文化改革发展规划纲要思想的指导下，西南民族地区以创意的手段将城市文化融入旅游业的发展中，形成兼具地方和民族特色的城市特色民族文化旅游产业。这一新兴的旅游业态因其绿色、环保、创新的特点而与当前全国上下正风生水起的城市景区化建设发展理念不谋而合。因而，如何统筹兼顾城市景区化建设与民族地区城市特色文化发展和保护，实现两者协同发展成为当前摆在西南民族地区政府部门面前的一大难题，也因此成为学术界的研究热点。各级政府部门希望通过努力，将城市特色民族文化旅游产业发展成城市景区化建设的支柱产业，为当地经济发展方式的转变和可持续发展提供不竭的动力。

在理论方面，本书探讨城市景区化和城市特色文化保护之间的关系，并对城市景区化进程中的城市特色文化保护和培育的作用机制进行探讨，研究西南民族地区城市景区化过程中实现城市特色文化保护和培育的对策和路径，进一步丰富了城市经济学、管理学、政治学和社会学等学科的理论内涵和研究案例。在实践层面，本书对西南民族地区城市特色文化保护和培育进行研究，通过选择代表性的城市来探讨城市景区化背景下的民族地区城市特色文化保护和培育路径，分析各地区在城市景区化背景下城市文化保护和培育存在的差异和不足，为政府部门提供实践层面的借鉴意义和参考价值。

第三节　研究内容与创新点

一、研究内容

首先，从宏观层面开展西南民族地区城市特色文化保护与培育的必要性、可行性、格局、趋势和一般规律研究；其次，基于城市景区化发展进程的角度，从微观层面对西南民族地区城市特色文化保护与培育进行研究分析；最后，从宏观、微观层面开展西南民族地区城市特色文化保护与培育的实现路径研究。为了完成上述研究内容，本研究拟从以下几个方面开展工作：

第一，西南民族地区城市景区化状况和城市特色文化保护与培育状况的文献与现状调查。内容包括研究背景的描述、研究问题的提出。首先，重点从政治背景、社会背景、经济背景、旅游常态化发展、新型城镇化建设、城市景区化建设和城市特色文化建设等方面，阐述基于城市景区化进程提出的西南民族地区城市特色文化保护与培育的路径，随后分别介绍广西、云南和贵州三个调研目的地在城市文化保护与培育方面的必要性和可行性，进而提出本书的理论意义和现实意义，并从研究内容、研究方法、研究重点和研究创新点等方面来进一步强化本书的研究意义；其次，通过文献调查，总结国内外民族地区城市景区化状况和城市特色文化保护与培育状况的研究成果、发展趋势和存在问题；最后，从西南民族地区各省（以桂滇黔为例）中选取典型案例地进行个案调查，获得城市景区化和城市特色文化保护与培育的现状，提出构建城市景区化对西南民族地区城市特色文化保护与培育作用机理的理论与现实依据，并结合西南民族地区城市景区化的内涵，探讨城市景区化进程中西南民族地区城市特色文化保护与培育路径的民族性和特殊性。

第二，城市景区化进程中西南民族地区城市特色文化保护与培育的影响因素、特征及作用机理研究。首先，探讨城市景区化进程中西南民族地区城市特色文化保护与培育的影响因素；其次，归纳城市景区化进程中西南民族地区城市特色文化保护与培育的特征；最后，总结城市景区化对西南民族地区城市特色文化保护与培育的作用机理，建立城市景区化对西南民族地区城市特色文化保护与培育作用的理论模型。

第三，城市景区化进程中西南民族地区城市特色文化保护与培育作用机理的实证验证。首先，根据作用的理论模型，构建城市景区化进程中西南民族地区城市特色文化保护与培育作用的相关指标体系；其次，构建城市景区化进程中西南民族地区城市特色文化保护与培育作用的测度方法；最后，通过问卷调查获取大样本结构化数据，建立城市景区化进程中西南民族地区城市特色文化保护与培育作用的数量模型，分析和验证影响城市景区化进程中西南民族地区城市特色文化保护与培育作用的影响因素和路径，并结合社会学探讨和验证城市景区化进程中西南民族地区城市特色文化保护与培育作用的特征及作用机理。

第四，城市景区化进程中西南民族地区城市特色文化保护与培育路径。在现状分析、理论分析以及实证检验的基础上，通过对西南民族地区城市特色文化保护和培育的分析，提出有针对性的政策建议。在城市景区化进程中，提出特色识别、专款保障、法治保障、立体规划、特色落地、产业联动六个文化保护方面的建议，提出了培育城市文化整体氛围、突出城市特色文化的品牌建设、融合传统与现代的创新元素、推动市民融入的参与机制、鼓励市民讲述城市故事以及对腐蚀性文化进行实时检视等文化培育方面的建议。

二、研究的创新之处

（1）在研究视角上创新：首次从城市景区化的视角，探讨西南民族地区城市特色文化保护与培育的影响因素、特征及作用机理。

（2）在研究方法上创新：首次构建城市景区化对西南民族地区城市特色文化保护与培育作用的实证模型，并通过大样本的调研数据，探讨和验证城市景区化对西南民族地区城市特色文化保护与培育作用的影响因素特征及作用机理。

第四节　研究重点与研究方法

根据研究目的，本书从实际出发，有选择地借鉴经济学、社会学、心理学和管理学等多个学科领域的研究成果，并综合运用多种行之有效的研究方法。宏观层面，主要以实证主义方法作为主导方法开展理论探讨；微观层面，以社会调查和个案访谈等方法为辅助。本书主要采用理论和实证研究相结合的方法，将西南民族地区城市特色文化保护与培育置于其所处特定的自然、社会、经济环境中进行考察，从理论上探索西南地区城市特色文化保护与培育的影响因素、特征和作用机理等多个方面，进一步从实证的角度分析影响西南民族地区城市特色文化保护与培育的作用机理。

（1）文献研究法。对关于西南民族地区城市特色文化保护与培育的国内外研究成果、发展趋势和存在问题进行文献综述。

（2）案例分析法。在西南民族地区选择典型案例地开展个案调查，获得西南民族地区城市特色文化保护和培育典型案例地的现状资料并加以分析。

（3）理论模型构建法。以相关数学模型为前提，分析并推导出一个新的多元分析框架理论模型，获得西南民族地区城市特色文化保护与培育之间的内在关系作用机理。

（4）实证模型检验法。选取和测量相关指标，获取衡量西南民族地区城市文化保护与培育的指标体系，并通过问卷调查获得一手数据和资料，对西南民族地区城市文化保护与培育的发展现状进行描述。

（5）政策系统设计分析法。通过对西南民族地区城市文化保护与培育的典型案例的描述和实证结果检验，提出保护与培育西南民族地区城市文化的政策建议。

第五节 技 术 路 线

城市景区化作为新型城镇化建设的目标之一，对经济社会的发展已经显示出了巨大的作用。如何实现从功能城市向文化城市的战略转型，是城市建设实践中迫切需要解决的问题。而避免城市文化建设的同质化和趋同化，走特色文化培养创新之路，是现代城市发展的必然趋向。西南民族地区城市文化有着与生俱来的优势和特色，因此，因地制宜地探讨城市景区化对西南民族地区城市特色文化保护与培育的影响因素、特征和作用机理，是选择西南民族地区城市特色文化保护与培育路径的关键。本书的技术路线见图1-1。

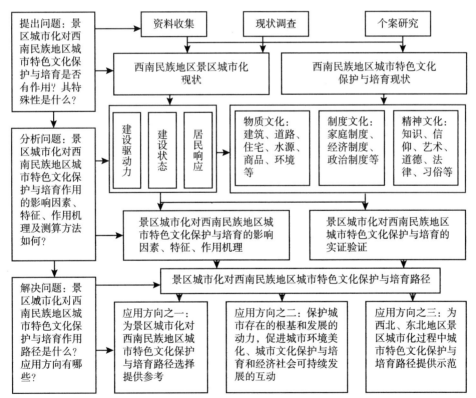

图1-1 城市景区化进程中西南民族地区城市特色文化保护与培育路径的技术路线

本 章 小 结

城市文化是人类文化发展到一定阶段的产物，也属于人类文化的一种特殊形态，更加具体来看，城市文化是指城市在其特定地域上所具有的文化色彩，这其中就包括城市中孕育的道德、法律、知识、信仰、习俗和艺术，以及每一位城市公民在城市生活中习得的其他一切能力和习惯。此外，城市化进程中大量的外来人口所带来的丰富的文化知识和风俗习惯也构成了城市文化的重要内容。城市文化是人类文明的最高体现，体现了社会文明，也是一个城市认同感和集聚力的重要体现。城市在发展过程中，只有将城市文化精髓贯彻到城市发展的各项事业中，才能保持城市的繁荣和稳定，才能创造和谐的城市环境，最终实现文化和经济的良好循环。本章从政治背景、社会背景、经济背景、旅游业常态化发展、新型城镇化建设和城市特色文化建设等方面描述了研究背景，概述了本书的研究目的和研究意义，详细说明了研究内涵、研究方法和创新之处，提炼出了本书的研究重点和研究方法，为后续的研究奠定了良好的基础。

第二章

城市景区化进程中西南民族地区城市特色文化保护与培育的文献综述

文化、经济、政治是社会结构的三要素，其中，文化包括思想观念、道德伦理、制度、法律法规、人文历史、文学艺术和科学技术等。文化的一部分可以转化为社会生产力中的软实力。地域文化是受地理环境和自然条件的不同影响，导致了历史文化背景差异，从而形成的与地理位置明显相关的文化特征。地域文化的研究实际上就是对文化的空间分布及其特征的研究。最早使用"文化区域"一词的是近代西方文化地理学派美国的奥·梅森，德国的拉策尔，也有学者用"文化圈"表示。因此，地域文化又被称为区域文化或文化圈等。特色文化是指某个区域或某个族群的地理环境、气候条件、物质生活、文化传统、民俗民情、社会风气等因素综合演变而形成的一种地域文化，具有明显的地域性。不同地域、民族的人，其习俗、语言、生产、生活与别处都表现出不一样的特点。地区历史遗存越多的地区，其特色文化也就越丰富。但由于人群的流动性，各地文化相互渗透、相互影响。

第一节　城市景区化文献综述

一、关于城市景区化的研究

20世纪90年代初，马林斯提出了旅游城市化，他认为旅游城市化是建立在享乐的销售和消费的基础上建立起来的一种模式，这是后现代城市的一种重要的变现模式。类似的，城市景区化的发展同样是基于人们的基本生活要求得到满足后，追求精神层面需求的一个直观体现。格莱斯顿对美国大量的都市进行了实证检验，他发现美国加州南部地区的城市进程对旅游发展起着很大的推动作用，他把这种由旅游推动城市化发展的现象称为旅游城市化，并且在这个过程中城市景区化，即在一个城市范围内不断拓展和吸引游客的景区，也推动了城市化的发展。马林斯还对旅游城市化的特征进行了总结，认为其应当具备以下几个方面的特征：一是没有传统的中央商务区，城市由主要景区向外面辐射；二是存在明显的城市旅游景区；三是城市经济不断发展的同时，城市人口规模和劳动力规模也在不断提升；四是旅游产业是影响经济发展的重要产业，并且带动房地产行业和建筑行业的发展，雇佣关系以私人雇佣关系为主；五是居民人均收入水平较低且失业率较高；六是政府在城市发展过程中扮演引导作用，很少直接干预，但在城市基础设施建设方面发挥了重要的作用；七是人们已经基本上解决了温饱问题，并且向更高的需求阶段转变，其中游客成为消费的重要群体；八是大部分居民为外来人员，且大部分是暂时停留的群体，其中中青年和老年占大多数。

国内学者对城市景区化的研究尚不成熟，从目前的研究成果来看，多数学者将城市景区化问题囊括在旅游城市化问题的研究之中。如在概念方面，肖胜和认为，景区化是一种旅游活动，是一个与周边环境有清晰接线的空间隔离的过程。王维艳则指出，景区化是某一地域因为存在特殊的旅游吸引物，通过开发和配套旅游服务设施的建设，从而形成具有功能的空间过程。类似的，也有学者这样定义景区化：某一特定资源的地域，经过开发公司的开发和管理，促使旅游吸引力得到提升的过程。借鉴其他领域的概念，也可对景区化进行其他定义。如，徐高福提出的地域景区化就指出，景区化是一个挖掘特色资源，将产业、景观、休闲、规划等融合在一起，形成特色旅游功能的过程；段银河提出的民族村落景区化则站在民族地区的角度提出，因自然、文化和民族特色，对民族村落的旅游资源进行开发，使其成为旅游景区的过程。秦斌明首次将城市景区化作为一个单独的问题进行研究，他提出，城市景区化是一种打破原有的城市基础设施、城市环境和城市景点作为旅游业支撑的局面，更加看重城市发展的创新理念，将城市自身作为景区并获得发展的过程。作为旅游城市化进程的重要动力，城市景区化是一个城市内部景区数量不断增多，景区规模不断扩大，进而整体提升城市发展水平和发展质量的过程。在特征方面，学者们对"城市作为景区实现城市发展是城市景区化的基本特征"这一观点达成了共识，且多数学者均从旅游城市化和旅游推动城市发展的角度对城市景区化的特征进行了总结。付德申等人将城市景区化的特征概括为点状城市景区化、带状城市景区化和扩散式城市景区化三种特征。基于旅游城市化的角度，陆林发现城市景区化存在促使居民生活方式、生产方式、社会角色和社区功能转变的特征。葛敬炳则通过丽江的案例总结旅游城市化的特征为：工商业为主的城市向旅游业为主的城市转变；空间结构由点到面；旅游用地面积逐步增加；而城市绿地面积则被大量侵占；当地居民的主要从事的行业是旅游业；城市基础设施得到了迅猛发展。

从驱动力的角度划分，城市景区化可以分为内部驱动力和外部驱动力两种类型。从内部驱动力角度来看，城市景区化包含了城市旅游发展和城市建设两个方面的内容。从城市旅游发展的层面出发，城市景区化是城市旅游经济发展的内在要求，也是城市自身建设的需求。从外部驱动力角度来看，城市景区化主要是当前旅游业发展转型升级的需要。作为旅游业的重要载体和重要枢纽，城市应当迅速适应并满足当前旅游业发展转型升级的需求。

现有关于"城市景区化"的研究成果尚不成熟，梳理现有研究成果可以发现，学者们从以下几个方面对这一概念进行了定义和理解。城市景区化作为一个新概念，现有研究还相当匮乏，陆林等人认为，城市景区化对促进旅游与城市化的融合，完善提升城市的旅游休闲功能，优化城市生活环境，打造城市名片等具有重要推动作用。曾鹏等人认为，从城市景区化驱动力的方面出发，城市景区化内部驱动力的重要内容包括实施主体、动力、方式和保障，其对城市的面貌、景区的联动、可持续发展环境和城中村建设产生着重要的影响。安传艳认为，伴随着城市旅游的发展，城市景区化也是不断发展的。城市景区化是景区数量增多、景区规模变大、景区管理水平提升和景区环境质量得到改善的趋势。李晓琴则认为，城市景区化作为城市建设的重要内容，应把城市打造成为最大旅游景区和旅游目的地，构建旅游综合性城市旅游，从而发挥旅游产业对整个城市经济和社会发展的带动作用。程皓提出，城市景区化是城市旅游融入城市发展的过程，将旅游业作为城市发展的重点产业和引擎，将城市建设成景区和旅游目的地。通过对已有研究的梳理，本书认为，城市景区化的基本诉求在于按照景区的高品质标准来打造城市，促进城市旅游业的发展和城市的高质量发展，从而将城市打造成为宜居、宜业和宜游的旅游目的地。因此，城市景区化的核心在于建设全域旅游城市，优化城市环境，将城市整体建设成为景区，促进城市旅游产业和旅游经济的发展，最终促进城市的全面发展。

相较于城市景区化，关于旅游城市化的研究更加丰富，从旅游城市化的角度也更加容易理解城市景区化。从城市发展历程来看，旅游城市化是一种广泛存在的发展方式。这种发展模式主要出现在一些特色城镇或者旅游资源较为丰富的城市，如丽江市、桂林市、厦门市、杭州市等。一般而言，旅游城市化有两种形态，一种是景区城市化，另一种是城市景区化。景区城市化是因为景区的建设，使得大量人流、物流、产业和基础设施集聚在一起，带动城市房地产行业的发展，进一步形成城镇或者城市，但是这种发展模式往往因为过度建设，导致城市发展质量受到影响，比较明显的是环境质量严重受到影响。城市景区化的目的在于将城市建设成为景区，从而达到城市各个产业融合发展、人流和物流聚集、基础设施完善和城市化水平提升的目的。当然，目前也有城市将这两种模式结合在一起，即城市发展的综合模式。

二、关于民族地区社区"景区化"的研究

关于少数民族地区社区"景区化"的研究成果主要是从旅游学的角度出发。王伟艳从旅游活动要素及其空间效应方面出发，将景区化确定为"某个空间或地域，因其特定的资源环境被旅游者纳入旅游吸引（景观）视域，经由某种形式的开发和经营管理，配套相应的旅游设施与服务，逐步形成具备一定旅游功能的新型空间过程"，并将乡村民族社区的景区化理解为乡村民族社区因为其特殊的自然——人文景观而被纳入旅游核心视域，社区居民进一步影响旅游发展的结果，同时社区居民的生活和生产方式也因为旅游发展而发生改变，最终促使社区转变为一个与其周边环境功能相异的新型社区，简而言之，就是乡村民族社区的景区化。段银河等人则从社会学的角度出发，深入探索了民族社区的景区化所带来的社会问题。他认为，地方政府主导型模式的支配会导致我国民族社区景区化发展出现执行主体、资源主体、参与主体和利益主体错位等问题。由于项目资源及其实践过程很容易被各种行政权力、行政话语影响和约束，民族社区景区化项目会与国家保护和培育民族文化资源和文化遗产的初衷发生偏离，从而导致社区居民、信仰和空间带有浓重的商业化气息，多重利益相互交织使社区治理的难度加重。

第二节　城市特色文化保护与培育文献综述

一、关于城市特色文化的研究

国务院新闻办发布的《中国农村扶贫开发纲要（2011—2020）》的第十条提出了国家扶贫攻坚的主战场，中共十六大报告明确提出了"全面建设小康社会"的目标，而中共十八大报告更是指出"全面建成小康社会"。文化产业可以直接创造经济价值，成为新的支柱产业。而文化产业蕴含着意识和产业的两层属性，具体表现为精神文化层面和物质文化层面。此外，城市特色精神文化对实现全面建成小康社会具有重要的意义，涉及的领域包括人文、社会、制度和经济等多个领域。

首先，城市特色精神文化对城市的发展产生重要影响。城市特色精神文化是指民众为了充分发挥自身的聪明才智，在长期的社会发展过程中，集体共同创造的，具有一定观念的、地域的和长期的个性意识的产物，是反映地区民众的世界观、人生观和价值观的综合表现。城市特色精神文化主要包括民众生活中的思想道德水平、知识文化素养水平、艺术发展水平和科技文化水平等。城市特色精神文化和区域的主体所处的地理环境、人文环境和社会环境息息相关。其次，城市特色制度文化对民族地区的建设和繁荣产生影响。城市特色制度文化发展是推动民族地区发展、国家文化建设的重要途径。最后，城市特色制度文化对城市发展产生重要的影响。方钦认为，制度文化不仅通过制度的强制力规范和约束该民族的个人、群体与社会组织的行为活动，其精神层面也影响和作用于民族中每个社会个体的行为习惯和价值观念，促进该地区物质文化与精神文化的生成和发展。通过对彝族的调研发现，彝族家支制度文化是彝族地区乡村治理的重要基础，其强化了彝族朴素的社会福利理念的形成，同时促进了社会道德和伦理观念的形成，有利于促进彝族地区民族凝聚力和规范彝族民众的行为，对当地经济的发展和社会的稳定产生了重要影响。

二、关于非物质文化遗产保护与传承的研究

非物质文化遗产是人类世代相传的历史记忆和文化基因，在如今科学技术高速发展的社会中，一方面，在传承过程中受到大众媒体的影响；另一方面，在保护和培育工作中也面临着大众媒体的挑战。认定代表性传承人是非物质文化遗产保护的重要工作。传承人是非物质文化遗产活的宝库，也是非物质文化遗产保护的关键因素，同时还是非物质文化遗产的重要承载者和传递者。非物质文化遗产保护工作应当把握好保护力度，保护力度越大，对非物质文化遗产的恢复与传承越有利；同时，也应当避免新的破坏，从而真正实现对非物质文化遗产的有效保护。谷继建认为，对非物质文化遗产保护问题的研究更应当集中在立法、政策、措施以及开发等方面，也就是从正式制度的角度出发。而非物质文化遗产中一些较为特殊的类型，诸如族群传承型，依赖非正式制度很难留存。因此，在对非物质文化遗产的类型进行明确区分的前提下，参照新制度经济学中的非正式制度的理论，对某些特殊对象保持族群式非物质文化遗产域的非正式制度原貌，并且允许利用法律手段来对开发进行理性的克制，促使经济因子适当远离族群型文化体系，更加有利于非物质文化遗产保护与培育。

彭瑛等人通过对湖北省恩施州的土家族非物质文化遗产进行分类，从分类学视角提出了非物质文化遗产的保护模式。易玲等人强调，类似于苗绣等相关的非物质文化遗产和发展历史在我国少数民族地区具有重要地位，但各种原因导致类似的非物质文化遗产的传承和保护受到了空前的挑战，她进而提出，需要加强法律手段来进行保护，具体包括深入运用法律思维，从而寻找完善知识产权的最佳路径，加快协调公法保护和私法保护相结合的保护机制，最终实现对民族地区非物质文化遗产的妥善保护。当然，当今社会出现了针对音乐类非物质文化遗产的生产性保护的官方声音，同时还出现了文化产业式开发的模式，都是从市场化发展的角度出发，对音乐类非物质文化遗产进行了有效宣扬和传播。但也应当注意到，上述两种传播方式往往很难划分界限，因为官方对非物质文化遗产的保护更加注重其本真性，而文化产业开发的模式更加注重发展产业和追求商业利润。

相关研究还集中于对非物质文化遗产和旅游开发之间的关系的分析探讨。学术界广泛关注少数民族地区非物质文化遗产的保护和培育工作，特别是关注

保护方式方面，但研究局限于理论层面和旅游开发模式的构建，但实际上，开发模式并不能完全解决传承的问题，以后的研究应当聚焦分析少数民族地区非物质文化遗产的多重特征和传承危机，详细分析文化传承和旅游开发之间的关系，对旅游景区的开发做出更加长远的规划，从而构建高效、有效的协调发展机制。当然，我国近十几年来的非物质文化遗产保护和培育工作已经得出了世界公认的"中国经验"，在当前生产性保护理论不断深化和持续实践发展的大背景下，非物质文化遗产的国家化应该当更加注重产品和服务的双重品牌的塑造，通过差异化和多层次的角度来推动保障机制和政策设计，从而实现从生产到生态的集聚发展。巴桑吉巴等人利用拉萨市的案例构建了较为完善的旅游开发适宜性评价指标体系，采用层析分析法和德尔菲法确定了各个指标的权重，从而分析拉萨市非物质文化遗产开发的优势和劣势，并得出了拉萨市在国家级非物质文化遗产价值、社会文化效益等方面具有明显的开发优势，但也受到了区域经济发展水平、就业能力和经济收益等方面的明显约束的结论。张莉莉等人则利用安徽省的调研案例，采用 SWOT 分析方法，详细剖析了安徽省非物质文化旅游开发的优势、劣势、机遇和威胁等，为安徽省非物质文化遗产的开发和保护工作提供了理论参考和有益借鉴。

三、关于少数民族特色文化产业发展的研究

近年来，国家从政策到资金都在大力支持文化产业的发展，少数民族地区也顺应时代潮流，利用自身优势发挥各自的文化特性。随着文化产业实践研究的兴起，对我国不同区域文化产业发展的特殊性和一般性的研究也一同兴起。我国民族地区文化产业的发展引起了国内外诸多学者的注意，并且大部分研究集中在民族文化产业发展的意义、现状、问题和途径等方面。李富强的专著《让文化成为资本——中国西部民族文化资本化运营研究》，对中国西部民族地区的文化产业发展进行了研究，关注的是民族文化产业如何资本化、如何发展等方面，探讨了民族文化资本化运营的依据、实践和效果等方面。施惟达探讨了云南省民族文化产业发展，也分析了云南民族文化产业的特征，同时指出丰富的文化资源是西部地区实现经济社会创新发展和跨越式发展的战略资源，因此，西部地区应当充分挖掘民族文化资源，对民族文化资源进行创新，并借助市场的手段对其进行开发和整合，实现民族地区文化资源的产业化发展。郝朴宁同样以云南省作为调研地点，对民族文化遗存状态、文化生态建设和文化

产业开发等方面的关系进行分析探讨，深入研究了云南省民族文化遗存产业开发的现状、问题、对策，进而推导出产业开发和生态文明建设两者之间的关系和路径。张胜冰从民族艺术的角度出发，深入挖掘了民族意识的价值链、产业形态、民族资源开发和民族艺术与市场经营。王克岭从微观的视角对西部少数民族文化产业主体的生存和发展现状、问题进行了审视，并基于产业链、政府作用和微观主体创新等多个维度提出了促进西部少数民族地区文化产业微观主体发展的对策建议。

在少数民族文化产业发展现状方面，赵子志系统地研究了少数民族地区的艺术品、传统体育和旅游业等方面，详细描述了少数民族丰富的文化资源，重点分析了内蒙古、云南、新疆和广西等少数民族地区旅游业的发展现状，剖析了不同地区文化产业发展的优势和劣势，以及面临的机遇和挑战。而在民族地区文化保护和传承方面，谢琛琛对壮族地区的"芒那节"的文化内涵进行研究，并对"芒那节"的民族特色文化保护现状进行分析，总结得出了在壮族"芒那节"的保护与开发过程中要注重丰富形式和内容。特殊的是，现有关于边疆民族地区文化产业的论述相对较少。王晓军等人分析了广西边境民族地区文化与旅游产业发展之间的紧密联系，提出了民族地区实施文化旅游发展策略的原则，以及实际操作的构想，寻找一条边境民族地区文化产业与旅游资源相结合的最佳契合点。王光荣指出，文化产业是人类通过各种文化活动，并借助文化基因而获得经济效应，使人们的物质和精神需要得到满足的一种行为和举动，而边疆地区文化产业发展的目的是基于本民族的文化特点，而选择好自身的项目类别，促使文化产业有序运行，并实现经济效益的最大化，促进边境少数民族地区的繁荣和稳定发展。

第三节　城市景区化对城市特色文化
保护与培育的文献综述

一、关于文化和城市发展的研究

国内关于文化和城市发展的研究形成了比较多的成果，主要观点认为，文化在人类开始出现时就是存在的，文化对城市的发展产生着重要的影响。许多学者对此也做出了重要论断，饶会林认为，城市文化是一座城市的灵魂，一座城市发展的根本在于提升城市文化和城市文明的透明度。王文红认为，作为一种无形的和内在的资源，文化是城市竞争力的重要组成内容，也被称为文化竞争力。进入 21 世纪之后，城市的竞争很大程度上取决于城市文化的竞争。上述学术研究成果描述了文化在城市发展进程中所发挥的不可替代的作用，进一步引起了对城市文化的关注。因此，要理解文化在城市发展过程中的影响和作用，应当首先关注城市发展这一过程。现有关于城市发展的研究既有理论上的，也有实践层面的。在信息时代和"互联网 +"时代到来的背景下，城市如何谋求新的发展以及如何提升城市竞争力成为学者们研究的焦点问题。金江门等人提出了建设信息城市的重要性和紧迫性。他们认为，从信息角度为我们理解文化在城市发展中所扮演的角色提供了一个良好的切入点。尽管文章没有从文化的角度来考虑信息，但这并不影响将信息列入城市文化的组成中。

二、关于文化资本和城市发展的研究

现有关于文化资本和发展的研究主要集中在文化资本和经济发展的关系、文化资本和城市发展的关系、文化资本和其他资本的关系等方面。当前文化资本研究的重要方向之一是文化资本与经济发展的关系研究。现有文献认为文化资本是经济发展的一种手段，将文化资本作为经济发展的一个分支，并认为文化资本是为经济发展服务的。克里斯多夫就认为"文化是经济发展的一项决定性因素"。张志鹏则提出："进行文化资本投资主要包括实现思想、言论自由与开展文化交流、改革教育内容等，它是促进经济的重要途径。"文化作为一种资本，固然会对城市经济发展产生深刻印象，这也遵循早期关于资本的定义，但是文化作为一种资本在促进经济发展中的作用仍旧是第一位吗？

讨论文化资本在 21 世纪对城市发展的重要作用也是当今对文化资本和经济发展关系研究的重要方向。城市的发展应当超越传统的经济发展，将社会发展、生态发展、政治发展、民主发展等领域纳入，打造文化之都、生态之都、机遇之都、宜居之都，其中"文化之都"是城市发展的核心和关键要素。这种全新的发展定位是基于新的发展角度，观察到文化资本在经济之外其他方面的重要意义，使得城市发展的内涵也得到了积极的拓展，而不再局限于将经济作为发展的唯一衡量指标。需要指出的是，文化资本和其他资本的关系也遵循布尔迪的观点，他认为文化资本、社会资本和经济资本的关系是可以相互转化的，在特定情形下，不同类型的资本会被整合到同一个事物上。正如另外一位国外学者说的那样："文化和传统都会在经济领域中发展作用，文化观光旅游提高的不仅仅是人的教育水平和构成个人娱乐活动，而且对财富和就业机会的创造也有很大的推动作用。"因此，文化资本与其他形式的资本存在相互转化和相互融合的关系。

三、关于文化产业和城市竞争力的研究现状

相较于国家文化软实力，城市文化软实力有着特殊的含义，一个重要体现是两者对价值取向的差异，因为城市文化软实力由城市精神、城市形象、文化品牌等方面共同组成。以无锡市为例对文化创意产业和城市品牌营销之间的关系进行探讨，史蕾琦等人发现，文化创意产业对城市文化品牌竞争力的提升具有明显的积极作用。厉无畏研究了会展产业和创意城市建设之间的关系，认为城市应当重视会展前期创意策划工作，结合城市自身发展需要、产业特色以及市场需求来选择会展主题，利用文化创新来促进会展产业的发展，以会展产业来促进城市建设。从对策性思考的角度，陈少峰梳理了城市文化与经济、社会发展的平衡问题，分析了城市文化软实力的要素，并提出了城市文化软实力的提升对策，主张细化城市经营的文化要素和伦理价值来促进城市文化软实力的提升。柏巍对上海市静安区文化发展的困境和优势进行分析后提出，要通过文化资源的整合、文化场所的营造和文化产业的拓展等策略，来打造"高格调时尚文化"的发展目标，积极培育商务文化、创意文化和大众文化，打响静安区文化品牌，彰显上海文化魅力。

四、关于文化产业和城市转型的研究现状

钟韵等人认为，我国大城市的文化创意产业是利用新置换出来的土地而集聚发展起来的，从经济效益和社会效益两个维度对广州市的文化创意产业集聚区进行评价发现，广州市的文化创意产业集聚区的经济效益和社会效益已经逐步凸显，且社会效益比经济效益更加容易实现。通过对文化创意产业集聚的具体类型和作用机制的深入挖掘，孙洁发现文化创意产业通过城市再生、结构调

整、网络构建和需求创造等途径来实现城市的全面转型；而集聚区作为文化创业产业政策的落脚点和传导枢纽，相关产业政策的演变也体现了城市发展关注点的转变，从产业体系到经济系统最后到社会环境的演变，并且在层层转变过程中促进了城市的全方位转型。基于城市更新的视角，张伟则实证检验了文化产业新项目对于促进城市历史风貌区的有机更新、生态恶化区环境恢复、产业建筑再利用、经济转型和城市精神更新等方面的作用，这对中小型城市的长远规划和发展有较强的借鉴意义。

五、关于城市景区化与城市特色文化的研究现状

"城市景区化"在文献检索中的频次相对较少，尚未被广泛认识，但是从旅游带动城市发展的角度来看，可以比较清晰地发现，城市景区化来源于旅游城市化。旅游城市化是一种广泛存在的城市化发展模式。从旅游城市化的角度来看民族地区城市特色文化保护，可以从物质文化、制度文化和精神文化三个角度来梳理相关文献。

从旅游城市化的积极角度来看，首先，物质文化作为民族地区文化传承的纽带，对人们的生产和生活带来重要影响。民族地区旅游城市化过程中，物质文化既对文化本体的保护和传承产生影响，也影响着对文化赖以生存的环境的保护。国内学者田敏指出，民族地区发展旅游业，对民族文化的传播和交流、民族文化的保护、民族地区社会环境和生态环境的改善、民族地区人民的社会生活质量的有效提升具有促进作用。其次，精神文化方面，国内学者杨桂华以香格里拉霞给村为例，对民族生态旅游接待村的发展进行研究，发现生态旅游者对民族村寨文化的旅游资源价值的认同，能使村民充分认识到自己民族文化的旅游价值和经济价值。旅游业发展作为文化保护的经济动力，进一步激发了民族文化的自豪感，为民族文化保护和传承提供了社会文化动力。

从旅游城市化的消极角度来看，民族地区旅游城市化也为民族地区文化带来了一系列让人忧虑的问题，这主要表现在对精神文化和物质文化的影响。首先，在精神文化方面，旅游城市化可能会削弱民族地区民众对于民族精神文化的认同，加重其失落感。贺能坤以贵州省黎平县肇兴侗寨作为调查对象开展田野调查，他发现旅游开发对民族文化产生了三个层次的变迁，其中外层是民族个性特征弱化，中层是民族文化的"空壳化"，内层则是民族精神迷茫，从而指出旅游城市化对民族地区精神文化产生重要影响。其次，在物质文化层面，

艾菊红对云南傣族文化生态村进行实地考察，发现尽管旅游城市化给当地的传统文化带来了表面的繁荣与复兴，物质文化得到了极大程度的丰富，但同时原有的文化本真和内涵却受到了削弱。

第四节　文献研究述评

首先，通过对城市景区化的相关研究进行梳理后发现，国外学者在旅游城市化的基础上进行了一系列的研究，这些研究探讨了旅游城市化的现象、特征和模式，在旅游城市化发展的研究方面达成了初步的认识，为进一步研究旅游城市化和城市景区化提供了良好的帮助。当然，国外的研究更多地集中在对旅游城市化的探讨上，而对城市景区化的研究尚且不足。但是相对国外的研究成果，国内学者对城市景区化的研究相对较晚。从目前的研究成果来看，多数学者将城市景区化问题囊括在旅游城市化问题的研究之中，非常重要的一个表现就是关于城市景区化的概念和特征都是在旅游城市化的概念和特征的基础上演绎而来。尽管部分学者从景区化的维度提出了城市景区化的概念，并总结了城市景区化进程中所表现出来的各种特征，但似乎很难脱离旅游城市化的概念和内涵。因此，梳理关于城市景区化的整体研究可以清楚地发现，城市景区化的研究文献较少，呈现碎片化，研究中心和研究焦点并不突出，研究还处于起步阶段。进一步树立关于民族地区城市景区化的相关文献可以发现，关于少数民族地区社区"景区化"的研究成果主要是从旅游学的角度出发，将乡村民族社区的景区化理解为乡村民族社区是因为其特殊的自然—人文景观而被纳入旅游核心视域，社区居民进一步影响旅游发展的结果，更多是从社区的层面来关注城市景区化对于社区经济和社会发展的影响，而缺乏从城市发展的角度来理解民族地区城市景区化的发展进程。

其次，通过对城市特色文化保护与培育的相关研究进行梳理后发现，第一，多数文献聚焦城市特色文化对城市发展产生的影响，具体包括城市特色精神文化对城市的发展产生重要影响，城市特色制度文化对民族地区的建设和繁荣产生影响和城市特色制度文化对乡村治理产生重要的影响，表明城市特色文化在城市经济和社会发展中扮演了重要的角色，特别是在少数民族地区，城市特色文化对乡村治理理念和治理结构都产生了不可替代的影响。第二，非物质文化遗产的保护和传承向来都是学者们研究的焦点问题。现有研究成果集中于大众媒体在非物质文化遗产保护中的角色，非物质文化遗产保护原则和非物质文化遗产保护的重点领域。特别是在城市化进程的推动下，少数民族地区非物质文化遗产的保护和培育工作已经得到了学术界的广泛关注，尤其是在关注保护的方式方面，但研究局限于理论层面和旅游开发模式的构建，缺少更加深入的案例分析。第三，在国家从政策到资金都在大力支持文化产业发展的大背景下，少数民族地区利用自身优势发展文化产业，促使民族地区经济和社会得到了较好的发展，关于我国不同区域文化产业发展的特殊性和一般性的研究也逐步兴起，大部分成果集中在民族文化产业发展的意义、现状、问题和途径等方面。

最后，通过对城市景区化对城市特色文化保护与培育的相关研究进行梳理后发现，第一，多数文献从基本的关系入手，重点挖掘文化和城市发展之间的关系，他们认为文化是人类开始出现时就存在的，千年的文化对城市的发展产生了重要影响，或者认为文化是一种无形的和内在的资源，也是城市竞争力的重要组成内容，这种竞争力被称为文化竞争力。但是这些研究更多地集中在理论层面的探讨，而缺乏相关案例研究进行佐证。第二，部分文献关注到了现有关于文化资本和发展的研究主要集中于文化资本和经济发展的关系、文化资本和城市发展的关系、文化资本和其他资本的关系等方面。这些研究或是强调制度，或是突出建筑，或是认可城市精神风貌。尽管这些研究更多注重经济效益，但探讨的依旧是城市文化资本如何为城市经济发展创造经济效益，同时关注到了文化资本在城市经济发展其他方面的内涵。第三，部分文献对关于文化产业和城市竞争力的关系，以及文化产业和城市转型之间的关系也进行了分析和探讨，这部分研究多采用案例分析方法对相关案例进行展示和分析。第四，鉴于城市景区化的研究成果较为有限，多数学者探索了旅游城市化如何影响城市特色文化，具体包括旅游城市化对精神文化、制度文化和物质文化等少数民族城市特色文化的影响。

整体来看，现有研究成果体现出了以下几个方面的特征：一是当前关于城市景区化进程中城市特色文化保护与培育的研究尚处于起步阶段；二是尽管多数研究对城市景区化提出了明确的概念，但多数概念是基于不同场景和视域提出的，学术界尚未达成统一定论；三是在研究城市景区化对城市特色文化保护和培育的过程中，更多地将注意力转移到旅游城市化对城市特色文化保护和培育的影响，说明关于城市景区化和旅游城市化这两者之间概念依旧较为模糊；四是多数研究成果更多是在理论层面探索城市景区化如何影响城市特色文化的保护和培育，而缺乏典型案例的佐证和验证；五是现有文献依旧难以呈现出西南民族地区城市特色文化的保护和培育现状，作为少数民族聚集的西南民族地区，其城市文化应当具有显著的特殊性，在我国民族文化大家庭中也扮演着重要的角色。在城市景区化持续推动的大背景下，如何保护和培育西南民族地区城市特色文化应当成为一个更加重视的问题。

第三章

城市景区化进程中西南民族地区城市
特色文化保护与培育的理论基础分析

第一节 城市景区化的理论基础

一、城市发展的内涵与特征

在中国古代汉语中，"城市"是"城"与"市"的组合，"城"是区域防卫，"市"是交易场所。我国古代城市的概念是在政治和商业两大功能的基础上叠加起来并深入演化来的。不同学科对"城市"的理解存在差异。比如，地理学对城市的定义为一种特殊的地域，是社会、文化、地理和经济的区域实体，综合各种要素于一体。社会学对城市的定义是一种高度集中的社会组织形式，人口密集、社会关系多样、居民主要从事非农活动，人们不以血缘和宗亲关系聚集是它的特点，并且具有独特的文化传统和风俗习惯。从经济学的角度来看，城市是住房、土地、劳动力和运输等多种要素综合在一起的网络系统，是一个坐落于有限空间地区内的经济市场。当然，不同学者对城市的理解和认知同样也存在差异。帕克在城市的研究中就强调，城市不仅仅是许多单个人的集合体，也不是多种基础设施的聚合体，更不是多种服务部门和管理机构的简单相加，城市是一种心理状态，是各种礼仪传统所构成的整体。马克思则把城市理解为人口、生产工具、资本、享受和需求的集中。我国建筑学家吴良镛教授指出，城市是一个小宇宙，因此也必然是展示物质的、社会的、体制的、人口的一级社会诸多特征的多维现象。李铁映教授则强调城市是以人为主体、以空间利用为特点、以聚集经济效益和人类社会进步为目的的一个集约人口、经济和科学文化的空间地域领域。

城市不仅是人类从传统社会大分工和商品经济发展到一定阶段的产物，更是人类精神文明和物质文明在一定时间和空间上的集聚。城市发展是一个动态的和多因素驱动的复杂过程，也是人类发展和社会进步的必然趋势。城市发展不仅仅包括城市区域规模和人口规模的扩张、城市产业结构的升级、城市组织结构的变迁，还包括城市综合经济发展水平的整体提升。因此，城市发展是我国经济和社会发展的重要动力来源，也是我国行政制度改革和经济体制转型最为直观的体现。城市发展所涉及的不仅仅是一个城市经济层面的问题，还包括政治、社会、文化和生态等诸多层面的问题。伴随着城市的不断发展，社会所发生的巨大变化是城市自身功能不断进步和完善的过程。

城市发展不仅仅只是单纯的经济发展，更应该向社会发展、人类发展、民主发展、文化发展和环境发展等各方面拓展。经济发展是城市发展的重要内容和目标，但也不应当处于所有因素的主导地位，以往追求经济增长带来的弊端已经很明显地展示在我们面前，也带来了非常值得借鉴的意义。因此，城市在发展过程中，城市的生态与人文环境、城市各个子系统之间的和谐发展，以及城市文化个性的突出和延续性应当受到广泛关注。此外，在城市发展的道路上不应当受到思想的禁锢，需要不断地谋求创新，在创新中求发展。总体来看，城市发展是一个不断完善、自主创新和关系协调的过程，城市发展的方向是很明确的，具体措施应当是在适应宏观变化中不断作出调整的。

一个城市的发展是否能够顺利进行，除了取决于该城市是否有必要的资本积累外，还应当包括城市在动态中的稳定是否可以得到保证。即稳定是城市发展的前提条件，一座城市没有稳定的发展环境，一切都是徒劳无用的。因此，为了适应城市发展大环境的变化，城市发展应当不断进行社会化以寻求自我完善；为了确保和谐的社会和自然城市发展环境，城市发展必须兼顾政治、经济、社会、文化和生态等领域的相互关系；为了保证城市在发展中具备领先优势或者赶超其他城市，城市发展历程必须不断进行自我创新，因为创新才能够为城市发展注入持久不衰的动力。

从我国城市发展的整体情况来看，1978年改革开放以后，我国城市才走上了持续、快速发展的道路，特别是"科学发展观"提出之后，城市更加注重健康和可持续发展。通过观察我国改革开放 40 多年时间里的城市发展不难发现，我国城市发展呈现出以下三个方面的特点。首先，是城市发展速度快和规模大。据国家统计局发布的《新中国成立 70 周年经济社会发展成就系列报告之十七》和全国年度统计公报，我国城镇化率呈现出了明显的上升态势。1978 年，我国城镇化率保持在 17% ~ 18%，而到了 2018 年，我国城镇化水平达到了 59.58%。城镇化率增长率也整体处于正向增长的态势，表明我国城市发展速度处于较快的水平。特别是在 2000 年和 2011 年，我国城镇化增长率分别达到 5.33% 和 3.77%，城市正以一种快速的姿态向前发展。从城市人口规模的角度来看，1978 年以后，我国城市人口呈现出明显的上升趋势。1978 年，我国城市年末总人口为 96259 万人（不含香港、澳门和台湾等地区），到 2018 年，我国年末总人口达到 139538 万人，增长幅度为 44.96%，而增长率尽管整体处于下降的趋势，但依旧持续增长。

其次，表现出人口大规模向大城市集聚的特征。世界各国的城市化发展进程体现出，无论是发达国家，还是发展中国家，大城市人口占全国总人口的比重一直都呈现出上升的态势，人口大规模地向大城市集聚。虽然发达国家较早地进入了城市化进程的后期阶段，在 20 世纪 80 年代就超过了 70%，但人口大规模向大城市集聚和流动的现象依旧没有发生很大的改变，且这种现象也没有停止。我国人口向大城市流动和聚集的现象则更加明显，并且在未来很长一段时间内，这种趋势也将继续持续下去。从表 3 - 1 可以看出，北京、上海、广州和深圳四个城市的年末总人口数呈现出不断增长的趋势，且四大城市占全国总人口的比重也不断增加，表明人口向大城市集聚的效应持续存在。根据联合国的相关数据测算，2025 年我国大城市人口占全国总人口的比重将达到35.5%。

表 3 - 1　　2010 ~ 2018 年北京、上海、广州、深圳总人口及总人口比重　　单位：万人

城市	2010 年	2011 年	2012 年	2013 年	2014 年	2015 年	2016 年	2017 年	2018 年
广州	1270.96	1275.14	1283.89	1292.68	1308.05	1350.11	1404.35	1449.84	1490.44
深圳	1037.20	1046.74	1054.74	1062.89	1077.89	1137.87	1190.84	1252.83	1302.66
北京	1961.9	2018.6	2069.3	2114.8	2151.6	2170.5	2172.9	2170.7	2154.2
上海	2302.66	2347.46	2380.43	2415.15	2425.68	2415.27	2419.70	2418.33	2423.78
合计	4270.06	4340.48	4407.93	4470.37	4537.54	4658.48	4768.09	4873.37	7371.08

续表

城市	2010 年	2011 年	2012 年	2013 年	2014 年	2015 年	2016 年	2017 年	2018 年
全国总人口	134091	134735	135404	136072	136782	137462	138271	139008	139538
占比	3.18%	3.22%	3.26%	3.29%	3.32%	3.39%	3.45%	3.51%	5.28%

资料来源：《广东统计年鉴（2010－2018）》《北京统计年鉴（2010－2018）》《上海统计年鉴（2010－2018）》、中华人民共和国国民经济和社会发展统计公报（2010－2018）。

最后，新兴城市群持续出现。目前，我国城市化进程开始进入城市集群化发展的阶段，城市群是特定区域城镇化和工业化发展到较高水平的城市空间形态，承担着一定区域内经济、政治、社会和生态等方面的积聚和扩散职能，是推动地方经济不断发展的重要增长极。改革开放以来，城市群以显著的发展速度超过其他区位和城市，为中国城镇化发展作出巨大贡献，城市群作为区域经济发展的重要形式和载体，对推动区域经济的建设和城镇化的快速发展发挥着重要的作用。依据方创琳的相关研究，将研究对象定为中国 23 个城市群（见表 3－2）。

表 3－2　　　　　中国 23 个城市群及其包含城市

区域	城市群	城市群所包含的城市
东部	长三角	上海、苏州、南京、镇江、扬州、杭州、嘉兴、无锡、常州、泰州、宁波、绍兴、舟山、南通、湖州
	京津冀	北京、天津、廊坊、保定、秦皇岛、唐山、石家庄、承德、沧州、张家口
	济宁	枣庄、菏泽、济宁
	闽南金三角	厦门、漳州、泉州
	辽东半岛	沈阳、鞍山、抚顺、本溪、阜新、盘锦、丹东、辽阳、铁岭、葫芦岛、大连
	山东半岛	济南、青岛、烟台、威海、日照、东营、潍坊、淄博
	珠江三角洲	广州、深圳、珠海、佛山、惠州、肇庆、江门、东莞、中山
中部	哈大长	哈尔滨、大庆、齐齐哈尔、长春、绥化
	中原	郑州、洛阳、开封、新乡、焦作、许昌、济源、平顶山、漯河
	武汉	武汉、黄石、鄂州、孝感、黄冈、咸宁、仙桃、潜江、天门
	长株潭	长沙、株洲、湘潭

续表

区域	城市群	城市群所包含的城市
中部	呼包鄂	呼和浩特、包头、鄂尔多斯
	赣北	南昌、九江、景德镇、鹰潭、上饶
	皖中	合肥、巢湖、芜湖、铜陵、马鞍山
	晋中	太原、晋中、阳泉
西部	关中	西安、咸阳、铜川、宝鸡、渭南、韩城、华阴、兴平
	银川平原	银川、吴忠、青铜峡
	南北钦防	南宁、北海、钦州、防城港
	滇中	昆明、曲靖、玉溪、楚雄
	成渝	重庆、成都、德阳、绵阳、广元、宜宾、乐山、泸州、南充、自贡、达州
	黔中	贵阳、遵义、安顺、都匀、凯里
	兰白西	兰州、白银、西宁、定西、临夏
	酒嘉玉	酒泉、嘉峪关、玉门

二、城市区位理论及外部性理论

德国经济学者杜能在《孤立国》中最早提出了农业区位理论，韦伯提出了工业区位理论，得益于这两个理论，有学者创建出了城市区位论。杜能的农业区位论主要是通过将研究区域假设为一个理想化的孤立均质空间，并且详细地阐述了地租、土地数量和运输成本之间的关系。韦伯的工业区位论则考虑将费用消耗作为评价工业区位优劣的最主要因素，后期有些学者在这个基础上对工业区位论进行了改进和完善，创立了以收益最大化为基础和以市场为主体的区位论。城市经济学者则以城市为研究对象，将中心商务区替换为原先的市集，将住宅、工厂、办公室和基础设施替换为原先的传统种植物，顺利地将杜能的研究视角引入城市背景中，这为其后续顺利诞生城市区位理论奠定了良好的基础。城市在整个经济和社会发展过程中占据了主导地位，各种产业将城市作为集中地，而学术界也将城市作为研究的重心，研究一定区域内城市体系的空间结构的规律和等级，以及各种职能之间的关系，并利用六边形图案对城市体系规模进行综合概括，比如城市的数量、城市规模和城市阶层等方面的情况。

在讨论城市空间组织与布局时，中心地学说是比较合适的一个理论，也是讨论城镇体系最优化的一种理论。克里斯特勒通过对所选区域的研究，深入阐释了平原型区域内不同层次规模的城市之间的分布规律和空间结构，首次提出了中心地系统空间模型和相关的原则，有力地为之后的学者研究城市范围、城市层次、城市定位和城市空间分布提供了参考。考虑到同一等级的中心地针对的往往是相同的消费群体，所以同一等级的中心地在空间分布上要有差异性，以此来避免引起的销售额下降。克里斯特勒根据市场、交通、行政规则构建了不同的正六边形城市体系结构，且正好位于正六边形结构的质心位置。中心地理论常常用来解释城市等级体系、中心城市和腹地相互作用、城市职能、城市规模和城市空间分布特征等，是城市规划和城市建设的理论模式。

西方国家的外部性理论已经经历了长时间的发展，形成了较为完善的理论体系。1980 年，英国著名经济学家马歇尔最早提出了外部性理论，随后马歇尔的学生，也就是英国著名经济学家庇古进一步对外部性理论进行了系统性的研究，他认为外部性产生的主要环节集中在经济活动的生产和消费两个领域，外部性是一个经济主体在进行经济活动的过程中，对相邻的经济主体或所有的供给经济主体所产生的一种影响。这是外部性理论发展的第一个阶段。在外部性理论发展的第二个阶段，基于马歇尔和庇古等人的研究，科斯、诺德豪斯以及萨缪尔森等人对外部性概念进一步拓展。科斯在 1960 年的文章中指出，经济产生外部性的一个重要原因是产权界定不够清晰，如果政府希望实现帕累托最优的目标，那么就必须非常清晰地界定和保护产权，后来的学者将这一思想总结为"科斯定理"，科斯、诺德豪斯以及萨缪尔森等人均认为外部性不仅仅发生在经济活动领域，而且发生在政治、社会、文化等领域。从此，外部性理论开始由经济领域向其他领域扩散。外部性理论的第三阶段开始于 20 世纪 80 年代，此时国际社会越来越关注可持续发展的问题。从本质上来讲，可持续发展问题是从长期的角度来考虑如何配置各种资源的问题。因为这个问题受到广泛和持续的关注，也就向外部性理论加入了时间因素进行考虑。

外部性理论在城市景区化进程中有非常重要的体现，因为城市景区化的推动并非是封闭的过程，而是以城市景区化为主体，逐步扩展到城市发展、城市承载力和城市景区发展等多个城市发展领域。

三、产业融合与区域一体化理论

产业融合是指不同行业或者同一行业的不同产业相互渗透，融为一体并逐步形成新的产业的过程。产业融合既是当今经济发展的显著特征，也是未来产业发展的重要趋势。在产业演进和产业发展的历史长河中，产业融合现象随处可见。学术界关于产业融合的讨论最早源于数字技术的出现而导致的产业之间的交叉。1980 年后，哈佛大学的欧丁格（Oettinger）、法国作家罗尔（Nora）和敏斯（Mince）分别创造了"compunctions"和"telemetriqu"两个新词，试图反映数字融合的发展趋势。基于数字融合，国外学者格林斯腾和卡恩纳（Greensteina & Khanna，1997）提出，产业融合是"为了适应产业增长而发生的产业边界的收缩或消失"。但这个定义局限于以互联网为标志的通信、计算机和广播电视方面的融合。2001 年，植草益从产业融合的原因及结果两方面来揭示产业融合的意义。以上学者揭示的仅限于信息通信业的产业融合。除此之外，产业融合还广泛地存在于其他领域中。

自 20 世纪 70 年代以来，随着经济全球化和信息化的不断发展，世界上许多国家出现了产业融合的现象，主要集中在信息、物流、能源和金融等领域。高新技术革命的快速发展使得某些原本形成的产业边界逐渐变得模糊甚至消融，与此同时，这些原有产业的边界处又重新融合发展，形成了新的产业形态，这种产业形态也逐渐成为促进经济增长的活力源泉。产业融合理论也应运而生。产业融合的演进方式因产业领域的不同也有所区别。产业融合的演进方式主要由高新技术的渗透融合向产业间的延伸融合发展，进而演进为产业内部的重组融合。随着产业融合发展趋势的不断增强，产业融合已经成为当前产业发展的现实选择。也有理论证明，产业融合不仅有助于加快传统产业创新速度，推动产业结构的不断优化和发展，提高产业竞争力，还有助于推动区域经济一体化。

区域经济一体化的定义为：地理位置相近的 2 个或 2 个以上国家（地区），通过制定共同的或协调的社会经济政策等，获得区域内国家或地区间的经济集聚效应和互补效应，实现成员国的产品、要素等在本地区内流动的一个状态或过程。作为一种空间过程，各种生产要素的有序流动是区域经济一体化最基本的特征。为了使得地区的利益最大化，区域经济主体会不断推动劳动力、资本、资源和技术有序地向中心集合，形成经济空间下的集聚，从而有效地推动经济在空间上的扩散，实现区域经济的均衡协调布局和资源优化配置的最优化。

区域经济一体化理论的前期发展主要包括古典经济学理论、关税同盟理论、自由贸易区理论及对关税同盟理论的逐步完善。到 19 世纪 80 年代，人们渐渐将规模经济和不完全竞争理论融入区域经济一体化的研究中。随后，关于政策一体化、区域经济一体化的外部性问题研究逐渐兴起。当前，关于区域经济一体化理论的最新发展是经济地理学和新区域主义理论。新经济地理学从对经济现象的地理集中到对区域一体化进程中的各种问题进行研究。1990 年以来，区域一体化中出现了"新区域主义"现象，即表现为：一些小国家在与大国家之间签订贸易协定时，做出了额外支付或者更大妥协。而产业融合理论和区域一体化理论有利于推动城市间在打造城市景区化过程中形成合力，共同推进整个地区旅游的发展。

四、可持续发展理论

可持续发展理论（sustainable development theory）是指既要满足当代人的需要，同时又不威胁后代人满足其需要的能力的发展。该理论以公平性、共同性和持续性为三大基本原则。可持续发展理论的最终目的是达到高效、共同、公平、协调、多维的发展。

可持续发展理论经历了较长时间的发展历程。20 世纪五六十年代，人们面临的环境压力十分巨大。在资源、人口、城市化和经济增长等因素形成的压力下，人们开始怀疑"增长 = 发展"的模式，并就此展开了讨论。1962 年，美国学者莱切尔·卡逊（Rachel Carson）发表了一部名为《寂静的春天》的环境科普著作，在当时引起了很大的轰动。全世界开始引发了人类关于发展观念的争论。虽然卡逊在该书问世时被外界诋毁和攻击，但是书中关于生态的观点最终被人类所接受。到 20 世纪 70 年代，美国著名学者巴巴拉·沃德（Barbara Ward）和雷内·杜博斯（Rene Dubos）合著的《只有一个地球》，将人类对生存与环境的认识引入一个新的境界——可持续发展。之后，罗马俱乐部在其发表的《增长的极限》（*The Limits to Growth*）中明确提出了"持续增长"和"合理的持久的均衡发展"的概念。联合国世界与发展委员会于 1987 年发表了一篇名为《我们共同的未来》的报告，该报告中正式提出了可持续发展的概念，全面论述了人类共同关心的环境与发展问题，得到了世界各国政府和其他组织高度重视，可持续发展的要领也在 1992 年召开的联合国环境与发展大会得到与会者的共识和承认。

与其他理论、概念的发展一样，可持续发展的概念也形成了几种不同派别。具体而言主要有以下几种类别：侧重自然属性、侧重社会属性、侧重经济属性、侧重科技属性。

五、产业竞争力理论

产业竞争力（industrial competitiveness），是指某个国家或地区的某个特定产业相对于其他国家或地区同一产业在提高生产效率和经济效益、满足市场需求等方面所表现出的竞争能力，也被称为产业国际竞争力。国家竞争优势理论就是在此基础上所建立的。

美国哈佛商学院的学者迈克尔·波特在《国家竞争优势》中阐释了产业竞争力理论，他认为，全球竞争的基本原则包括以下几个方面：为什么某个国家在某个产业特别具有竞争力，而不再是为什么某个国家有竞争力，并在此基础上进而提出国家竞争优势的"钻石理论"。目前国内外产业竞争力理论发展虽未达到成熟，但已初步形成产业竞争力理论框架：一个是产业竞争力成因理论，该理论以波特的"钻石模型"为代表，以定性分析为主要分析方法；另一个是产业竞争力计量分析理论，即对产业竞争力做出定量分析。从产业发展的角度来看。两者都是静态的产业竞争力理论，都以截取产业发展的某个横断面作为研究对象。动态的产业竞争力理论则以产业发展为研究对象，分析研究产业发展各阶段的竞争力特性。

旅游业在经济发展中所起到的作用，随着我国经济的不断发展也日益显著。地方政府密切关注旅游业，新的旅游目的地在政府的支持下，也随着旅游资源的持续开发而不断出现。城市旅游竞争力决定城市旅游业的生存和发展，在当前也已经成为衡量城市综合竞争实力的重要指标。确定区域旅游竞争力，分析旅游竞争力结构要素，发掘影响旅游竞争力的障碍因素，调整区域旅游发展规划，皆有利于促进区域旅游经济的健康发展。然而，受限于区域经济发展水平，各区域旅游需求增长速度呈现出差异性，并且存在着某种此消彼长的分配关系而导致区域旅游之间的竞争。因此，必须关注区域旅游需求状况，提高区域旅游竞争力。

六、利益相关者理论

1963 年，美国斯坦福研究学院开始了对利益相关者概念的研究，他们指出，利益相关者是一个整体，如果缺少他们的支持，组织将不会存在。20 世纪 90 年代初期，在布莱尔、多纳德逊、弗里曼和米切尔等人的共同努力下，利益相关者理论逐渐引起了人们的注意，理论框架也逐渐得到完善，并在实践中形成了各种各样的成果。利益相关者理论的提出在很大程度上改变了人们对组织性质和使命的理解，打破了传统的观念，促使组织必须重视社会团体对个人决策和行动的影响，充分考虑制约组织发展的复杂因素，自觉地实现传统的生产和经营管理向现代生产和利益相关者管理转变，并且承担起超越经济目标的更加广泛的社会责任和义务。

从利益相关者理论的起源来看，利益相关者这一概念来源于"stake"一词，包含着利益和主张等层面的意思，也就是说，利益相关者是某种利益或份额，同时也是对法律权力和得到权力的主张。不同于只考虑供应商和消费者的生产观念，也不同于只注重所有者、员工和供应商的传统管理理念，利益相关者理论是将政府、社区和相关的社会责任和管理模式紧密结合起来，进而提供全新的管理理念和管理模式。实际上，利益相关者理论中的利益相关者是指"那些能够影响组织目标或被组织目标影响的群体或者个人"，或者也可以定义为"任何能够影响或为组织的行为、决定、决策、时间或者目标所影响的个人或群体"。

结合我国实际来理解利益相关者理论。利益相关者在我国旅游业中的应用研究上还处于初始阶段。现有的研究成果集中在利益相关者理论在旅游规划中的应用、旅游竞争和合作、景区门票专营权探讨、社区参与旅游发展等几个方面。西方学者利用利益相关者理论得出的"旅游业利益主体"谱系图，强调的是政府、本地居民、社会团体、政府部门、本地商户、国家商务链和游客等主体需要纳入规划之中。这些研究从不同层面阐述了各个利益主体在旅游开发进程中所扮演的角色，以及这些角色所具有的决策权利和公平收益的问题，从各个角度去理解利益主体和旅游发展的关系，这也是被人们普遍认为通往旅游业可持续发展的一条有效途径。

七、社区参与式发展理论

社区参与式发展理论形成于 20 世纪 60 年代以后，其目的在于反思和批判以现代理论为代表的传统发展理论。和以现代理论为代表的传统发展理论相比，社区参与式发展理论较为微观，更加注重差异性和平等性协商和发展，在外来流入人口的帮助下，以及社区本地成员的主动配合和积极参与下，社区的蝴蝶效应能够有效得到发展，也使外来成员和社区本地成员能够享受社区发展的成果。

社区参与式发展中的"发展"一般是指一个国家或者地区从一个不发达的状态转变为发达状态的过程。这其中所谓的状态就包括政治、经济、社会、文化和生态等各个方面的内容。既要实现经济、社会等领域的现代化，也要实现人的现代化，并且这种转变是建立在生产力、持续性、赋权和社会公正的基础之上的。社区参与式发展的"参与"要素包括以下几个方面：全部项目循环中的介入，决策及选择过程的介入；有自身的努力和贡献；对本地知识的肯定和认同；不断的能力建设；需要有不同的相关群体自我的组织；民主和权利的再分配；有不同的相关群体自我的组织。综合来看，社区发展在这不断影响人们生活状况的发展过程中，利用对发展目标对象的赋权这一方式，使得发展目标能够积极和全面地参与发展的整个过程，并且从这个过程获得效益和能力。社区参与式发展的实质体现的是社区利益相关者在社区发展中拥有的决策权、对发展拥有的分配权和对发展结果的拥有权，是一种以人为本的社区发展模式。

进一步来看，社区参与式发展指的是在旅游目的地的社区所采取的政府主导、市场基础和社区参与的旅游开发模式，这种旅游开发模式能够促使旅游资源得到有效和合理的利用，基于社区成员的共同意识、需求和利益，指引社区成员共同参与社区旅游开发项目。各社区利益群体一方面能够享受旅游经济所带来的收益，另一方面也加强了社区成员的责任意识和服务意识。特别是经济效益的增加、接受培训和教育的机会增加、就业和从商的机会增加，不仅有利于社区居民个体，而且他们同时享受了因发展旅游而不断改善的社会和自然环境，旅游社区的意识也理所当然地得到提升，因而会更加全面和积极地参与到旅游发展的整个过程，使得旅游发展真正为社区和社区人民服务。

第二节　城市特色文化的理论基础

一、文化的基本内涵与特征

西方传统里的文化观念将文化划分为四种形态：文化是一种认知的范畴，文化是一种心理的状态，带有完美的观念，此处特别涉及了个人的修养，是个人获得成就或者解放的目标与期望；文化是一种较为具体的范畴，文化涉及社会中知识与道德发展的状态，联系了文明的观念，并且带有演化论的色彩，可以通过进化或者退化来衡量文化的状态；文化是一个可以描述与具体化的范畴，文化就是某个社会领域中艺术与知识作品的集合，这是文化在日常用语里面的意思，而且伴有特殊性、排外性、精英主义和专业训练等方面的含义；文化是一个社会范畴，文化所涉及的是生活方式的整体。

现代城市文化按照时间维度、区域角度、行业角度、存在形态等不同角度可以分为不同的类型。一是从时间维度出发，城市文化可分为历史、现代文化两类，城市历史文化是历史文化的沉淀与积累，城市现代文化是时代进步的主流与表现；二是从区域角度来看，城市文化可分为社区、校园、街道、企业文化等几类；三是从行业角度出发，城市文化可分为生态、建筑、旅游、餐饮、媒体文化等；四是从存在形态角度进行分析，城市文化分为精神、物质文化，精神文化指各种政策制度、文学艺术、思想道德等非物质文化，物质文化指公共设施、环境水源、建筑景观等物质文化实体。

城市文化伴随着城市的诞生和发展而逐渐产生，在城市的演进过程中逐渐形成了自身的特性。

第一，聚集性。城市文化的一个明显特征是人口的大规模聚集，是生产资料的聚集，也是全国各族文化相互渗透的大熔炉。来自不同时代、不同方向、不同背景的生活方式和文化观念、物质财富等在这个大熔炉里面不断交融和渗透，不断拓宽城市文化的覆盖范围，不断增强城市文化的凝聚力（见表3-3）。

表 3-3　　　　　　　　　　　桂林文化特色及其简介

文化特色	简介
语言	西南官话、桂柳话、桂林话、桂林方言等
广西大鼓	对架子鼓极为讲究，表演刚柔有致，潇洒利落
桂剧	是桂林地方戏，也是广西代表性剧种之一
广西文场	由唱腔曲牌、器乐曲牌两者组成
傩戏	以傩舞（俗称跳神）为基础发展起来，又名神剧
桂林民歌	一是与桂林人民的劳动相联系的山歌、笛篙歌（渔歌）等；二是与民族文化相联系的贺郎歌、龙船歌、伴郎歌
彩调剧	属灯戏系统，俗称调子、彩灯、彩调、哪嗬嗨等
桂林杂技	主要节目有《狮舞》《钻地圈》《水流星》《倒立晃圈》《双顶技》
零零落	属杂曲类曲艺。是广西代表性曲艺形式之一
桂林渔鼓	又名广西渔鼓。是广西代表性民间说唱艺术形式之一。属鼓曲类道情分类曲种
桂林弹词	又名"广西说唱""广西说书"。属鼓曲类弹词分类曲种
河灯歌节	资源县河灯歌节举办时间为每年的七月半（农历七月十二日至十四日），资源人民云集县城的资江两岸，歌声缭绕，呈现"万盏河灯漂资江"的人间奇观
兴安葡萄节米粉节	一般于每年 8 月的中下旬举办，兴安人民欢聚一堂，庆祝该节日
桂林山水画	在中国山水画中占有独特的地位。它以传统中国画为主体，主要表现桂林山水自然本性的律动与意韵。如 15 世纪的石涛及 20 世纪的齐白石、李可染、徐悲鸿、黄宾虹等多个著名画家都曾画过桂林山水或以桂林山水为灵感，并以桂林山水画成名

　　第二，辐射性。城市的形成为人流、信息流和物流的交流和发展提供了便利的场所。城市文化不断向周边城市四周辐射。桂林市自古就是南连海域、北达中原的重镇，它地处桂湘黔三省交界地带，位于南岭之南，湘桂走廊南端，对周边城市的发展和城市文化产生了重要的辐射作用（见表 3-4）。

表 3-4　　　　　　　　　　桂林周边地区主要城市概况

城市	现状	区域战略规划目标
韶关（粤）	广东省的重工业基地之一；国家规划发展的一级铁路枢纽、国家公路枢纽；有色金属之乡	国家生态文明先行示范区、全国著名的优秀旅游城市、珠三角产业共建和区域合作融合发展区

续表

城市	现状	区域战略规划目标
柳州 (桂)	国家Ⅱ型大城市，广西第一大工业城市，中国五大汽车城之一，西南地区综合交通枢纽、工业重镇、商贸物流中心，也是全国唯一一个集一汽、上汽、东风和重汽四大汽车集团整车生产企业于一身的城市	紧紧抓住"一带一路"倡议机遇，主动对接，积极融入"丝绸之路经济带"建设。城市紧紧围绕"西江经济带龙头城市"的城市定位进行建设。充分发挥现有优势，立足珠江—西江经济带，衔接北部湾经济区，开展面向港澳和东盟的先进制造业、战略性新兴产业和现代服务业等领域发展合作，构筑"一带一路"有机衔接门户的重要节点城市。保护历史文化名城，建设有区域影响力的中心城市，寻找新城开发、旧城整治两者一体的最佳城市规划与建设方式
河池 (桂)	是西南出海大通道的咽喉要塞，是广西实施西部大开发的重点区域之一，是一座以壮族为主的多民族聚居的城市，是广西少数民族聚居最多的地区之一	2020年，河池市初步形成工业创新驱动支撑增强、协调发展成效初显、产业结构趋向合理、产品高端化加快、绿色发展能力凸显、要素产出效益提升的工业高质量发展新体系。新兴产业增加值占规模以上工业企业增加值的比重达到15%左右，新动能得到进一步壮大，高技术产业增加值占规模以上工业增加值的比重达到10%左右，轻工业占工业比重达到30%左右
怀化 (湘)	地处湘中丘陵向云贵高原的过渡地带，全市森林覆盖率达到70.97%，居全省第一位，是全国九大生态良好区域之一；区位较为优越，是湘、鄂、渝、黔、桂五省（市）边区中心城市以及全国重要的综合交通枢纽，是湖南省"十三五"纲要确定的省内两大经济带交点，三大经济增长极城市之一；铁路交通发达，有"火车拖来的城市"之称；是"多民族文化村"，少数民族占总人口40%	2021年，形成开放型经济新格局，开放影响力在全国进位领先，走在中部崛起前列，加快迈向基本现代化。开放型经济主要指标增速快于全国平均水平；国际化水平大幅提升，对外开放度明显提高，一体化大通关全面实现，国际产能和装备制造合作等领域力争在中西部领先。开放型人才发展新机制健全。服务开放发展的政府新体制完善。行政管理体制改革不断深化，营商环境日益优化，政府效能显著提高，法治政府基本建成，治理体系和治理能力现代化取得重大进展
衡阳 (湘)	是湖南省域副中心城市；城区横跨湘江，是湖南省以及中南地区重要的交通枢纽之一；是"中国制造2025"试点示范城市群城市之一，是中南地区重要的工业城市；是国家生态文明先行示范区、国家服务业综合配套改革试点城市、国家园林城市	科学划定衡阳市长江经济带战略环境评价"三线一单"，严守生态空间、农业空间、城镇空间、永久基本农田、城镇开发边界。全面推进"多规合一"，严格实施规划。强化重要空间节点的建设管控，加强地下空间规划管理和利用。加快编制《"三江六岸"滨水区域规划》等一批高水平专项规划，打造城乡生态带和景观走廊。拓展中心城区发展空间，加快城市行政区划调整，推动中心城区与西渡、南岳、云集、大浦等周边城镇融合发展，力争到2025年中心城区城市人口规模达200万

城市	现状	区域战略规划目标
郴州（湘）	东界江西赣州，南邻广东韶关，西接湖南永州，北连湖南衡阳、株洲，素称湖南的"南大门"；交通便利，京广铁路、京广高速铁路、京珠高速公路、厦蓉高速公路、107 国道、106 国道、省道 1806 线、1803 线和郴资桂高等级公路等纵横境内。北上长沙，南下广州，可以朝发午至。郴州是邓中夏、黄克诚、曾中生的故乡，是湘南起义所在地，拥有丰富多彩的历史主文化遗迹和东江湖、苏仙岭、万华岩、莽山国家森林公园等名胜风光	加快建设"五个郴州"，就是要加快建设实力、创新、开放、生态、人本"五个郴州"。这是我们着眼"十三五"发展作出的战略部署，紧密结合了郴州实际，高度契合了"五大发展理念"，开启了中国梦的郴州新篇章。持续推进文化旅游体育千亿产业"四年行动计划"，打造一批旅游文化精品，构建全域旅游新格局，重点推进飞天山文化旅游创意产业园、莽山生态文化旅游区、郴州长卷、长鹿国际旅游休闲度假区等一批文旅项目。优化湘南国际物流园空间布局，争取实施省级园区政策。培育和扶持健康养老、精品会展、电子商务等新兴产业集聚集群发展。加快建设通用航空试点城市，将航空产业作为重要新兴产业来打造
永州（湘）	是国家森林城市、国家历史文化名城。永州境内通过湘江北上可抵长江，南下经灵渠可通珠江水系，自古代便是重要的交通要塞，是湖南通往广西、海南、粤西及西南各地的门户	将永州市建设成为风光秀丽、生态环境优良、经济繁荣、人民富裕、产业协调发展的现代化生态园林城市，成为国内外有影响的名副其实的"锦绣潇湘"

第三，多元性。多元文化在城市相互渗透和影响，同时产生新的文化、种族或社会形态。经过不断的发展，不同种类的文化形态在城市这个聚集地中求同存异，共同生存。

二、城市文化的基本认识

在城市的不断发展和演进的过程中，通过自身的物质和文化的力量促使人类交往互动不断加速，并且通过各种有形的物质形态载体和非物质的意识形态载体不断地将文化传承下去，城市文化进而形成。目前，国内外学者对城市文化的理解存在差异。有从城市文化要素构成来认识城市文化的，有从城市文化体系构成和城市文化载体来认识城市文化的，还有学者聚焦城市文化特征方面。为了更好地理解城市文化，为本研究奠定基本的认识，接下来从思想层面、社会层面和经济层面来理解城市文化的基本内涵。

第一，作为价值体系的文化。作为价值体系的城市文化体现了城市性格，也全面反映了城市文化。一个城市思想层面的文化价值无法获得衡量，但并不是说它没有价值，而是把它作为一种潜在的价值，它的好坏决定了城市未来的发展方向、城市性格的体现和城市文化系统价值的增值程度。因此，城市文化的价值可以体现为：指导社会层面的行为和生活方式文化，是作为价值体系的城市文化的内在核心；作为价值体系的城市文化决定城市性格，体现城市形象，对城市定位和发展方向产生影响；作为价值体系的城市文化可以促进城市文化的相互融合与创新，提供了城市文化和经济发展的动力和增值空间。

第二，作为生活方式的文化。城市是人群的聚集地，也是建筑物、公园、道路的展示和组合，还是政治、经济和文化的中心，更是一种生活方式。城市文化作为一种生活方式的文化，一方面体现着人在城市文化的行为，另一方面也承载着特有的文化气息。城市内在的价值、思想文化存在的多样性，决定了行为层面文化的多样性。正是因为这种多样性的存在，作为生活方式的城市文化不仅展示着城市思想层面的文化，而且其本身也是一个以人为主体的文化价值创新和增值体系。生活方式层面的城市文化是一个充满活力的系统，也是文化价值创造的原动力系统。

第三，作为经济活动的文化。城市文化活动最为直接的经济层面的表现是文化经济和文化产业。由于城市文化本身能够创造巨大的经济效益，是城市综合经济发展的一个极为重要的组成部分，文化产业在城市经济发展过程中扮演的角色越来越重要。一个城市的软实力体现，极具代表性的就是城市文化，这也是城市发展的硬资源。一个城市经济和文化的融合程度，才是城市综合竞争力的精髓。通过发展文化产业，城市以文化产业的附加值和相关产业的带动作用，吸引更多的投资者，让城市的人流、资金流、物流和信息流更加顺畅地流动，从而促使整个城市的增值，并且催生出新的城市环境。

三、城市文化的主要形态

城市文化的形态首先体现在物质形态，这是城市文化最为基本的层次，也是我们接触城市时可以通过肉眼观察到的城市的表面特征。城市文化的物质形态具体表现为城市的街道、广场、建筑、雕塑和交通工具等，这些基础设施体现了城市物质财富的不断积累，满足了人们最基本的生活需求。伴随着城市经济和社会的快速发展，城市经济总量不断翻番，一些小城市开始追寻大城市的发展足迹，经历大城市的发展历程，特别是在基础设施建设方面，大城市和小城市的差距逐渐缩小。各城市都是同样的高楼林立、车水马龙，这种城市之间的相互模仿一方面改变了城市的原有容貌，改善了人们的生活，另一方面却未给城市形象的塑造带来太多的好处，反而这种模仿使得城市之间的同质性过高，不利于城市的长远发展。因此，物质形态的建设在城市文化中的重要性逐渐减小了。

城市文化的形态其次体现在行为状态，涉及城市生活的主体——人。有学者认为，人的需求促进了人的行为。在不同的时期和不同的阶段，人的需求也存在很大的差异。著名心理学家马斯洛指出，人的需求都是从低到高呈现"阶梯状"排列的，最低层次的需求是主体最基本和最原始的需求，只有当这些需求被满足之后，主体才会不自觉地去追求更高层次的需求。正因为如此，主体的行为会根据需求的转换而发生变化。但是有一个不容忽视的条件是，主体的行为依旧会受到客观环境的限制。因此，同一座城市的主体将会受到这座城市的外部环境的制约和限制，主体之间表现出的行为存在一定相似性，这也就使得城市整体拥有了自身的独立特征。在城市中生活的形形色色的人们，在长期的生活中逐渐形成了自身的思想观念、生活习惯、传统习俗、消费方式、人际网络、礼仪行为、社会秩序和文化活动等，从而共同构成了城市文化的行为状态。

城市文化的最后一种形态体现在精神层面，这是城市文化最为核心的内容。精神方式是物质形态和行为形态的升华，伴随着人们物质生活水平的不断提升，精神追求在人们生活中的地位越来越重要。作为一种十分抽象的存在方式，城市文化不同于具体的物质，它可以被看作一种境界，最能代表城市文化的差异所在，也是城市群体的性格特征的具体体现。这种精神虽然不是具体的事物，但能够体现出一座城市在精神层面的文化形态。

四、城市文化的功能

城市通过城市化的发展，促进了信息传输和文化交流机制不断成熟，增强了城市之间的经济交流、文化联系，不同城市之间也不会那么孤立。当中，文化的发展是城市发展的重要组成内容。

首先，城市文化的一个功能体现在城市功能的变革上。一是在政治领域，城市文化不再以一切为政治服务，不断凸显出了自身在城市化进程中的地位和作用，国家和国家之间的外交关系也越来越重视文化的作用。二是在经济领域，城市文化脱离了以往社会中物质生产和精神世界的对立关系，成为一种生产力，逐渐掀起新的经济浪潮。如今，城市文化已经逐步摆脱了对政治和经济的依赖，开始在城市变革的主旋律中发挥引领作用。

其次，城市文化提升了城市品质。城市为人们提供了基本的生活保障，开展思想文化活动和娱乐休闲活动的空间场所等，使得各方面之间更加和谐共存。当前，随着"互联网＋"和信息的发展，现代化城市对文化的要求逐步提高。一座城市既要具备现代化城市所应具备的功能，也要为城市居民提供良好的生活环境，促进居民道德素养、文化水平等的提高。也就是说，城市必须具备文化基础设施，并在城市文化的引导下推动城市不断向前发展。总体来说，城市提供了良好的文化基础教育，营造了和谐的文化氛围，有助于市民的智力成长，对市民共同价值观和精神的养成也有重要的作用。

五、民族特色文化和民族文化产业

文化是一个复杂的综合体，特色文化不同于一般文化，它是文化的一个重要子系统，它以文化为基本依托，其本质特征包括多样性、差异性和特殊性，其特色建构包括地域、民族和历史等方面的特色。作为一个民族赖以生存的基本特征，民族特色文化是一个民族在历史发展的过程中创造的具有民族特色的文化。我国 55 个少数民族在自身发展过程中也形成了具有特色的民族文化，孕育了多姿多彩的民族特色。从生产、生活、饮食、建筑、生产工具、服饰等，到宗教、哲学、语言、文字、艺术和节日等，都有强烈的民族自身特色。许多文化现象和文化种类本身便蕴含着丰富多彩的文化信息。同时，受到不同民族所分布地区差异的影响，民族文化的多样性还表现在各民族内部。简而言之，民族之间和民族内部的众多不同点造就了民族特色文化的多元性特征。

民族特色文化具有特殊性和独特性的两个基本特征，也暗示着民族文化具有"人无我有"的价值。事实上，民族特色文化就是在人群中文化差异的表现。不同民族在适应所处环境的过程中，在民族之间和民族内部的互动过程中，逐渐形成了属于自身的文化。民俗学所强调的"十里不同俗，百里不同风"描述的就是这样一种事实。特别是少数民族地区有着悠久的历史，更有着灿烂的民族文化，形成了独具特色的民族文化，也成为少数民族地区经济社会不断发展的重要动力来源。2014 年，文化部、财政部共同印发《关于推动特色文化产业发展的指导意见》，该文件提出特色文化产业通过科技提升、创意转化和市场运作，依托各地独特的文化资源提供具有鲜明地方特征和民族特色的文化产品和服务的产业形态。

从我国经济发展整体状况来看，地区之间发展不平衡依旧是我国的重要国情。西部地区的经济发展水平弱于中部、东部地区的经济发展水平，也是我国经济发展面临的重要现实。而少数民族地区多分布于西部地区，其经济发展水平依旧处于相对落后的状态。因此，利用民族地区特色文化与自然资源，发展民族地区特色产业，促使当地居民创业创收，改善居民生活水平，是少数民族地区经济和社会发展水平的重要路径。在这样一种发展理念之下，近年来，国家将文化产业提升到了新的战略高度，民族地区特色文化从以往相对封闭的状态逐渐对外开放和发展，较大程度发挥了其价值和潜力。民族地区特色文化给当地经济社会发展带来了巨大效应，同时在文化产业发展的环境之下，产业化的文化形态也给少数民族特色文化的发展和创新带来了新的思路。因而，民族地区特色文化产业的发展也逐渐成为民族地区文化战略的主要组成内容，成为新常态经济和社会发展的重要引擎。

一般而言，可以从狭义和广义的角度来理解民族文化产业。广义角度的民族文化产业是指在中华民族的传统文化基础上进行生产和经营的产业；狭义角度的民族文化产业是指依托少数民族特色文化资源进行具有少数民族文化内涵和特质的文化产品生产和经营的产业。狭义角度的民族文化产业具有依附性、产业发展的后生性、脆弱性、分散性等特征，比如本书所强调的民族地区城市特色文化实际上是指以地方少数民族特色文化资源为内容的文化产业，属于狭义的民族文化产业。

六、文化资本化理论

1986 年，法国社会学家皮埃尔·布迪厄创立了文化资本理论，在《资本的形式》一书中，他完整地提出了文化资本理论。文化资本的实质是一种具体化的文化资源，而文化资源是劳动实践的成果。如今的世界是文化的世界，即是由人类劳动累积而成的文化世界。布迪厄基于这样一种事实，提出社会是一个逐渐积累的世界。有必要引进资本这一概念理解社会界的积累性，因为"资本是积累的劳动"，"资本不仅仅是一种强调社会世界内在规律的原则，也是一种铭写在客体或主体的结构中的力量"。

如前所述，文化是在特定社会中不断传承的一种共享的生活方式，包括技术、价值观念、信仰和规范，文化体现在一种制度的、动态的规范和构建过程中。作为文化系统中的基础性部分，经济虽然占有的量非常小，却又非常重要，它总是在文化制度的规范下运行的。民族文化资本化就是全球化的背景下，民族发展资本可以利用的一种方式。民族文化资本化可以提高生产力和扩大人们的交际范围，以此来提高人们的自由程度，而这些最为外在的表现形式就是文化的开发与利用。民族文化资本化的现实基点是文化产品的开发，通过商品的形式，将最为直观的和不同的文化事项投入多民族文化经济广泛的交流中去，从而获得经济效益，进一步通过这些表层的努力来参加隐藏于经济运行活动之下的规则的改善，从而促使民族文化重现，又能够保证过去能够再现现在进行的新创造，从而获得更大的经济和社会效益。当然，因不同的民族文化都有自身的独特之处，民族文化资本化仅仅只是民族文化资本发展的一种形式，因此进行民族文化资本化的条件以及具体的运作方式等方面可能均存在差别。

第三节　城市景区化和文化的作用关系

当城市和文化融合于一体时，促成了如今城市发展的新动力——城市文化。那么两者之间是如何产生作用的？首先要思考的是，文化赋予了城市什么内容？从城市的角度出发，文化是无价资源，更是形成城市形象的重要组成部分，文化的个性与魅力给城市带来了无穷的吸引力和巨大的回报。城市也是缓解社会矛盾和社会冲突的润滑剂，促进城市力量团结的黏合剂，同时它也集中体现了城市品位与生活品质。更重要的是，文化是衡量城市综合竞争力的重要元素，它还能够吸引人才和资本，能对经济的发展产生最直接的效应，此外，国内学者单霁翔在《从"功能城市"走向"文化城市"》一书中，提出了几点关于文化对城市的作用：文化是城市的内核，是城市的灵魂，是城市的实力，是城市的形象，文化内涵和个性对城市外产生重要影响力。反过来，那么城市又赋予了文化什么？城市的发展产生的集聚效应为文化的传播、创新等提供了新道路，为文化的沉淀和延续提供了载体。城市也容纳着文化，展示着文化，见证了文化的形成以及发展过程。关于城市对文化的作用可以概括为：城市是文化传播的载体、容器和文化展示的舞台。简而言之，城市本身就是文化遗产的见证。

城市和文化紧密相连。文化是城市发展延续性的表现之一，文化的形成是过去历史的积淀和筛选的结果，延续了城市历史发展的脉络，丰富了城市底蕴；同时，文化必将在城市发展道路上创造出更多的社会和环境价值。一座没有文化的城市，就如同行尸走肉，在这样的场域内的群体则像是没有灵魂、没有活力、没有朝气的机器，我们只会看到更多的残酷斗争，更没有环境保护和资源可持续发展的可言性。因此，为了保障一座城市的长久发展，文化的可持续发展是至为重要的因素，城市的发展也应当与文化的发展同步进行。同时，尽管人们已经普遍接受以文化为中心的城市生活的观点，但是城市发展的空间依旧有待持续发掘。我们应当意识到，尽管文化遗产、文化习俗和文化潜力时刻影响着我们的生活，也普遍存在于我们的生活中，但是它的运用远远不局限于此。文化的运用更多地体现在经济和社会发展过程中，能够为当地的人提供新的发展思路、发展动作和财富。总之，城市也可以理解为文化的放大器和文化的加速器。

整体来看，城市和文化的关系主要体现在两个方面。一是城市是文化的发展空间。"城市有包含丰富多样文化的能力，它通过必要的浓缩凝聚和储存保管，能促进消化和选择文化"。"城市是文化的载体"，而且该载体所包含的城市生活比载体本身更加重要。城市的变迁和城市的发展紧密相连，不同的城市环境下，对"文化的载体"的态度也会产生禅意，其收纳数量和收纳容量会存在明显的区别。芒福德还将大城市比喻称为一座博物馆，"如果说是由于大城市的缘故促进了博物馆的产生和推广，那么，大城市的主要作用之一为它本身即是一个博物馆。城市由于悠久、丰富的历史，因此它比任何别的地方保留着更丰富更大的文化标本的珍品"。比较典型的例子就是巴黎，由于其对待城市文化的态度谨慎且谦卑，因此至今为止，巴黎这座城市"博物馆"依旧家喻户晓。相较于巴黎，广州这座城市"博物馆"的历史"藏品"就显得单薄了。特别是在我国快速城市化进程中，很多城市文化元素相继消失。二是城市是文化的本体。人类是文化的创造者和享受者，人口的自由流动促进了文化的相互交融，也带来了文化的繁荣。城市不仅仅可以作为文化存在的载体，也可以作为文化的本体而存在。比较典型的一个例子就是，广州的上下九步行街作为成为文化的载体，承载着本地人和当地人很多文化活动，而且这些建筑群及其附近的街道空间布局，也因为其独特的设计而被遗留了下来。

本 章 小 结

无论是从历史、经济社会科学的范畴，还是从自然地理单元、生活空间和经济区域等范围，我们都很难找出城市的共同定义，因为城市已经不仅仅局限于某个学科和范围。本书认为，因为城市已经不仅只是单纯的建筑和街道，也不仅只是单纯的人员流动和集聚，所以我们应该更加重视城市的社会性和属人性。从现有的研究成果来看，有学者将城市比作文化的容器，可以容纳人类的思想、生活和成长，充分发挥其所富有的各种精神特质。也有学者将城市比作一种心理状态，它包含了思想和感情。正如芒福德在他的研究中所提到的那样，如果我们仅仅研究集结在城墙范围内的那些永久性的建筑物，那么我们根本没有察觉到城市的本质问题。因此，本章首先梳理了城市发展的基本内涵和基本特征，对外部性理论、城市区位理论、产业融合理论等十一个理论进行了深入的介绍和解读，旨在为接下来城市化进程中西南民族地区城市特色文化保护和培育现状的分析提供详细的理论基础。其次，本书从文化的缘起和发展的角度，全方位整理了关于城市文化、城市特色文化等方面的研究，既有基础层面的研究，也有更深层次的研究，为后期厘清城市化进程和城市特色文化保护和培育之间的关系奠定了良好的基础。最后，本书描述了西南民族地区城市特色文化保护和培育的内涵和特征，对西南民族地区城市特色文化保护和培育有了整体的认识，这也为下一阶段的研究提供了强有力的理论支撑和现实参考。

第四章

城市景区化进程中西南民族地区城市
特色文化保护与培育状况的现状

第一节　西南民族地区城市景区化与
城市特色文化保护整体现状

一、西南民族地区城市景区化进程整体发展现状

表4-1汇报了2001～2017年西南民族地区城市景区化发展现状。从历年的数据可以直观地看出，西南民族地区旅游经济各项指标均表现出了良好的发展态势。国内旅游收入由2001年的197万人次上升到2017年的1307万人次；2017年国内旅游收入为19199亿元，约为2001年的40倍；入境旅游人数和外国人数量也呈现出了明显的上升趋势；而国家旅游外汇收入由2001年的68374万美元上升到2017年的622927万美元。总而言之，上述指标说明了西南民族地区旅游经济发展势头强劲，城市景区化发展状况前景良好。

表4-1　　　　2001～2017年西南民族地区城市景区化发展现状

年份	国内旅游人数（万人次）	国内旅游收入（亿元）	入境旅游人数（万人次）	外国人（万人次）	国际旅游外汇收入（万美元）
2001	11082	481	197	132	68374
2002	12197	556	283	150	268055

年份	国内旅游人数（万人次）	国内旅游收入（亿元）	入境旅游人数（万人次）	外国人（万人次）	国际旅游外汇收入（万美元）
2003	11543	586	172	101	146602
2004	14008	735	236	148	247347
2005	16453	907	284	196	322288
2006	19837	1159	381	224	391172
2007	23756	1401	470	283	517326
2008	108477	1746	491	307	530386
2009	33100	2293	534	325	567726
2010	40774	2868	629	391	226058
2011	50550	3826	757	436	279607
2012	61739	5008	879	553	339494
2013	74920	6281	1003	627	416743
2014	88730	7895	1038	640	436571
2015	103541	9741	1114	699	499412
2016	135976	13596	1193	754	549171
2017	182775	19199	1307	828	622927

资料来源：《贵州统计年鉴（2002－2018）》《云南统计年鉴（2002－2018）》《广西统计年鉴（2002－2018）》。

具体来看，贵州省旅游经济各项指标均表现出了向上发展的趋势（见表4－2）。2001年，贵州省国内旅游人数为2100万人次，这一指标到了2017年上升为74291万人次，国内旅游收入也由2001年的76亿元上升到2017年的7098亿元，相较于2001年翻了近93倍，而入境游客人数和外国人入境旅游人数同样呈现出了快速增长的趋势，国际旅游外汇收入也由2001年的6873亿美元上升到2017年的28327亿美元。

表4-2　　　　　　　　　　贵州省城市景区化发展现状

年份	国内旅游人数（万人次）	国内旅游收入（亿元）	入境旅游人数（万人次）	外国人（万人次）	国际旅游外汇收入（亿美元）
2001	2100	76	21	8	6873
2002	2200	100	23	8	7951
2003	1835	114	8	2	2894
2004	2480	161	23	8	8020
2005	3099	243	28	9	10141
2006	4716	378	32	11	11516
2007	6220	504	43	15	12918
2008	8151	644	40	18	11697
2009	10400	798	40	16	11044
2010	12863	1053	50	19	12958
2011	16961	1421	59	24	13507
2012	21331	1849	71	30	16894
2013	26684	2358	78	32	20143
2014	32049	2883	86	36	21671
2015	37536	3500	94	40	20112
2016	53038	5012	110	52	25271
2017	74291	7098	127	65	28327

资料来源：《贵州统计年鉴（2002-2018）》。

从云南省各项旅游经济发展的指标可以看出，云南省城市景区化进程同样呈现出了整体向上发展的态势（见表4-3）。国内旅游人数由2001年的4579万人次上升到2017年的56672人次，较好地拉动了国内旅游收入的提升，国内旅游收入由2001年的226亿元上升到2017年的6683亿元，将近翻了近30倍。在入境旅游方面，2017年云南省海外旅游者人数达到了668万人次，其中外国人达到了508万人次，带动旅游外汇收入由2001年的36701万美元增加到2017年的355000万美元。

表 4 – 3   云南省城市景区化发展现状

年份	国内旅游人数（万人次）	国内旅游收入（亿元）	海外旅游者（万人次）	外国人（万人次）	国际旅游外汇收入（万美元）
2001	4579	226	113	70	36701
2002	5110	255	130	78	41930
2003	5168	278	100	66	34014
2004	6010	334	100	73	42245
2005	6861	386	110	100	52801
2006	7721	447	181	111	65844
2007	8986	495	222	145	85958
2008	10250	595	250	169	100800
2009	12023	731	284	192	117200
2010	13837	917	329	231	132400
2011	16332	1196	395	281	160900
2012	19630	1579	458	330	194700
2013	23972	1962	534	383	241900
2014	28116	2517	531	382	242100
2015	32344	3104	570	420	287600
2016	42519	4537	600	451	307500
2017	56672	6683	668	508	355000

资料来源：《云南统计年鉴（2002 – 2018）》。

从广西各项旅游经济发展的指标可以看出，广西城市景区化进程同样呈现出了整体向上发展的态势（见表 4 – 4）。2001 年广西国内旅游人数仅为 4403 万人，而这一指标在 2017 年达到了 51812 万人次，带动国内旅游收入由 2001 年的 179 亿元增长到 2017 年的 5419 亿元，国内旅游收入发展情形一片良好。在入境旅游方面，2001 年广西接待入境游客数量为 63 万人次，而到了 2017 年上升为 512 万人次，其中外国人由 54 万人次上升为 255 万人次，带动国际旅游外汇收入由 2001 年的 24800 万美元上升到 239600 万美元。上述数据同样也说明广西城市景区化进程正在稳步推进。

表4－4　　　　　　　　　2001～2017年广西城市景区化发展现状

年份	国内旅游人数（万人次）	国内旅游收入（亿元）	接待入境旅游者人数（万人次）	外国人（万人次）	国际旅游外汇收入（万美元）
2001	4403	179	63	54	24800
2002	4887	201	130	64	218174
2003	4540	193	65	33	109694
2004	5518	240	113	67	197082
2005	6493	278	146	87	259346
2006	7400	334	168	103	313812
2007	8550	402	205	123	418450
2008	90076	507	201	120	417889
2009	10677	765	210	117	439482
2010	14074	898	250	141	80700
2011	17257	1209	303	131	105200
2012	20778	1579	350	193	127900
2013	24264	1961	392	212	154700
2014	28565	2495	421	222	172800
2015	33661	3136	450	239	191700
2016	40419	4048	483	252	216400
2017	51812	5419	512	255	239600

资料来源：《广西统计年鉴（2002－2018）》。

二、西南民族地区城市特色文化保护与培育整体发展现状

从地域划分来看，我国西南民族地区主要包括广西、云南、贵州、西藏4个省区，湘西、鄂西、海南（海南黎族苗族自治州已于1987年底撤销，组建海南省），川西的甘孜、凉山、阿坝6个自治州，以及其以外的近20个自治县。

广西地处中国岭南西部，地形地貌具有"七山二水一分田"的独特地域

性特色，石灰石分布广泛，表现为奇特的喀斯特地貌，境内丘陵绵延不绝，岩洞广布错现，河川湖泊纵横，大小盆地星罗棋布。广西是一个少数民族聚居的地区，居住着壮、汉、瑶、苗、侗等12个民族，浓厚纯朴的风土人情亦具有浓郁的南方原生态性和民族性。在漫长的民族发展过程中，广西逐渐形成了悠久的历史文化、民俗文化、壮族文化、岭南文化、广府文化等。各种文化元素的融合，形成了广西独特的城市特色文化形态。具体来看，广西特色的城市文化包括以下几个方面。第一，红色文化。广西红色旅游资源丰富，反帝反封建斗争、新民主主义革命、抗日战争、解放战争、社会主义建设、改革开放时期留下了大批珍贵遗迹和精神遗留。第二，山水文化，广西自然环境秀美，多为山区，依山傍水，奇山异石密布，山区远离现代化城市，保持着少污染或无污染的自然环境。此外，广西还有着得天独厚的海洋旅游资源，具有浓郁的亚热带滨海风情。广西还是北回归线上的"绿洲"，是健康养心养生福地。第三，少数民族特色文化。古老的人类、建筑、文化遗址、水利工程、石刻和墓葬等古物和革命斗争遗址众多，经国务院和广西地方政府批准的重点文物保护单位就有140余处。较为出名的人类古遗址有柳州白莲洞、桂林甑皮岩和南宁豹子头，古水利工程有兴安灵渠，桂林王城、容县真武阁、柳州柳侯祠、兴安严关、恭城文庙和合浦的大士阁都是比较著名的古建筑。在革命斗争遗址方面，桂平金田村（太平天国发祥地）、百色红七军军部旧址、龙州红八军军部旧址、钦州刘永福和桂林的李宗仁故居与八路军驻桂林办事处等都具备参观和瞻仰的价值。广西的少数民族风情同样吸引着众多游客，不同民族的独特风情和民族特色存在差异，构成了丰富多彩的民族文化。具有特色的民族活动包括建筑艺术、歌舞乐曲、工厂特产、风味佳肴和斗马、斗牛、斗鸡和斗鸟等活动。对广西各个民族来讲，文化自信不仅包括对中华民族生生不息的历史传统文化的自信，还包含着对汉文化与民族谨慎内涵的自信，更包含着对广西本土各民族文化的强烈认同。尽管民族所处的文化、环境、行为、语言和风俗存在差别，但经过长久的发展，各民族文化已经相互影响和相互交融。特别是在"一带一路"倡议背景下，广西各民族更应当加强城市特色文化建设和传承。

从贵州来看，《国务院关于进一步促进贵州经济社会又好又快发展的若干意见》明确提出"将贵州省定位为文化旅游发展创新区"。贵州是云贵高原上聚居着汉、苗、布依、回、满等49个民族的省份，其中世居少数民族就有17个。作为我国古人类文化的发祥地之一，贵州具有悠久的历史文化，民族文化和特色城市文化积淀丰厚、资源珍贵。比较典型的文化资源包括普定穿洞遗址、黔西观音洞遗址、桐梓岩灰洞古遗址为代表的古人类文化遗址，镇远青龙洞、从江增冲鼓楼、大屯土司庄园、安顺府文庙、黄平飞云崖等民族古建筑文化遗址。由于民族文化的多样性和多元文化之间的融合发展，贵州形成了多元并存的文化格局。而且，贵州具有"文化千岛"的美誉，拥有古朴浓郁的民族风情、秀美的喀斯特自然山水风光、独特的民族建筑、艳丽的民族服饰、绚丽多姿的原生态多民族文化、独特厚重的红色遗存，如夜郎文化、屯堡文化、土司文化、酒文化、阳明文化等。此外还有《多彩贵州风》等数不胜数的民间艺术和"活化石"傩文化以及蜚声海外的民族歌舞。这些特色文化作为助推贵州文化旅游加速发展的核心吸引物，是拓宽旅游市场力的关键因素，必将成为推动旅游产业与文化产业升级，提升竞争力和效益的重要支撑。

从云南来看，云南地处我国西南边陲，西部与缅甸接壤，南部与老挝和越南毗邻，是我国"一带一路"倡议的前沿阵地。因此，云南从文化大省逐渐转化为文化强省，充分发挥云南城市特色文化在"一带一路"倡议中的作用，符合坚定中国特色社会主义道路自信、理论自信、制度自信和文化自信的基本要求，也是建设中国特色社会主义文化的核心要义。云南是一个少数民族集聚的省份，全省共有少数民族 25 个，少数民族人口占全省总人口的 1/3，孕育了多姿多彩的民族文化。具体来看，首先比较典型的是云南的住屋文化。云南堪称是多民族的摇篮，民居资源极其丰富。复杂的地理环境，多元的宗教信仰和文化特征，独特的民族审美情趣，都给民居建筑注入了活力而使之千姿百态，异彩纷呈。云南民族住屋生态背景的复杂性、多元性构成了住屋形式丰富多样、交融并存的特点，表现出鲜明的地方性和民族性。不仅住屋形式在不同地区、不同民族有所差别，在同一个民族不同地区、不同时期的形式也不一样。例如，香格里拉藏族的"土墙板屋"当属原始板屋的变异形式，在空间技术结构上体现了汉、藏两种文化的交融。住屋中的宗教和民俗。其次是云南特色的传统文化艺术，香格里拉包含了丰富多彩的文化艺术传统和特有的传统社会基础、令人叹为观止的民族工艺、丰富多彩的歌舞节庆、风格多样的民族服饰和饮食、内涵丰富的礼仪，以及极具神奇色彩的丧葬形式等。

第二节 桂林市城市旅游文化保护与培育现状

一、旅游文化名城桂林

近年来，桂林旅游业整体呈现出较好的发展态势（见表 4 - 5）。2012 年，桂林市旅游总人数为 1824141 人次，这一指标在 2017 年上升到了 2489026 人次，上升趋势非常明显，相对应的旅游总收入也由 2012 年的 463922 万元上升到 2017 年的 888722 万元。另外，国内旅游者人数、国内旅游收入和海外旅游者人数、旅游外汇收入等指标，均表明桂林市旅游业整体呈现出较好的发展趋势。

表 4 - 5　　　　　　　　**2012 ~ 2017 年桂林市旅游业发展状况**

年份	旅游总人数（人次）	旅游总收入（万元）	国内旅游者（万人次）	国内旅游收入（亿元）	海外旅游者（万人次）	旅游外汇收入（万元）
2012	1824141	463922	3110.25	230.48	182.41	463936
2013	1936542	538503	3390.52	294.63	193.65	538503
2014	2033192	595206	3737.84	373.77	204.78	582964
2015	2163406	638154	4253.61	453.51	216.34	638154
2016	2333247	784966	5152.55	558.81	233.32	784966
2017	2489026	888722	7983.89	882.89	248.90	888722

资料来源：桂林市国民经济和社会发展统计公报（2012 - 2017）。

此外，从 A 级景区来看，"桂林山水甲天下"的美称已经家喻户晓，随着近几年国家和地方政府不断加大对桂林国家旅游胜地的建设，桂林每年入境游客均超过 125 万人次。漓江景区、乐满地休闲世界和独秀峰王城景区闻名全国，A 级景区的数量占全区景区总数的 17.86%，排名全区第一。想体验独特山水风貌的人不在少数，于是桂林这座山水城市就一直备受青睐。桂林根据已有的市场号召力和影响力开发新的旅游产品，整合同类型的旅游资源，推动旅游资源一体化的发展。

值得注意的是,尽管近年来桂林旅游业发展整体呈现向上的态势,但仔细对比各指标的增长趋势可以发现,桂林旅游业发展呈现疲软状态。2015年,桂林市接待旅游入境游客数量达到216.34万人次,占全区接待入境旅游人数的48.07%,旅游外汇收入为121885.11万美元,占全区旅游外汇收入的63.58%,两项指标均位居全区第一名。同年接待国内旅游人数为4253.61万人次,占全区国内旅游人数的12.64%,两项指标排名仅次于南宁。通过分析数据不难发现,旅游业是推动桂林市经济发展的重要因素,是构成桂林市政府财政收入的重要来源之一。但是,从旅游业的发展角度来看,桂林旅游经济的发展前景不容乐观。相较于2014年,桂林市接待旅游入境人数和国内旅游人数增长率分别为6.4%和16%,位居全区下游水平,旅游外汇收入的增长率也不容乐观,仅为7.2%,桂林市旅游经济的发展呈现出疲软的态势。

导致这种结果的出现,我们认为存在两方面的原因。第一,桂林的旅游种类众多,最受欢迎的当属自然山水景观。同时,溶洞景观和民族风情也在国内市场上占据很大的份额,但是桂林的历史文化吸引力却没有发挥其在旅游市场上的作用。早在1982年2月,桂林就已经被列入国务院公布的首批历史文化名城。作为最早一批国家历史文化名城,桂林有着悠久的历史文化,靖江王城、李宗仁故居和桂海碑林均是典型的历史文化资源,但是其吸引力却未给旅游经济的发展带来多少推动作用。究其原因,一方面,因为"桂林山水甲天下"的名声在外,在一定程度上削弱了其作为国家历史文化名城的旅游价值;另一方面,为顺应市场需求,大部分城市的旅游开发均以山水景观为主,而忽略了人文和历史文化资源的重视和开发,导致桂林作为国家历史文化名城的旅游价值没有得到充分的发挥。第二,桂林旅游附属产品缺乏创新和竞争力。旅游景区的消费纪念品在旅游业促进旅游经济发展扩大内需当中发挥着重要的作用。桂林市各大旅游景区的纪念品、特产,和其他市外的旅游景区存在雷同现象,属于自己旅游特色的附属产品相对较少,并且从价格上来看,很多旅游小商品和纪念品缺乏竞争力和优势,同种类型的旅游产品和纪念品在国内的其他旅游景区都比较常见甚至在价格上更为低廉。外来旅游者一方面对同种类型的旅游产品产生审美疲劳,另一方面也因为价格缺乏实惠而缺乏兴趣,导致桂林旅游附属产品缺乏竞争力。

二、桂林市城市旅游文化的特点

（一）桂林市历史文化旅游资源的特点

桂林市历史文化旅游资源具有独特性。桂林市历史文化资源最具独特性的是历史人文景观和自然景观的相互融合。桂林山水自古以来就作为人类宜居场所，也是中华民族历史文化在南方的重要演绎场所。桂林的每一处青山绿水都成为人类休养生息的生活家园，其与人的日常生活相交融，在漫长的城市发展历程中，形成了独具特色的历史文化现象。

桂林市历史文化旅游资源具有多元性。秦汉之后，随着大量中原人士涌入史称"百越"之地的桂林，百越文化和中原文化开始了相互交融的发展历程。各少数民族与汉族生活在一起，逐步形成你中有我、我中有你的混合文化。在唐宋时期，大量诗人来到桂林，带入了更多中原的先进文化，同时也加强了桂林以中原文化为核心的地位。此外，桂林处于湘楚走廊的特殊地理位置，不仅具备了湘楚文化特征，也暗含着岭南文化的气息。所以，桂林历史文化同时具备了中原文化、湘楚文化、岭南文化的特征，具有历史文化旅游资源的多元性和兼容性。

桂林历史文化旅游资源具有种类多、主题多的特征。据公开的数据可知，桂林历史文化资源除了长城这一基本的类型之外，还具备其余30多种基本的文化类型，共有近400处资源类型实体。其中，比较具有代表性的文化类型就包括：以甄皮岩古人类为代表的史前古人类文化、以灵渠为代表的古时水利工程文化、以象鼻山和漓江为代表的山水文化、以靖江王府为代表的藩王文化、以八路军驻桂林办事处为代表的抗战文化、以栖霞寺和湘山寺为代表的宗教文化等。

（二）桂林市民俗文化旅游资源的特点

因独特的地理位置和历史文化渊源，桂林市的民俗文化旅游资源是以整个桂北地区为传播范围，以桂林市区为中心，以漓江为传播载体，将桂林特殊的民俗文化深入影响到各个地方，具体包括桂林市区及其下辖的县市。

（三）桂林市红色文化旅游资源的特点

红色文化的兴起为桂林市红色旅游资源的开发带来机遇。纵观红军长征历史不难发现，兴安、龙胜、资源、灌阳和全州等地是红军长征经过桂北时经过的县城，现今，各县有大量的红色遗址和遗迹，这些红色遗址和遗迹为各县开发红色文化旅游资源奠定了良好的基础，并且桂北五县凭借这些红色遗址和遗迹开发红色旅游资源，将旅游经济纳入了地方经济发展之中。2016 年正值红军长征胜利 80 周年和中国共产党建党 95 周年，桂北五县借着这样一个机遇开展了一系列的爱国爱党活动，由此带来了可观的旅游人数和旅游总收入的增长。比如，灌阳县在 2016 年的上半年就接待了 24.43 万人次的游客，旅游总收入达到 2.47 亿元。①

红色旅游资源的宣传渠道逐渐得到拓宽。宣传是红色旅游发展的一个非常重要的环节，好的宣传方式能够让更多的游客了解红色旅游资源，从而使其覆盖更大的范围，进而吸引更多的游客前来参观；反之，再好的红色旅游资源如果得不到有效宣传，则容易导致红色旅游景区在沉寂中逐渐消失，红色文化也难以得到有效保护和弘扬。桂林市红色旅游文化资源在广泛的宣传之后，红色文化旅游资源得到了较好的开发。以兴安长征突破湘江纪念公园为例，这一红色文化旅游景点的宣传是多种多样的，既有传统的电视广播宣传和报刊宣传，也有网络宣传新方式。利用多种多样的宣传渠道，兴安长征突破湘江纪念公园广泛为人们所知，游客也能通过多种方式了解红色旅游的动态。

红色旅游发展新模式不断出现。红色文化旅游资源作为一种较为特殊的旅游资源，其本身就带有一定的政治色彩，但如果经过不断探索，发掘与之相适应的旅游开发模式，将原有的参观式和枯燥无味的红色实物展览式的旅游方式进行转变，红色文化旅游资源也能够得到有效开发。依旧以龙胜各族自治县为例，白面瑶寨于 2003 年在经济竞争中被逐渐淘汰出旅游市场，逐渐还原成为默默无闻的旅游景区，且最终陷入了贫困村的尴尬状况。2013 年，龙胜各族自治县县委县政府为实现精准扶贫，充分利用当地的特色旅游资源，大力开发旅游市场，将红色元素与民族元素相结合，将"光明岩"屹立在它一侧的红军纪念亭，成为白面瑶寨的门户，使得白面瑶寨在众多的民族村寨中脱颖而出，每年吸引超过 10 万游客前往参观和游览，当地在发展红色文化旅游资源的同时，也收获了旅游经济发展的红利，村民陆续走出贫困的局面。

---

① 灌阳：做好做足"红"文章　争创全国红色旅游品牌［EB/OL］. 桂视网，http：//news. gltvs. com/201611/201611281025370fge34a8a78246c5. shtml.

三、桂林市城市旅游文化发展的客观环境

政治环境方面，2000 年，国务院把广西纳入西部大开发战略实施范围。从 2004 年开始，确定中国—东盟博览会、中国—东盟商务与投资峰会每年在南宁举办。2008 年初，国家批准实施《广西北部湾经济区发展规划》。2009 年 12 月 7 日，国务院批准实施《国务院关于进一步促进广西经济社会发展的若干意见》。2013 年 7 月，国务院总理李克强在视察北部湾后指出，要将广西加快建设成中国西南中南地区开放发展新的战略支点。2014 年，广西加快推进"21 世纪海上丝绸之路"的新门户、新枢纽的建设。2015 年 3 月，国家发展改革委、外交部、商务部联合印发的《推动共建丝绸之路经济带和 21 世纪海上丝绸之路的愿景与行动》文件中提出，要发挥广西与东盟国家陆海相邻的独特优势，加快北部湾经济区和珠江—西江经济带开放发展，构建面向东盟区域的国际通道，打造西南、中南地区开放发展新的战略支点，形成"21 世纪海上丝绸之路"与"丝绸之路经济带"有机衔接的重要门户。如今，广西旅游业迎来了优势叠加、加快发展的历史时期。

广西壮族自治区高度重视广西旅游业的发展，相应出台了一系列促进旅游业发展的文件和规划方案。《关于加快旅游业跨越发展的决定》与《关于加快旅游产业发展建设旅游强区的决定》等相关文件的出台成为促进广西旅游发展的指导性文件。除文件和规划方案外，自治区政府还出台了多项激励优惠政策以促进广西旅游业的发展。不仅加大旅游财政投入力度，还对旅游景区的升级实行补助奖励。此外，自治区还进一步发展服务业，将特色名镇名村的旅游发展提上政治议程，着力打造旅游强区，出台了《中共广西壮族自治区委员会广西壮族自治区人民政府关于进一步加强服务业发展的决定》和《广西壮族自治区人民政府关于促进特色名镇名村发展的意见》《广西壮族自治区人民政府关于加快建设旅游强区的决定》等文件，引导广西旅游业的发展。

经济环境方面，在《中华人民共和国旅游法》的框架下，广西紧紧抓住国家颁布的《国民旅游休闲纲要（2013－2020 年）》的契机，确定了"一个龙头，两条发展带，三大国际旅游目的地，十大旅游集散地和创建一批特色旅游名县名镇名村"战略部署，此外还出台了《关于加快旅游业跨越发展的决定》和《关于加快旅游业跨越发展的若干政策》，以此推动广西旅游业的跨越发展，带动广西经济的平稳持续增长。总体而言，广西旅游业经过多年发展已

经有了较大的改善。良好的旅游经济发展环境是一国或一地区旅游业可持续发展的重要保障。旅游经济环境主要指旅游业发展的社会经济状况和国家的经济政策。在国家和自治区的高度重视和相关政策扶持下，广西旅游经济得到较快发展，旅游经济环境不断优化。

在社会环境方面，2013 年，习近平总书记在访问中亚和东南亚国家期间提出了"一带一路"的构想，随后在政府的引导下，"一带一路"倡议成为国家级顶级倡议。"一带一路"倡议将东南亚和东北亚的经济整合起来，通过陆路和海陆方式最终通往欧洲，形成了一个海上、陆地的闭环。"丝绸之路经济带"涵盖了 13 个省（自治区、直辖市），分别为黑龙江、吉林、辽宁、内蒙古、甘肃、陕西、青海、宁夏、新疆、重庆、西藏、云南、广西。广西是"丝绸之路经济带"与"21 世纪海上丝绸之路"有机衔接的重要门户，也是"丝绸之路经济带"的重要组成部分。由于旅游对经济增长起到了不可忽视的作用，而"一带一路"又是一系列政治、经济和文化等行动的合集，因此旅游也是"一带一路"的重要组成部分。在"一带一路"的大背景下，广西充分融入国家战略，旅游经济得到较大增长。总体上看，"一带一路"倡议给广西的旅游业提供了一个良好的社会环境，带动了广西旅游业的发展。

四、桂林市城市旅游文化保护培育和整体状况

广西要打造"一带一路"有机衔接的重要门户，旅游不可或缺。沿边沿海的独特优势，让广西天然成为中国与东盟间的黄金旅游通道。如何利用通道，如何完善通道，广西既要修好内功，又要加强外联。目前，广西正在重点推进"泛北部湾旅游圈建设"，积极与东盟国家开展海上旅游合作。《广西旅游"十三五"规划》明确提出了"构建'一个旅游龙头、两大国际旅游集散地、三大国际旅游目的地、四条旅游发展带、一批特色旅游名县和旅游产业集聚区'的发展框架，大力推进全域旅游"的发展框架。其中，"一个旅游龙头"是指充分发挥桂林品牌优势，打造大旅游圈，增强桂林国际旅游胜地对广西旅游发展的龙头带动作用。扩大桂林国际旅游胜地影响力，将桂林建设成为广西和中国西南地区旅游信息服务、休闲度假、教育培训中心，广西旅游形象宣传的窗口和广西会展、商务的副中心。加速大桂林旅游圈的建设，促进桂林贺州旅游一体化。充分发挥辐射带动作用和改革试验区示范效应，拓展旅游功能，发展新型旅游业态，加快桂林旅游业由山水观光旅游向休闲度假等复合型

旅游转型，实现全面升级增效。推动在桂林设置粤桂湘黔旅游联盟总部，以实现打造国际文化旅游交流合作平台的目标。

旅游业是推动桂林市经济发展的重要因素，是桂林市政府财政收入的重要来源之一，但从旅游业发展的角度来看，桂林旅游经济的发展前景不容乐观，一个很突出的表现是旅游外汇收入和入境旅游人数增长率均处于全区中下水平。

桂林市为了加强对本地旅游城市文化的保护和培育，促进旅游产业的升级和发展，2008年，桂林市与贺州市签署了旅游合作框架协议，以"优势互补、资源共享、市场共拓、客源互送、政策互动、发展双赢"为基本原则，在旅游发展的各个领域和层面开展合作。桂贺一体化作为广西最早区域旅游一体化的试点，以桂林山水＋贺州森林古镇为特色，力求打造大桂林旅游圈，拓宽了大桂林旅游圈的内涵和外延，形成广西独一无二的旅游经济区和新兴工业区，对桂林市城市旅游文化的保护和培育也产生了重要的积极作用。

2014年5月17日，桂林、柳州两市签署合作协议，两地将进一步推进旅游一体化进程，让区域合作跨进新阶段，共同打造旅游升级版。协议指出，两城市将在旅游产品建设、产品宣传推广和建立桂柳高铁站旅游集散服务点等方面加强合作，两城市共同打造"大桂柳旅游圈"，逐步形成"景区共销、线路共连、游客共送"的格局，促进两地旅游资源的共享和旅游经济、资源一体化的发展。此外，湘桂高铁和贵广高铁的相继开通和运营，不仅改变了两城市之间的时空格局，高铁运营所带来的"同城效应"更是促进了两地之间的经济交流与合作，特别是在区域旅游一体化方面，通过高铁实现资源的共享，对推动区域旅游圈的建设和区域旅游资源一体化具有空前的推动作用。

随着高铁旅游时代的到来，同城化和区域旅游一体化的形势变迁，两地政府和旅游企业签署的桂林—柳州深入推进旅游一体化合作协议在加强两地合作、实现双赢发展、实现市场融合方面做了具体规定：双方将鼓励旅游企业通过收购、重组、参股等形式开展混合经营，培育大型旅游集团；共同策划两市区域性旅游精品线路，建立两地旅游联合促销机制，互相推介重点精品旅游线路和旅游景区景点，在客源互送等方面借力发力，共谋发展。借助桂林打造国际旅游胜地的历史性发展机遇和优势，把柳州融入大桂林旅游圈，打造旅游升级版，促进城市旅游文化保护和培育进程。

五、桂林市城市旅游文化保护与培育的问题

（一）桂林市历史文化旅游资源保护存在的问题

第一，对历史文化旅游资源的认识滞后。桂林是一座有深厚历史文化底蕴的旅游城市，特别是城市中心城区的古代城市建设和桂林名山名水的相互融合是桂林的历史文化精髓。但是在从山水风光旅游到对历史文化资源形成旅游产业化认识的这个过程中，人们对历史文化旅游资源的认识依旧滞后，特别是对历史文化古迹的保护和培育也迟迟没有得到应有的重视，使得桂林在世界性的现代化旅游和历史文化旅游的浪潮中逐渐失去了主动性。由于对历史文化旅游资源的认识较为滞后，对大圩古镇、江头洲和古运河等历史文化资源的开发较为薄弱，导致整个旅游业的发展不相适配，未能充分发挥其作为旅游城市的应有价值。

第二，对历史文化旅游资源的开发过于单一。从目前桂林市历史文化旅游资源的开发状况来看，尽管多数历史文化专项游分为一日游、两日游和三日游，但是多数内容都集中在单一的历史文化景点，未将历史文化旅游资源和山水旅游资源紧密地联系在一起，导致旅游的效益未实现最大化，对游客的满意度也没有起到很好的提升作用。

第三，对历史文化旅游资源的宣传不足。目前，桂林的宣传主题是"诗境家园"，宣传的核心依旧是山水观光，同时加入旅游房地产方面的内容，尚未将历史文化作为一个正式的品牌向国内外重点推出，宣传力度远远不够。再加上人们对桂林山水旅游资源的认知已根深蒂固，导致对当地历史文化旅游资源的了解相对较少，且桂林的旅游宣传物，比如书籍和广告等较少向旅游者展示桂林的历史文化资源风光，导致很多游客较少了解桂林的历史文化底蕴。

第四，缺少历史文化名城的形象标志。众所周知，桂林是第一批国家公布的历史文化名城，尽管有靖江王城、桂林碑林、八路军驻桂林办事处、李宗仁官邸和兴安灵渠等，但是因为没有标志性的历史文化名城的形象，导致桂林作为历史文化名城的知名度难以实现更大范围的扩展。不像人们看到大雁塔就会想到西安、看到故宫就会想到北京、看到五羊雕塑就会想到广州。桂林的城徽和形象还是传统的象鼻山为主体构图，缺乏能够代表整个桂林市的形象标志。

第五，众多历史文化旅游资源的开发不到位。事实上，桂林市有许多历史

文化旅游资源，但是大量资源品位很高的历史文化旅游资源却陷入了"养在深闺人未识"的状况。比如，八路军驻桂林办事处旧址目前作为一处爱国主义教育基地，仅仅针对特殊人群开放，未完全对外开放。在书中为人们熟知的抗战文化城也一直未得到很好的展示，人们也只能在书中了解基本概况。著名诗人柳宗元写的《訾家洲亭记》尽管为人们熟知，但是訾洲公园的开发目前依旧过于保守，没有最大限度地发挥其实际价值。类似这样的情况在桂林很多，所以加强历史文化资源的开发和景区建设，也是桂林未来提升历史文化旅游知名度的重要方向。

（二）桂林市民俗文化旅游资源保护存在的问题

第一，桂林市民俗文化旅游资源的管理不够规范。从当前桂林市民俗文化旅游发展情况来看，民俗文化旅游已经进入了模式化和产业化，许许多多的民俗文化旅游节目都能够体现桂林民俗文化。但是，因为缺少民族学和民俗学等方面的人才，民俗文化旅游资源的开发目前仅仅停留在表面层次，从形式到内容都存在很大的雷同。大量同质性的民俗文化表演节目不仅让游客感觉索然无趣，而且很多景区的重复建设还导致了大量资源的浪费，游客的重游率也不断降低。

第二，民俗文化的商业化问题依旧较为普遍。现代旅游资源的开发往往会将现代艺术和传统艺术结合起来，尽管这种做法能够有效地吸引游客，但也导致民俗文化失去了原有的文化内涵和精华，而成为商家盈利和赚钱的手段。比如，桂林不少旅游村寨都对少数民族婚俗进行开发。一些少数民族姑娘打扮成新娘，饱含热情地邀请男游客参加"婚礼"。尽管在这一过程中，游客能够较好地体验到少数民族的婚俗，但在结束的时候，"新娘"总会向游客索要一定的钱币，导致游客顿生欺骗的感觉，严重降低了游客再次前往的欲望，也破坏了民族地区的民俗文化传统。

第三，民俗文化的传统难以得到保护和培育。由于外来游客的进入，民俗文化的同化和变异问题也相当明显。以桂林市龙胜各族自治县的和平乡平安壮寨为例，它有着享誉国内外的龙脊梯田和壮族风情，众多国内外游客慕名而来。然而随着龙脊梯田旅游产业的发展，除了村民居住的栏杆式吊脚楼和民间节日依旧保存着少数民族的特色之外，村民的服饰、日常饮食、生活方式和歌舞艺术等均被外来人口所同化。除了重大节日和游客要求外，年轻人基本上不会选择穿民族服装，对自己的民族文化和习俗也没有显得那么关心。甚至有些年轻人丢掉自己传统的民俗习惯，搬迁到外地居住。这种不自觉地放弃自己的民俗文化特色的行为，将会导致原本充满民俗气息的龙脊壮族民俗文化逐渐失去吸引力，从而给当地旅游产品的开发和旅游经济的发展带来不利的影响。

第四，民俗旅游资源开发者和当地居民之间的利益矛盾问题。民族村寨的环境和民俗文化是村寨旅游开发的重点资源，地方政府和旅游开发商看重的也是这种旅游资源的价值。但是，从桂林市各个旅游村寨开发的历程来看，地方政府、旅游开发公司往往不能和当地的居民达成共识，在开发过程中遇到了新的利益矛盾难以解决，导致政府、商家和村民之间的矛盾一次次凸显，也体现出了旅游开发机制依旧有待进一步完善。

（三）桂林市红色文化旅游资源保护存在的问题

第一，对红色文化旅游资源的认识较为单一。从理论的角度来看，一切文化遗产均可以被看作文化资源，但是文化资源却不仅仅局限于文化遗产，文化资源的范围远远大于文化遗产。这也就意味着，一切在现代创造和生产的文化资料都可成为文化资源。相应的，桂林市的红色文化旅游资源也是历史的和当代的文化资料的总和。但是通过走访和调查，我们发现大多数市民都将红色文化资源和文化遗产同等看待，甚至有市民存在这样的观念：桂林现存的那些红色遗迹或者遗址仅仅是几间旧楼，已经过去很多年了，我们应该追求更加美好的生活，而不是一直停留在追溯历史中，甚至在这些残旧不堪的建筑上花费大量的人力和物流进行修缮。从现实的角度来看，市民对红色文化旅游资源的认识依旧非常单一，对保护和培育红色文化旅游资源来说，无疑增加了很多困难。

第二，对红色文化旅游资源的开发较为单一。事实上，"只说山水，不说文化"一直是困扰桂林旅游发展的难题，这也是一直制约桂林红色文化旅游资源开发的重要因素。一方面，领导干部存在"打好山水这张牌，桂林就能发展好"的施政观念，把桂林山水旅游资源作为桂林旅游经济发展的核心内容，而将旅游文化资源边缘化，甚至认为开发旅游文化资源会浪费太多的人力、物力和财力，导致桂林市红色文化旅游资源的发展局面不容乐观。另一方面，桂林下辖的个别县区对红色文化旅游资源的依赖性太强，这也不利于当地旅游产业的可持续发展。密集型资源会在一定程度上带动地方经济的发展，资源的相对分散则容易将红色文化旅游发展带入到窘迫的境地。比如，灌阳县的红色文化旅游发展就出现类似的情况。灌阳革命烈士碑园位于县城台山，但是新圩、水车和文市等存在大量遗址和遗迹的乡镇位于县城东北部，还有一些比较零散的红色文化旅游景点则位于县城西南部，红色文化旅游资源的相对分散导致其在开发过程中需要消耗更多的资源，使得当地红色旅游业的开发背负更多的经济压力，不利于红色文化旅游业的进一步发展，也不利于红色文化旅游资源的开发和保护。

第三，游客游览方式较为单一。随着旅游产业的发展，传统的旅游模式已经难以满足游客的需求，旅游产业也不像原来那样重视旅游景点的数量，而是越来越重视旅游景点的质量和人性化发展。这其中，游览方式的好坏在评价旅游景点质量和人性化中扮演了重要的角色。一个景区是否有合理的游览方式成为考验红色文化旅游景点的重要因素。从桂林当前的红色文化旅游开发状况来看，当前桂林的红色旅游文化资源的开发依旧较为传统和保守。一方面，大部分红色旅游景点依旧停留在静态的图片展示阶段，通过文字和图片向游客展示历史状况；另一方面，大部分红色旅游景点没能紧追时代潮流，缺乏高科技技术的运用，比如未将灯光、声音等元素运用到景点之中，展示方式可以说是"形"不丰且"神"不聚，缺乏乐趣和生动，难以让游客尽兴和享受。

第三节　丽江市城市民族文化保护与培育现状

一、历史文化名城丽江

丽江古城坐落于玉龙雪山下丽江坝中部。由于其四周均被青山环绕，城中绿水盈盈，如一方碧玉大砚而被取名为"大研镇"。丽江古城面积为3.8平方千米，海拔高度为2.4千米。丽江古城始建于宋末元初，从建立至今一直都是当地政治、民族文化和交流的中心，在历史上还是滇藏贸易和中印贸易的重要枢纽。值得注意的是，不同于中国史上的任何一座王城，丽江古城没有受到"方九里，旁三门，国中九，经九纬，经途九轨"的中原建筑风格的影响，丽江古城内没有规则的道路网和森严的城墙。古城内呈现三山为屏、一川相连的布局；街道为"经络"设置和"曲、幽、窄、达"的风格；水系利用城中的三河穿城、家家均有流水经过；古城建筑依山傍水，这种错落有致的建筑风格在我国现存的古城建筑中极其罕见。根据民族自身的具体条件和传统生活习惯，丽江古城有机地结合了中原的传统建筑，以及白族和藏族的优秀传统文化，形成了独特的古城建筑风貌。比较重要的一点是，丽江古城在房屋抗震、遮阳、避雨和装饰等方面进行了大胆的创新，没有统一的建筑模板，突出了依山傍水、自然质朴的创新性，在很长一段时间内对纳西族以及整个西南民族地区的文化发展产生了重要的影响。

丽江古城文化对其城市的经济社会和民族文化的发展产生了重要的影响。一方面是对民族文化的影响。丽江纳西族的民族文化铸就了勤劳善良的纳西族人民，古城内的东巴宫被称为纳西族民族精神的火炬，代表文化包括纳西文学、纳西古乐、纳西绘画、纳西雕刻等，它们既是纳西民族灿烂文化的重要组成内容，也是丽江古城众多民族文化中的奇葩。这种民族文化是纳西族先民遗留下来的精神文明财富，它已经深深扎根于丽江这片热土和每一个纳西儿女的血液。正因为这种共同的文化认同，每一位纳西儿女都更加团结，纳西族和其他众多民族能够和谐相处，从而带来了整体社会的安定。另一方面是对经济的影响，2018 年，丽江市共接待海内外游客 998.45 万人次，同比增长 14.1%；旅游收入不断上升：旅游业总收入 4643.3 亿元，同比增长 21.48%。具体来看，2012 年丽江市旅游总人数为 211.21 万人次，到了 2018 年为 998.45 万人次，旅游总收入也由 2012 年的 1599.1 亿元上升到 2018 年的 4643.3 亿元，此外，国内旅游者人数、国内旅游收入、海外旅游者人数和旅游外汇收入等方面均有明显幅度的提升。上述数据均表明。丽江市在 2012～2018 年期间，国内外旅游市场均保持了平稳的发展趋势（见表 4 - 6）。

表 4 - 6　　　　　　　2012～2018 年丽江市旅游业发展状况

年份	旅游总人数（万人次）	旅游总收入（亿元）	国内旅游者（万人次）	国内旅游收入（亿元）	海外旅游者（万人次）	旅游外汇收入（亿美元）
2012	211.21	1599.1	192.96	1514.4	84.7	2.89
2013	278.66	2079.58	256.51	1979.91	99.67	3.58
2014	378.79	2663.81	353.84	2556.12	107.7	4.06
2015	483.48	3055.98	453.95	2941.44	114.54	4.79
2016	608.76	3519.91	578.89	3404.1	115.81	4.84
2017	821.9	4069.46	788.26	3950.87	118.58	4.98
2018	998.45	4643.3		4523.88	119.42	

资料来源：丽江市国民经济和社会发展统计公报（2012－2018）。

二、丽江市少数民族文化资源的特点

丽江市拥有独特的自然人文资源和神秘的纳西族风俗和风情,这些独特的旅游资源为全国甚至全球旅游业的发展作出了突出的贡献。因中央和各级地方政府的大力支持,丽江的旅游产业得到了快速的发展。

丽江市有纳西族、彝族、傈僳族、白族、普米族、傣族、苗族、藏族、回族、壮族10个少数民族。各个民族文化融合共同构成了丽江市整体民族文化圈,它具有三个方面的特点。

第一,文化的多元性。丽江地处川滇藏交接地,自然地理环境、民族组成、宗教文化、生产方式等多种因素的影响,共同形成了以西安纳西族东巴文化为代表的,其他众多民族文化构成的丽江市民族传统文化。丽江市民族传统文化的多元性形成了差异化的语言、文字、服装、民族、宗教、饮食、手工艺品和歌舞乐器等多种多样的文化形式。

第二,文化的独特性。丽江市还处于"三江并流"区域,山高谷深,交通不发达。这样一种自然地理环境,造就了勤劳和坚强的各族人民,以及民族文化的多样性。因此,在丽江市聆听纳西古乐的时候,还能够领略从中原传来的唐宋洞经音乐遗风。东巴文化、摩梭人的母系制度家庭结构和阿夏婚姻制度,以及他留人奇特壮观的坟林和独特的青春棚婚恋等都具有明显的地方民族文化特色。

第三,文化的地域性。丽江所处的地理环境多样,有河谷、山区、坝区、雪区等。不同地区的气候也自然呈现出明显的差异,有热带、亚热带、温带和寒带等气候类别。居住在这些自然环境状态下的丽江少数民族在文化上也因区域不同而表现出巨大的差异。从行政规划来看,丽江市的一区四县的民族文化背景均有差异。从民族的角度来看,大部分纳西族、白族、傣族和壮族居民住在坝区或者半山区,彝族、普米族和傈僳族多居住在山区或者高寒山区。居住地域的差异,造成了不同民族的文化差异。

第四,文化的和谐性。丽江市民族文化的和谐性首先是人与自然的和谐。丽江市的各个民族都敬畏自然、尊重自然、保护自然,人与自然和谐相处。其次是人与人之间的和谐。尽管丽江市的民族文化圈由10个少数民族构成,但是各个民族与区域外其他民族和谐相处,不排斥外来文化,保证了这方土地的和谐稳定。而在区域内部,各个民族之间交错分布,但依旧团结一致,和谐相处，共同营造了丽江市独特的和谐文化。

三、丽江市少数民族文化保护与培育的必要性

第一，纳西族传统文化在丽江旅游开发中的地位。从丽江地域的角度出发，民族文化在旅游开发中占据了主导作用。玉龙雪山、丽江古城、纳西文化、东巴教长江第一湾、三江并流、束河古镇、茶马古道、摩梭文化等都是丽江旅游的重要内容。我们可以发现，无论是从游客还是从丽江旅游机构的准备来看，最能够吸引游客的，还是丽江独特的民族文化和有深厚文化内涵的旅游资源。所以，旅游景区化过程中的丽江民族文化培育和保护应当注重对丽江本民族的文化资源的可持续发展。

第二，严峻的旅游发展形势。近年来，丽江市城市旅游快速发展，交通便利度大幅度提升，随之而来的城市知名度的提升也吸引了国内外大量游客。一方面，迅速发展的旅游业给当地经济的发展带来了显著的增长效应；另一方面，由于游客数量的集聚，给丽江的自然生态系统和城市文化发展带来了巨大的冲击，给丽江民族文化产业的发展带来了巨大的压力。在这样的背景下，通过"局部开发"和"小规模开发"来保护和培育丽江民族文化显然不能满足丽江地区发展经济的需要，需要从更加全面的角度开发丽江旅游资源，注重对民族文化的保护和可持续发展。

第三，丽江纳西文化内核发生变化。随着丽江旅游业的深入发展，当地为了吸引更多的游客，往往将带有民族风俗的节庆仪式和典礼经过商品包装后展现给游客，以满足游客的好奇心。如丽江特色的民族舞蹈"丽水金沙"取得了巨大的经济效益，对丽江市整体经济的发展起到了巨大的带动作用。当然，传统民族文化在旅游的带动下确实可以获得非常可观的经济和社会效益，也可以将丽江的特色城市文化直接展示在游客面前，但不可否认的是，类似这样的活动变成了具有商业性质的表演，仪式的时间、地点、内容均会根据游客的实际需求进行改变，导致传统的民族文化逐渐世俗化，进一步导致传统的民族文化中最具特色和最有吸引力的部分陷入衰退的困境，从而失去传统文化的内涵和价值。

第四，丽江民族传统文化传承人断代。文化的传承是文化保护的重要内容，传承人作为非物质文化遗产的核心角色，作为传统文化的重要承载者和传递者，他们因为在文化的继承和发展中扮演着重要的角色而受到民众的尊重和

认同，同时在民族团结和民心凝聚过程中也发挥着重要的作用。伴随着旅游开发进程的持续推进，丽江少数民族文化在社会生活中也得到了不断地挖掘和发展，人们开始重新关注和审视传统的民族文化，有不少人开始学习纳西古乐，跳东巴舞蹈，写东巴字，画东巴画，开展了一系列形式丰富的民间文化交流活动，同时也为一些爱好传统民族文化的经营者开辟了致富的道路。但是也可以非常清晰地看到，这些传承民族传统文化的人多为青年，他们对整个民族文化的掌握和对传统技艺的了解依旧不足，质量不够高，多是为旅游业服务，仅仅只重视文化的躯壳和形式，却忽略了民族文化的内涵和精神传承。随着老一代民族传统文化遗产传承人的不断亡故，完整掌握民族文化遗产的艺人已屈指可数。

第五，部分少数民族文化正处于加速消失的状态。全球化作为一种外部驱动力量，对不同民族文化的融入产生了巨大的冲击，使民族文化进入了一个新融入过程。但是，对于不同的民族而言，他们面对这种冲击的承受能力存在差异。一些人口较少的弱势民族，民族文化消失的可能性相较于其他民族会更大。比如，丽江市永胜县六德乡的他留人的人口规模为4397人，和凉山州彝族风俗文化存在明显的区别，属于彝族的一个独立分支，他留人的婚恋风情、服饰、饮食、歌舞、宗教、丧葬、火坑床等文化特色鲜明，具有巨大的价值。近年来，尽管地方政府做了许多文化保护和宣传工作，但因为人口规模较小，经济落后，以及族属等原因，他留人的民族文化面临消失的问题。同样，普米族也是我国人口较少的民族之一，分布在丽江市的人口仅有1.2万人，但是创造了极其丰富的韩规文化。然而，因为这个民族常年生活在高寒山区，与其他民族杂居，民族文化的保护和培育依旧面临着巨大的挑战。

四、丽江市少数民族文化的传承机制

为了确保丽江市少数民族文化能够得到有效保护和培育，丽江市建立了三种传承机制，第一种是世袭传承机制。比较典型的是纳西族传统民间艺术的传承，它主要依靠亲情关系纽带，不容易受到外界环境的干扰，使得民间艺术和技艺可以得以完整保留，有效地对纳西族传统民间艺术文化进行传承。比如，被列入国家级非物质文化遗产"东巴画"代表性传承人的和训，以及国家非物质文化遗产"热美蹉"代表性传承人的和振强，两位民族文化传承大师从小在家里耳濡目染，一直接受父辈的教育，对纳西传统文化有着深刻的理解和熟练地掌握。

第二种是师徒传承机制。一是实施重点扶持政策，鼓励和组织继承人深入挖掘和整理，研究和创作，培养民族传统文化的接班人，为继承人提供免费的培训和交流机会。比如，作为省级非物质文化遗产"热美蹉"的保护区，丽江市古城区大东乡在各村委会建立了许多传承点，每年对上百位传承人进行了培训。和振强作为国家非物质文化遗产"热美蹉"代表性传承人，培养了2名市级非物质文化遗产传承人、3名区级和县级文化传承人，对丽江市城市特色文化的传承和保护作出了重要的贡献。二是对中青年传承骨干进行建档，鼓励和支持他们不断深造。正确引导年轻人学习民族传统文化，对他们的文化产业给予必要的政策和资金支持，跟踪和培养他们继承民族传统文化的兴趣和能力，从而建立非物质文化遗产保护、传承和培育的青年骨干队伍，有效促进了丽江市民族特色文化。三是开展一系列的"民间艺术大赛"，如"优秀民间艺人""最美文化传承人"等评选活动。丽江市人民政府对那些对民族文化作出突出贡献的群体给予一定的精神和物质奖励，促进丽江市民族文化的交流和研究。

五、丽江市少数民族文化保护与培育的现状

2000年，云南省颁布《云南省民族民间传统文化保护条例》；2001年，丽江出台《云南省丽江纳西族自治县东巴文化保护条例》；2004年，丽江市古城区颁布《纳西民族映音乐保护和管理办法》，这些条例和办法通过行政手段为丽江市纳西民族民间传统文化的工作方针、范围、保护和抢救提出了明确的要求，促使丽江市城市特色文化的保护工作做到有法可依、有章可循。此外，丽江市非物质文化遗产保护中心鼓励和支持传承人授艺，组织民间艺人进行文化和文艺的交流，并免费为他们开设培训班，为传承机构提供充足的资金，确保他们正常运行。

丽江市对少数民族义化的保护和发展，很重要的做法是当地政府一直坚持从城镇的整体布局到居民的形式，在建筑材料、工艺装饰、施工策略和环境保护等方面都完好保存了历史的风貌。比如，丽江古城的道路和水系一直维持原来的面貌，传统的五花石路面、石拱桥和木板桥都一直保留着，且对于古建筑的修复，依旧采用传统的工艺和材料，所有的修复和建造项目均要经过政府部门的严格审批，使得丽江古城的风貌得到最大程度的保护。

六、丽江市少数民族文化保护与培育的问题

(一) 原住居民大量外迁

伴随着旅游开发的推进，丽江古城的商业氛围越来越浓厚，导致丽江古城原住居民大量外迁，由此产生"人口置换"和"文化置换"的问题。据相关调查结果显示，1986 年底，丽江古城有居民 4269 户 15279 人。到 1999 年底，已有 1527 户 5001 人迁出古城。即 13 年间，已有 35.77% 的居民户、32.73% 的人口数迁离古城。1987～1999 年，每年平均有 117.5 户 385 人迁离古城。而 1990 年最高达 293 户 1165 人，最低的 1999 年也有 68 户 193 人。每年平均有 103.8 户 311 人迁入古城。13 年间，丽江古城的居民净减了 113 户 802 人①。古城出现的"现代商业气息过于浓厚""传统文化消失""文化品位低俗化"等现象亟须通过文化保护和培育去解决。大量原住居民外迁的原因主要是受到商业利润的驱使。随着游客的不断增多，古城成了一座没有本地居民居住的空城，剩下的多为从事商业活动的商人和游客。从目前的发展情况来看，未来丽江市的商业氛围只会越来越浓，原住居民也会不断地迁出古城。

(二) 制度设计不完善

由于古城制度设计存在缺陷，包括准营证制度、古城维护资金使用制度和人力资源开发等制度不合理，丽江古城民族文化遗产的管理遇到"瓶颈"。准营制度的实质是一种行政审批行为，是通过行政手段对商业行为进行限制。这其中，政府是准营制度实施的主体，其对准营客体的选择、指标设计、审批时限和结果判定均有绝对的权利。但是，如果信息公开受到限制，缺乏有效的外部监督或者标准化的执法制度，准营制度容易受到地方政府和旅游开发公司的利益驱动，导致准入门槛提升和稀缺资源加剧，且伴随而来的选择性和随意性审批容易导致不科学或者自利偏好的审批，呈现出"市场决定、政府发证"的运行方式。

---

① 卫跃平，高宇.丽江大研古城居民置换分析 [J].西南林学院学报，2008（2）：73–76.

（三）保护资金短缺

丽江古城保护资金的主要来源渠道是国家财政和地方财政，虽然旅游接待人次和旅游收入不断增长，但整体财政收入水平较低，地方政府的财政能力不强，丽江古城仍面临着古城保护管理资金短缺的问题。据有关资料显示，自1997 年丽江古城列入《世界遗产名录》以来，截至 2009 年，丽江市对古城实施的各项保护性工程累计投入 9. 8 亿多元人民币。为切实解决古城保护和管理资金缺乏问题，丽江市除了争取银行信贷支持外，还积极筹措资金，并通过征收古城维护费和增强"自身造血功能"，实现"以城养城"。从 2001 年至 2009年累计收取古城维护费用约为 4. 9 亿元人民币。① 从这些数据来看，丽江古城保护建设资金投入远远大于收益，导致了一直存在的历史欠债问题迟迟得不到解决。

<h2 style="text-align:center">第四节　黔东南州非物质文化遗产
保护与文化旅游发展现状</h2>

一、黔东南州苗族文化的特点

（一）苗族文化具有时代性

从历史发展的维度来看，黔东南州苗族具有长远的历史，历史的悠久性使其文化具有一定的时代性。苗族文化的形成和发展是为了适应时代发展的潮流，进而保证自身民族的延续，保障民族的生存和进步。众多苗族文化中最能体现这一点的就是苗族的节日文化。经过漫长的岁月冲洗，苗族的节日文化也在历史的长河中不断进步和发展，节日文化的实质是一种精神文化，寄托着苗族人民对本民族的热爱和忠诚。

---

① 丽江管理局：丽江 8 年累计征收近 5 亿维护费保护古城［EB/OL］. 凤凰网，http：//culture. ifeng. com/gundong/detail_2011_06/01/6757563_0. shtml.

（二）苗族文化具有包容性

针对西方文化和中原文化的"入侵"，黔东南州苗族文化并没有表现出强烈的排斥性，而是展现了极强的包容性。在当今这个文化相互交融的世界里，很多文化传承者为了保护本民族文化都带有极强的排斥心理。而苗族在面对外来文化的冲击时，既保持着自身的文化内涵，传承自身优良文化内涵，同时也对外来文化的精华进行了有效吸收。比如，苗族文化的刺绣所纹的都是自然图案，但随着中原文化的流入，一些文字图案也开始出现在刺绣文化当中，尤其是蕴含着美好寓意的"福""富"等汉字经常出现在苗族刺绣中，充分体现了苗族文化具有较强的包容性。

（三）苗族文化的符号性

黔东南州的苗族是一个历史悠久的农耕民族，但在历史发展的过程中没有形成自身的文字。苗族的发展符号印记展示的是自然图腾文化，蕴含着民族和自然的和谐发展，展示了和谐之美和文化之美，是苗族伟大智慧的最好体现。特别是苗族的图腾文化还展示了人们对自然的崇拜和敬畏。其建筑文化和服饰文化是苗族文化的符号性最为直接的体现。苗族的建筑基本上都是苗族人民进行民事和民俗活动的场所，主要有寨门、铜鼓场、风雨桥和芦笙场，这些场所的建筑上一般会雕刻一些和苗族图腾有紧密关联的自然图案，凸显出苗族人民质朴灵巧的风格，也展现了黔东南州苗族在建筑方面对和谐生态功能、生活实用和民族人文特色等方面的追求。

（四）苗族文化的制度性

经过长时间的岁月积淀和时间考验，黔东南州苗族文化在社会实践过程中形成和传承，对当地居民的生活和生产产生了积极的意义。当然，黔东南州苗族的发展更离不开苗族本身的制度性文化，这种制度性文化是苗族人民在长期的生活中逐渐形成的，既对民族或一定区域范围内的居民具有一定的约束作用，同时也是保障苗族人民和当地居民有效生活和生产的重要因素。从历史发展的角度来看，黔东南州苗族的这套管理制度的角色包括"议榔""老""寨老""神判"，其核心为"议榔"，这四个角色既相互独立又相互联系，在苗族人民各种事务的打理、民族团结和社会发展中扮演着重要角色，具有强烈的民族特征。

二、黔东南州民族村寨旅游开发现状

近年来，黔东南州文化产业发展迅猛，各级政府部门以非物质文化遗产资源作为核心文化资源，围绕着"文化旅游大州"的发展战略，重点把民族文化保护和培训作为加快旅游产业发展的重要引擎，从而为黔东南州文化产业发展和非物质文化遗产保护奠定了坚实的物质基础。从黔东南州历年旅游业发展情况来看（见表4－7），2010年以来，黔东南州各项旅游发展指标呈现出明显的上升态势，接待入境游客数量由2010年的10.01万人次增加到2018年的46.4万人次，接待国内游客数量由2010年的1502.82万人次增加到2018年的10802.95万人次，旅游总收入也由109.72亿元增加到937.23亿元，且旅游经济发展的各项指标增长率均表现出了良好的趋势，表明以村寨旅游开发为主的黔东南州旅游经济发展状态良好。

表4－7　　　　　2010～2018年黔东南苗族侗族自治州旅游发展概况

年份	接待入境旅游者（万人次）	接待入境旅游者增长率（%）	接待国内旅游者（万人次）	接待国内旅游者增长率（%）	旅游总收入（亿元）	旅游总收入增长率（%）
2010	10.01	14.8	1502.82	8	109.72	9.6
2011	13.89	44	2360.97	61.3	187.29	76.9
2012	20.4	46.7	2389.5	25.8	198.5	30.1
2013	19.65	16.66	3038.91	28	254.48	28.2
2014	23.7	12.5	3720.88	22.4	314.79	23.7
2015	27.44	16.2	4522.67	22	387.19	23
2016	31.44	13.4	6672.87	37.8	553.68	43
2017	37.5	20.8	9347.78	39.4	777.75	40.5
2018	46.4	11.1	10802.95	15.6	937.23	20.5

资料来源：黔东南苗族侗族自治州国民经济和社会发展统计公报（2010－2018）。

伴随着城市景区化的不断推进，黔东南州的非物质文化遗产保护和旅游发展很好地实现了循环，一方面实现了非物质文化遗产的传承和保护，另一方面也推动了当地旅游业的顺利转型，很好地实现了从之前的资源优势向经济优势的转变。

三、黔东南州非物质文化遗产保护现状

（一）非物质文化遗产保护的宣传和教育

在宣传方面，黔东南州在省政府出台的一系列政策文件的引领下，开展了全面的宣传保护工作，黔东南州通过各种各样的形式来宣传当地的非物质文化遗产。比如，黔东南州政府通过黔东南州电视台这一品牌，在固定的时间段播放黔东南州的"非物质文化遗产宣传片"和"非物质文化遗产纪录片"，且联系黔东南州当地的主流媒体和新闻报社，大篇幅报道和介绍黔东南州的非物质文化遗产保护工作。此外，当地政府还建立了官方微信公众号对非物质文化遗产保护工作进行宣传。

在教育方面，黔东南州建立了非物质文化遗产教育示范基地，对非物质文化遗产的保护产生了积极的作用。形成了《行歌坐月》《银秀》《仰欧桑》和《古韵镇远》等民族文化精品曲目，推出了《黔东南印象》大型节目，整理出版了《黔东南非物质文化遗产集锦（3）》《苗岭闽区雷公闽麓苗族村寨》《六洞九洞侗族村寨》等非遗系列丛书，极大地推动了黔东南州非物质文化遗产的保护和培育工作。

（二）民间传统艺术转为特色旅游商品

黔东南州有丰富多彩的传统技艺类非物质文化遗产，比如苗族银饰、苗族刺绣、竹编工艺和皮纸制造等一大批非物质文化遗产。这些遗产逐步由自给自足的民间生活用品发展成为大规模生产的文化艺术产品，在满足当地居民日常生活需要的同时，也通过旅游业大力发展成旅游产品，不断满足日益增长的旅游商品市场需求，也成为拉动当地经济增长的重要产业之一，给人们的生活水平带来了较大程度的提升。从文化保护与旅游产业综合发展的角度来看，第一，民间传统技艺推动了传统技艺的可持续发展，这些传统技艺包括的内容非常广泛，通过旅游商品的开发，传统技艺焕发出了青春，其传播面得到了扩大，全世界各地的游客体验到了各类民族文化，促进了非物质文化遗产的可持续发展。第二，民间传统技艺带动了当地文化旅游产业链的发展，促使旅游经

济对地方经济的贡献持续上升。黔东南州经济发展水平整体处于相对落后的状态，在当今文化和经济一体化发展的背景下，文化产业不仅要实现一定的社会效益，还需要实现一定的经济效益，这样才能从社会和经济两个角度反过来促进非物质文化遗产的保护和培育。民族传统技艺属于非物质文化遗产中和市场经济结合相对较为紧密的一种类别，其在创造了众多满足人们日常生活需要的商品的同时，更通过市场化手段使其变成旅游文化商品，不断延长民族文化旅游的产业链，为黔东南州的经济发展带来持续的动力。第三，民族传统技艺促进了民族文化创意产业链的深入发展，拉动了经济增长。将传统的手工艺和创意相结合，所生产出的民族文化旅游商品在文化创意行业中获得了迅猛发展，使得传统的旅游产业一步步向创意旅游产业转变，进一步促使文化创意产业链深入发展。特别是创意旅游所带来的经济效益的提升，又能够使得民间传统技艺的利用成为改变地方经济增长和优化产业结构的重要手段，成为新时期带动地方经济增长的新领域。

（三）物质文化遗产与非遗物质文化遗产互为补充

一些物质文化遗产也成了文化旅游业利用的对象。黔东南州各级地方政府致力于利用物质文化遗产开发，因此形成的旅游景区和公共文化设施成了黔东南州旅游不可忽略的部分。一是文物古建筑群的开发。黎平会议会址、青龙洞古建筑群、飞云洞古建筑群、西江千户苗寨等古建筑群都是享誉国内外的重要文化旅游景点。二是博物馆或纪念馆成了游客参观的重要景点。比如，黔东南州民族博物馆、黎平会议纪念馆、"和平村"纪念馆、黄平飞运动、西江苗族博物馆、朗德上寨民族村寨博物馆等分别进入了全国博物馆、纪念馆、陈列馆的免费开放名单，每年免费接待游客人数多达 100 多万次。三是各级历史文化名城、全国旅游城市、名镇、名村成了黔东南州重要的旅游景区。比如镇远、雷山、旧州、西江、堂安、朗德、芭莎、肇兴等县、镇、村成了黔东南州著名的旅游目的地。非物质文化遗产和文物古建筑群、博物馆或纪念馆、各级历史文化名城、名镇、名村等相互补充，为黔东南州非物质义化遗产的保护和传承提供了良好的环境。

（四）民族歌舞遗产提升了文化表演和旅游体验

黔东南州的苗族和侗族歌舞类节目是根据传统音乐和舞蹈改编而成的，给传统的旅游活动体验和文化内涵带来了更高程度的提升，使得传统的民族文化旅游变成了一种可以全方位体验的民族文化旅游，让民众全方位参与到民族文化旅游活动的同时，也带动了文化旅游产业的发展，间接推动旅游经济向前发展。具体体现在，一是推动着传统旅游向创意旅游和体验式旅游转变，提高了黔东南州的旅游特色。地方政府选择性加入歌舞类非物质文化遗产，促使各景区旅游景点和旅游节目更加多元化，从视觉、听觉和触觉等多维度感官体验全方位的民族文化，更好地理解民族文化的多重价值。二是提升了游客的旅游活动参与度，从而使游客真正感受到黔东南州非物质文化遗产的精髓所在。由于传统旅游业的发展更加看重的是旅游业本身所展示出来的信息，忽略了游客参与度的问题，导致旅游业只是停留在静态的展示和没有互动的表演上。游客只是信息的接受者，不能真正体验到原生态的民族文化。而一些歌舞类节目的出现可以让游客有效地参与其中，切身体验传统的民族文化，更加有利于特色文化的保护和培育。三是有效延长了游客的停留时间，对当地旅游经济的发展起到较好的推动作用。因为民族歌舞类表演的设置有效提升了游客的参与度，使得游客能够真正体验旅游的价值和意义，无形之中加深了游客对旅游目的地的良好印象，使得游客在旅游景点的停留时间加长，进而有利于带动景区餐饮、住宿、物流和运输等行业的发展，有效促进了当地的旅游经济。

四、黔东南州非物质文化遗产保护存在的问题

（一）民族村寨开发有较高的相似度

黔东南州是一个少数民族聚集的州，大部分是苗族和侗族，这些民族村寨星罗棋布，在旅游开发进程中，各少数民族村寨都是各自开发，没有形成贯穿所有村寨的线路，各个村寨旅游开发的相似度较高，很多游客往往只会选择去一个村寨，而放弃其他村寨，而那些占有良好地理条件的村寨往往能够得到很好的发展，那些偏远地区的村寨则相反。加之游客通过网络了解各个村寨的情况，如果发现各村寨之间的特色和差异并不明显，就更容易做出只去一个村寨的决定。具体来看，民族村寨开发的同质性主要表现在以下三个方面。第一，旅游商品的同质性。游客每到黔东南州的一处景点，给人留下深刻印象的是一样的民族文化产品，比如苗银、蜡染、刺绣、民族舞蹈、乐器等，导致旅游商品的竞争力难以得到提升。第二，景区项目开发的同质性。黔东南州各景区的开发大部分是选择民族村寨，虽然都是为了增加游客的互动性而精心设计的旅

游项目，但在个别景区经过试点成功之后，其他景区也会围绕着民族村寨做同样的模仿。在没有经过严格的认证和管理的情况下，各景区的旅游项目往往有其形而无其实，导致游客不了解景区旅游项目的特色，暴露了景区定位不准的问题。第三，城市旅游竞争力的同质化。和黔东南州一样，贵州省的其他民族自治州也有着丰富的旅游资源，不仅物质文化资源丰富，非物质文化遗产资源也有较大的优势，尤其在这些地方有着较多的民族文化资源，因此在民族旅游开发的大背景下，各州、市境内的旅游景区开发的同质化问题也非常明显，进一步影响了旅游景区的竞争力。

（二）民族村寨文化传承日渐衰落

伴随着改革开放的不断深入和旅游开发进程的持续推进，外来文化不断流入黔东南州民族村寨，以往宁静的村落生活逐渐被外来文化和喧嚣的城市生活所打破，在市场经济的推动下，苗族的传统节日也逐渐失去了原本的色彩，多数青年为了谋生而选择外出，当地的苗族文化很难得到传承，青年群体和老年群体之间甚至出现了文化隔阂。本书发现，在黔东南州的民族村寨，很多青年人对苗族的历史文化和风情不了解，对具有苗族特色的文化图腾图案也是一知半解，对本民族的其他文化特色更是知之甚少，比如演唱古歌、吹奏芦笙、民族蜡染等传统手艺很难被青年群体知晓。青年群体是民族文化传承的希望，是国家文化传承的重要群体，是向外透视民族文化的重要窗口，更是吸引外来文化的重要因素。在国家积极倡导文化建设的大背景下，青年群体无疑是民族文化保护和传承的重要载体。由此可见，青年群体的文化素养与一个国家民族文化的发展有着千丝万缕的联系，但就目前黔东南州民族文化保护和传承的发展状况来看，苗族文化在青年群体传承中呈现出日趋衰弱的现象。

（三）文化旅游资源开发的层次依旧有待提升

尽管政府部门提出了"文化旅游大州"的发展战略，但许多景区往往陷入经济发展优先的发展思路。一些景区采用"短平快"的开发模式，对村寨的旅游开发没有形成长期的规划，过于简单的旅游开发使得村寨失去了本身的传统文化特点，虽然迎合了游客的需求，但是未考虑实际情况而过度开发旅游活动，会导致村寨居民对民族文化产生麻木，对自身传统文化的认可度也逐渐降低。但游客旅游参观很重要的内容是体验当地居民真实的生活状态和文化底蕴，而非简单的复制品。

（四）文化旅游活动的经济色彩日益浓厚

在黔东南州的苗族地区，传统文化之所以能够得到较好的保存，是因为黔东南州的苗族人多是通过当地本民族的语言进行交流。特别是那些地处偏远山区的民族村落，由于这些村落很少受到市场经济的影响，传统文化的保护和传承得更好。旅游开发进程的推动打破了这一传统的经济和社会发展模式，随之而来的就是文化保护和传承也发生了变化。尤其是近些年来，黔东南州大力倡导发展旅游文化，特别是加快了针对少数民族文化的开发进程，给当地居民的日常生活和生产带来了不可避免的影响。昔日的宁静逐渐被打破，居民的生活观念也被市场经济所影响，苗族文化的价值很难得到体现。旅游开发一方面对苗族文化的保护和传承起到了一定的积极作用，地方政府通过对传统文化的规范保护和宣传能够有效地提升传统文化的传播范围，是苗族传统文化发展的有力途径；但另一方面，旅游业的发展也加深了民族村寨的商业氛围，在经济利益的驱动下，不管是本地居民，还是外来居民都过分强调了传统文化的经济功能，使得外地游客很难了解传统文化的精髓，这成为黔东南州民族传统文化很难得到实质性保护和培育的关键因素。

（五）民族文化保护和培育存在盲目性

文化的传承具有人为性、时间性、延续性和继承性等方面的特点。随着互联网技术的不断发展，社区网络逐渐成为民众交流互动的重要平台，这也强化了文化传承的空间性，成为民族文化保护和培育的重要手段。民族文化在信息时代和外界多元文化的影响下，在整个文化保护和培育过程中受到外界的影响因素逐渐增多，进一步扩展到政治经济、社会生活等方方面面。由于苗族文化具有较强的包容性，这种影响也使得民族文化与外界文化存在趋同之势，从而削弱了苗族文化本身的感染力和价值性。如今，因为苗族文化的独特性使其得到了有效的开发和利用，特别是旅游业的发展更加诠释了其独特的魅力，在黔东南州的文化大熔炉中显示出了其自身的价值所在，这也掀起了一次次文化保护和培育的浪潮。但也应当关注的是，因为过于追求利益的时效性以及苗族文化的包容性，苗族文化在对外宣传和传承过程中逐渐失去了一些文化本身的特色，加上苗族文化对环境本身的依赖性较强，旅游业的发展使得传统的环境受到影响。这些建立在经济利益的基础上发展苗族文化的做法，歪曲了苗族文化形成的历史事实及其存在的深刻蕴意，伴随而来的是对苗族文化误区的不断扩散，逐渐褪去了苗族文化的专有属性。

（六）民族文化保护和培育资金不足

黔东南州在文化遗产保护和培育方面，依旧是以争取国家文化遗产保护项目经费为主，州级政府财政的投入远远不够，而大部分县（市）没有专项的财政经费投入，对文化遗产普查、保护、培育和传承等方面的工作产生了严重的阻碍。比如，黔东南州政府在 2011 年公布了首批 80 处州级文物保护单位，也出台了州级文物保护制度，该项制度明确说明了州级文物保护单位所需经费列入每年的财政预算，但是这些财政预算在很长一段时间内都没有得到落实，导致亟待维修的州级文物保护单位在很长一段时间内都没有得到及时修缮和保护。此外，在公共服务平台建设方面，因为财政资金投入不足的问题，黔东南州在文物考古、保护研究等专业机构建设方面也处于较低水平，未能够引起足够的重视，州级文物保护考古研究中心尚未建立，导致文物保护和培育工作难以得到实质性的开展。

本 章 小 结

本章从景区化、城市景区化、民族社区景区化、非物质文化遗产保护、文化产业、文化和城市发展、文化产业和城市竞争力、文化产业和城市转型等角度梳理了相关文献，并从西南民族地区各省份（以桂滇黔为例）中选取典型案例进行个案调查，获得城市景区化和城市特色文化保护与培育的现状，这其中重点对不同城市和不同城市特色文化类型及其保护和培育机制进行了分析，提炼出现状、特征和问题，提出构建城市景区化对西南民族地区城市特色文化保护与培育作用机理的现实依据，并结合西南民族地区城市景区化的内涵，探讨城市景区化进程中西南民族地区城市特色文化保护与培育路径的民族性和特殊性。

第五章

城市景区化进程中西南民族地区城市特色文化
保护与培育的影响因素、特征及作用机理

人类学早期对"文化"较为经典的定义是泰勒（E. B. Tylor）1871 年在《原始文化》一书中提出的：文化或文明，就其广泛的民族学意义来讲，是一个复合的整体，包括知识、信仰、艺术、道德、法律、习俗以及作为一个社会的成员的人所习得的其他一切能力和习惯。斯卡平（R. Scupin）认为，文化是一个特定社会中代代相传的一种共享的生活方式，这种生活方式包括技术、价值观念、信仰以及规范。这是目前大家较为接受的"文化"定义。人类学的文化概念相对学术、相对狭义，强调是一种无形的、内化的、自带的与群体或聚落的生活方式密切联系的形式载体。广义的"文化"与"文明"的含义更相近，而文明既包括精神文明，也包括物质文明，也就是说，只要是人类创造出的东西，就可以被视为文明。区分这两者更直观的标准就是可见和不可见、物质和抽象的差别。从这个角度看，建筑、劳动工具、生活工具、艺术品、非自然景观等都属于物质文明的范畴。之所以经常给这些物质带上"文化"的帽子，将其纳入"文明"的范畴，一个重要原因是这些载体承载着大量的人类的思想、观念、审美、习俗、技术等，因此物质文明常常与精神文明相融合。因此，本书采用的是更宽泛的文化概念。

本书关注的是文化保护，但是文化的不同形态决定了人们对特定文化实施保护的态度、意义、动机、方向、手段等各不相同。从当下的文化现象看，文化可以分成三种基本的形态：文化传承、文化滞后、文化痕迹，适当区分这三者非常重要。（1）文化传承，主要是指过去的文化与现在的文化的一致性。一致性的一个基本原因是随着时代的变迁，现在和过去的生活方式、生产力、经济方式、交往方式、居住方式等存在历史的延续性，因而文化也存在延续

性，但这种延续的基础是精神文明和物质文明的内在是一致的。换言之，文化传承的一个重要原因是现在的文化有其内在的基础，比如社会需求、社会价值、社会规范、社会身份与角色、社会群体与组织等是协调一致的。（2）文化滞后，这是奥格本提出的概念，简单来说，指的是文化中的不同部分变化不同步的现象。更进一步来看，一般而言，社会系统包括文化系统、政治系统、经济系统、社会系统以及各种子系统、子子系统等，文化系统或其他子系统，文化系统中的不同子系统之间存在较大差异甚至是一定的矛盾。他指出，尽管一些文化残留对人类没有好的作用，但它还是保留下来，因为它们还有作用，可以给人以希望并满足人的心理需求。（3）文化痕迹，指过去不同时代、不同的民族、不同地区群体文化现象留下的痕迹，这些痕迹通常与一些实物结合起来，如建筑、桥梁、农田、碑刻、墓葬、艺术旧物等。文化痕迹隐含的意思是痕迹所折射的文化内容已经消失，或失去了现实的基础。这样的文化痕迹之所以持续保留，或进一步被保护，一个直接原因是使文化遗迹变成文化遗产。文化痕迹的一个基本特点是不可逆性，即一旦遭到破坏就很难复原，甚至是永久性的损坏，因而，其具有稀缺性，甚至是独特性和较大的历史价值和商业价值。人们对文化遗迹保有较大的兴趣和关注，一个重要的原因是，这些先辈生产生活遗留下的物件、工具、功能性事物（如城池、河流、房屋等）在某种程度上继续发挥着重要作用，当代人无时无刻不在传承或受惠于前人的遗赠。对于一些失去实际功用的遗迹，当代人主要从心理、艺术和审美上寻求共契，这种文化传承的有迹可循增强了历史和文化延续的想象力，增加了民族、地域、姓氏等的身份认同。中国人没有像西方人那样普遍、明确的宗教信仰，世俗上定义的"儒教"也只是对文化思想的一种概括，强调向上、对过往习俗、礼仪、文化、信始等的追溯与遵守。即使是民间信奉的道教，都强调对祖先的认同（祖先去世后成为鬼、神）。中华上下五千年，历史悠久，文化绚烂璀璨，历久弥新，并且从未完全中断过，历史决定了我们的文化具有传承的内在逻辑。自然，重视传承必然重视遗迹，这是瞻仰古人的一个基本的寄托。

　　文化传承、文化滞后以及文化痕迹的一个基本区别是前者正在维持和发展，后者已经在历史上消失，而中间的文化滞后随着时代的发展也正在消失，因此针对这三种文化的具体保护策略会截然不同，在后面的部分会进一步展开。

　　城市是人类生活聚落的形态，在历史上，城市与商业、交通、政治、军事等因素直接相关，城市规模相对较小，伴随着农业文明向工业文明的演变，农业人口逐渐消失，城市不断扩张，城市文明因而也在演进与发展。

城市是文化的摇篮，是人类文化的重要容器与空间载体，是文化呈现的舞台，是社会经济资源的聚集地，是文明的诞生地和文化培育的土壤，因此也是人类思想文化的创新之所。文化是历史长期积淀的结果，无处不在又难以简单形容，在很大程度上，城市就是文化的一种集成。城市是文化在空间和地理中生发出的清晰、浓缩又具有重要意义的景观印记。城市甚至可以说是人类社会在一定时期内进行商品交易和文化交流的产物，是人口聚集的政治、经济和军事中心，是市民聚居生活、生产思想、表达观念、传递文化、聚拢生活的公共空间。总之，城市文化是人类所有文化中一种非常特别但又极为重要的形态，是人类社会发展到一定阶段的产物。

随着工业社会的发展，社会劳动分工不断加深，城市文化伴随而生，相较于传统村落文化，它是一种更高级、形式更丰富的文化形态。其中，城市与村庄一样是历史阶段中人类适应环境发展的一种生活方式，是人类文化中非常重要的组成部分，反映着它所处时代的经济状况、科技水平、生产和生活方式、伦理道德、社会关系、宗教信仰等。城市正是在不断适应环境的过程中，吸收不同地域及不同时代独具特色的生活方式、行为特点和模式、审美艺术以及建筑样态，产生了不同的城市特点和城市特色文化。

城市文化具有空间地域性、分布集中性、包容性和选择性、延续性、多元异质性和动态性。从实用主义视角看，城市文化是城市在发展的过程中呈现出来的一种极为重要的内在驱动力，陈柳钦将城市文化具有的一般特征概括为四点：（1）城市文化是一个城市（甚至是城市周边地区）经济发展的最重要基础和支柱；（2）城市文化为城市的未来发展形塑了文化形象并提高了其发展定位和文化品位；（3）城市文化是城市特色建构和形成的重要来源和依赖条件；（4）城市文化使其发展提升了辐射力和整合力。

城市特色文化则是指特定地域城市诸多文化现象中具有的不同于其他地区或其他城市的显著的文化部分，它是一种文化的提炼、凸显、保护和培育的结果。首先，城市特色文化具有地域相对性，一个城市具有一个地域的文化特点，拥有一个地域文化的基因，因此相对于其他城市，这些城市所携带的地域文化的标签和特色对其他地区的城市和居民来说是不同的、有特色的，因而常常是有吸引力的。但是，在一个区域内部，城市特色文化则是这个城市在与邻近城市的比较中所不同的地方，地区内部城市同时吸收区域文化的特点，能够使整个地区的声誉更好，具体的城市也可以直接从中汲取营养，但同时，不同城市之间也存在隐性的竞争（尤其是在旅游城市中）。其次，城市特色文化是动态的，因为"特色"本身是一种很主观的意向与感受，它受到初始文化资源禀赋、历史因素、后期的保护与培育等因素的影响。有些城市的特色文化因为历史积淀较为突出，有些城市文化相对模糊或暗淡，这都与城市主政者、城市发展阶段与发展状况、城市市民的主观行为有着密切关系。城市特色文化的动态性，意味着已有的特色文化如果不注重保护就很可能会逐渐消失，而文化特色不明显的城市则可以通过保护、挖掘和培育使自己城市的文化得到不断地发展、壮大和凸显。最后，城市特色文化一旦培育起来，便会成为这个城市的名牌和标签，既可以吸引外来者，也可以发挥向心力、凝聚人心的作用。

涉及城市特色文化的保护与培育，要区分这种特色文化当前的形态。城市特色文化来自文化传承、文化滞后还是文化遗迹，这决定着城市特色文化保护和培育的重点、方向、动机、成本、收益、难易程度、速度等。因此，城市特色文化的保护与培育，既有先赋因素、内在发展动机的意向，也有外在政策的驱动与政策制定者的战略选择，更与大的现代化发展趋势息息相关。城市特色文化的保护和培育的最直接目的当然是满足人民对日益增长的物质文化的需求，以及推动城市的可持续、高层次、有内涵的发展。

本章探究的主要内容是西南民族地区城市特色文化保护和培育的影响因素、特征与机制，这些因素、特征和机制具有普遍性。同时，在分析和归纳中，具体以西南地区为分析对象，因而具有理论探究和现实指导的意义。

第一节　城市景区化进程中城市特色
文化保护和培育的影响因素

城市特色文化的保护和培育目的很明确，对于城市及生活在其中的居民意义重大，但"保护"和"培育"是一种主观行为或实践，涉及政府、企业、居民以及外来者等不同群体，要考虑到预期的效果会受到主客观多方面因素的影响。具体到西南民族地区，又需要对具体的影响因素进行细致的归纳、解剖和阐述。这些因素包括先赋因素、现代化因素、城市景区化因素、政策因素、历史文化因素五个方面。

一、先赋因素：西南民族地区城市特色文化的特点、分布与现状

在前面已叙述，城市特色文化具有相对性，选择的参照系不同，特色文化的性质便存在较大差异，这里可以初步把城市特色文化氛围分为区域特色文化和区域内特色文化两个方面。区域城市特色文化参照的对象是全国其他地区，甚至是全世界，区域内特色文化则是区域内部不同城市之间的比较。不同层次的分析，对我们认识城市特色文化具有重要意义。最直接的作用就在于这对不同政府层级的文化保护和培育的策略选择具有靶向参考价值。

（一）整体性分布：城市特色文化保护和培育的底色和方向

以全国范围为参照对象，西南地区的城市特色文化与整个西南地区的气候环境、地形地貌、风土人情、人口迁徙、历史演化等底色密切相关，这是整个城市特色文化发展的基因与基础，彼此之间具有内在的协调性、整体性。一般而言，西南地区的城市文化具有自己的特点，这些特点在很大程度上是先天的，后天的因素只能使城市更加适应这些底色特征，一旦失去了这些基本特征，也就意味着对其他地区而言不具有显著的吸引力。城市特色文化，在很大程度上是这个城市的气质，而气质的生成与底色内在具有紧密关系。

1. 城市外在景观：山水的陪衬与协调

西南民族地区城市的一个基本特点是依山傍水，具有一种典型的山水文化，与世隔绝，与世无争，自然协调，是一种人与自然和谐共处的城市文化。首先，这与西南地区的地形地貌以及气候环境密切相关。我们通常所说的西南地区，主要指云、桂、川、黔四省份，从地形上看，四省份海拔相对较高，整个云贵高原、横断山脉占据其主要部分。从大陆漂移学说来看，西南地区正处于不同大陆板块的交接地带，地质活动频繁，地形褶皱较为明显，因此山脉纵横，沟谷密布。其次，这一带是亚热带季风气候，尤其是春夏雨季来临时湿热的水汽随着季风穿过印度洋来到谷底高原，带来充沛的降雨，所以小河流较多。加上雪山融水，西南地区是很多著名河流的发源地。而西南地区的城市多发育于地势相对低洼的平缓地带，四周常被山环绕，河流顺势穿过城市，且部

分低洼地带存在积水，城市与山水相互呼应。

那么一座城市的山水景观与城市特色文化具有什么内在联系呢？事实上，西南边陲的城市与外界相对隔离和封闭，其发展进展较晚，受到工业化的影响较小，因此城市基本吸纳了整个地域的特色，静谧安逸，与世无争，充满着生活气息。巍峨的山峰，坚毅沉稳，也塑造了西南地区居民质朴的性格。随着城市基础设施的完善，外地游客会很明显感受到，他们既能享受到东部大城市的舒适，更能享受世外桃源的质朴生活，从而获得内心的平静和安宁。不张扬，自然质朴，宁静舒适可以说是山川河湖带给西南城市文化的基本底色，即使现代工业、资本和市场已大规模在这些城市扩张，但总体而言，这种底色也并未完全褪去。所谓一方水土养育一方人，同样的是，一方水土也会孕育出独特的城市文化。城市可能具有一些共同的或是基本的要素，如资本、市场、非农产业等，但这些要素并不必然带来相同的城市特色文化。

2. 城市内在生态：动植物的"自然博物馆"

所谓"城市"二字，"城"指城墙，"市"为坊市，这意味着在历史上城市通常指的是城墙内围起来的部分，城内城外有明显区分，古希腊的城邦、中国的城池莫不如此。随着手工业、机器大工业的发展，城市如雨后春笋般出现，城市的范围早已超出了城墙的约束，不断向四周扩张。因此，城市所覆盖的面积也越来越辽阔了，尤其是像北京、上海、广州、武汉等大城市的兴起。为了美化城市环境，一般大城市都会通过休闲公园、城市绿地来提升城市宜居指数和居民的幸福指数，如北京市因为城区成片绿地面积越来越少，根据城市发展需要，于2014年首次将微型公园建设纳入城镇绿地建设重点，紧挨居民区，在边边角角的地块上建设微型公园，通过多种树、少铺草，多种生态效益好、易活好管的乡土树种，合理配置乔、灌、花、草等，不断增加城市绿化。西南地区的城市成片土地相对较多，城市内部的生态多样性也较为丰富。不仅参天古木随处可见，郁郁葱葱，树木、花卉的品种也是纷繁复杂，让人眼花缭乱，甚至在路边就能见到多种珍奇植物。甚至在城市的一些小公园，可以看到各种珍奇鸟类，和动物，它们的栖息空间并没有被水泥森林所挤占。因此，西南地区的城市并非由简单、重复、单调的纵横街巷构成，而是各个功能区被大大小小的公园所覆盖（见表5-1）。

表5-1　　　　　　　广西、贵州、云南三省区城市公园情况

地区	公园绿地面积（公顷）	公园数量（个）	公园面积（公顷）
广西	12699.49	235	8839.65
贵州	1232.43	28	1292.20
云南	2714.32	136	2297.31

资料来源：中国民族统计年鉴2017［M］. 北京：中国统计出版社，269.

西南地区的城市本身就是一个具有生态多样性的"自然博物馆"，这一点区别于中国的其他地区。相较于城市外部景观，这部分强调的是城市内部生态构成，强调的是城市自然环境对城市文化的塑造。自然环境首先塑造了这里居民的性格与气质，居民与环境的互动则形成了城市的文化特色，三者之间是相互作用的关系。

西南地区本身就具有生态多样性的特点，城市的扩张并没有侵蚀这种生态，反而将这种环境和自然的多样性吸纳到城市内部，实现了城市和生态的良性互动，并且，这是一种自然发展的结果。因此，外地城市居民到访这些城市，首先感受到的是城市与自然的距离非常亲近。要发展但也要注重生活环境的建设，这是西南地区城市留给人的深刻印象。当然，这里强调的是生态多样性对城市特色文化的影响，这只是其中一个因素，其他因素发挥作用也可能使这一特点逐渐消失。

3. 少数民族文化：城市最显著的特色

民族原指某种自然性的血缘和地缘共同体。民族文化是一个民族的最核心部分，它是民族成员共同信仰、传承和维护的文化特质。进一步分析可以发现，文化是一个民族最为核心的元素，正是因为文化的深层次内容和结构——心理特点、价值倾向、社会判断、审美倾向、感情特征等是文化的核心，也恰恰是民族建立认同感和内聚力的重要组成部分。所以，上面这些被提及的民族要素，经由民族意识形态的传承，在漫长的历史中逐步积淀和形成，并非短时内能轻易改变，因而具有极强的韧性和稳定性。这种文化部分深深植根于特定民族社会的潜意识之中，成为民族感情的融合剂，常常刻在每个民族成员深深的脑海里，甚至在一些外部刺激和诱发风险中会被强化，成为促进群体团结与社会发展的动力源泉，也有可能会成为诱发社会分裂、社会封闭的阻碍力量。

因此，民族文化具有双面性，必须慎重对待、正确引导。民族的存续和发展在特定的环境下依靠该民族特有的文化、风俗、习惯来维持，这些决定了人们情感、心理、思考方式、对客观事物进行分析和判断的方式。从新制度主义的视角看，这些属于观念"深核"（如公众哲学、公共情感、世界观、价值观等），对人的行为、审美、需求等产生统摄作用。

简言之，每个民族都有自己的特色文化，这些文化经过漫长的历史演变，在短期内很难发生改变。并且民族文化不是一种特定的文化形势，而是这个民族群体所共同具有的思维习惯和生活方式，正是这些维持着民族中个体的身份认同和意义世界。

西南地区是中国少数民族聚居最为集中的地区，这一点毋庸置疑，如表 5-2 所示。

表 5-2　　　　　　　　　　　西南地区主要少数民族分布

西南省份	主要分布的少数民族	民族个数
云南	回族、藏族、苗族、彝族、壮族、瑶族、白族、哈尼族、傣族、傈僳族、佤族、拉祜族、纳西族、景颇族、布朗族、阿昌族、普米族、怒族、德昂族、独龙族、基诺族	21
贵州	回族、苗族、彝族、布依族、侗族、白族、土家族、水族、仡佬族	9
广西	苗族、壮族、侗族、瑶族、水族、仫佬族、毛南族、京族	8

注：原始资料是按照主要少数民族集中分布的省份进行分类，因此，少数民族人口较少的省份未计算在内。

资料来源：中国民族统计年鉴 2017 [M]. 北京：中国统计出版社，2017：749-750.

很明显，中国官方认可的少数民族为 55 个，有一半以上集中分布于西南四省、自治区。西南四省、自治区少数民族人口占比如表 5-3 所示。

表 5-3　　　　　　　2010 年人口普查西南地区少数民族人口数据及分布　　　　　　单位：万人

地区	总人口	少数民族人口	少数民族人口占比（%）
全国	133972	11379	8.49
广西	4603	1711	37.17

地区	总人口	少数民族人口	少数民族人口占比（％）
四川	8042	491	6. 11
贵州	3475	1255	36. 12
云南	4597	1534	33. 37

资料来源：中国民族统计年鉴 2017 ［M］. 北京：中国统计出版社，2017：748.

　　全国少数民族人口占比为 8.49%，除四川少数民族人口占比略低于全国平均值（6.11%）外（四川人口基数过于庞大），广西（37.17%）、贵州（36.12%）、云南（33.37%）三省的数据都远远高于全国的平均水平。进一步计算，全国少数民族人口总数为 11379 万人，西南四省、自治区少数民族人口总数为 4991 万人，占全国人数的 43.86%。这也就意味着，全国有近半数的少数民族人口分布在西南四省、自治区。

　　也可以这么说，西南地区少数民族占据着相当数量，并且少数民族种类数较多，少数民族聚居区更是数不胜数，汉族在这里更多是夹杂在少数民族之间生活，甚至在生活习惯和思维方式上很大程度上和少数民族没有多大差异。

　　而少数民族与城市特色文化之间的关系则是显而易见的，西南地区各具特色的城镇充满着不同的民族特色。以建筑为例，无论是外部形态、建筑材料、主要色调、内部结构，还是陈设、家具样式等都具有民族特点，即使是现代建筑也保留有一些当地的民族风格。至于城市里人们的饮食习惯、着装打扮、娱乐爱好、文化节日等均具有地方或民族的特点。

　　如果将"城市"的范围（或定义）扩大到"城镇"，那么西南地区的众多特色小镇，甚至主要就是某个少数民族聚居地，城市的特色则完全与该民族的特色融为一体。在这些地区，城市在很大程度上就是民族特色的集中展示，城市特色文化在很大就是该民族的民族文化，这一点对我们认识这一地区的城市具有非常重要的意义。

　　此外，那些较大的城市通常为众多少数民族人口居住和生活的地方，他们把自己的民族文化带到城市，成为城市文化的重要拼图。不同民族相互尊重，相互吸引，既有融合，又有差别，使得整个城市具有丰富的文化现象，绚烂多姿。因此，可以说民族多元与包容，是中国其他所有城市均不具备的最突出文化特点，甚至在世界各地也属罕见。如果外地人来到这些城市，就必然会被这种民族文化的色彩所吸引，这种特点已经形成了一种标签和品牌。反过来，如果游客来到这些地区感受不到某个城市的民族文化特点，他（或她）反而会感到非常惊愕，因为这会违背他们的期待。

总之，少数民族集中分布是西南城市的非常重要（甚至可以说是最主要）的特点，少数民族的文化构成了这些地区城市文化的基本基因。尽管现代城市是流行文化的主流地，但西南地区城市的民族文化特色并未消除，甚至有些部分在商业的驱动下得到进一步加强和传播。在提到对这些城市特色文化保护的议题时，在很大程度上就是如何对这个地区的民族文化进行传承和保护。

4. 城镇文化的历史：遗留与传承

代表现代城市发展的两个基本标志是铁路和海港（或内陆深水港），换言之，商品、人员、信息的流动与交换是近现代城市发展的基本动力来源。从"西南边陲"这个词就可以看出，以通俗的现代化视角看，西南地区常常与贫穷、落后、原始等词汇相关联，甚至也有许多文化或生活习惯还处在较为原始的状态。笔者曾前往云南省大理白族自治州洱源县的一个彝族集镇调研，发现在水泥路尚未修通以前，这个集镇主要的交通工具依然是骡子，这里的居民如厕需要在荒郊野外解决。确实，改革开放 40 年，西南地区的许多城镇并没有完全搭上中国高速行驶的快车，城市的基础设施依然非常落后。但好的一面就是这些地区保留着较为完整的历史城镇风貌。

但是，近代因为政治、军事等因素（民国军阀时期、抗日战争时期），这一地区的城市发育加快了步伐，这些使城市面貌发生了巨大变化。相应的城市文化也发生了重大改变，具有传统色彩、甚至原始色彩的文化底色在一定程度上消逝。同时还因为一段特殊的历史时期——社会主义改造时期，城市的文化从分散的、个人的走向统一的、组织化的阶级斗争文化与具有原始色彩的平均文化。这一时期，城市发生了巨大变化，城市的组织化程度大大提高，但同时，具有民族特色的诸多文化被武断地排挤、打压，一些民间信仰得不到尊重，许多历史建筑被毁坏，个性被严重压抑。城市的功能越来越向政治、管理的角度转变，城市里的工人被单位管制和约束。因此，集体化时期（1949～1982年），全国城市的文化均只有一个色调，其他文化被严重压制。改革开放以后，国家放松了对城市和人口的管控，城市文化又恢复起来，但中间有被中断的历史。那么西南地区城市文化在这一百年的时间里具体被改造成什么样子，这需要进行专门的调查研究。那么我们再谈到城市特色文化的保护和培育问题时，就必然需要考虑城市文化在改造过程中的情况，其遗留和改革开放后的传承对未来的工作会产生重要影响，这些也是一个城市文化发展的重要底色。

（二）区域内分布：城市特色文化保护和培育选择性聚焦

城市特色文化保护和培育，首先需要考虑文化本身的存在形式，比如前面说的文化传承、文化滞后和文化遗迹三种，或物质文化与精神文化的特征区分等。我们将主观视角（即如何做好城市特色文化保护）转换为科学研究的实然范式，讨论城市特色文化保护和培育的影响因素，那么已有城市特色文化的分布会对这一过程产生基础性的影响。更具体地说，城市特色文化的分布样态决定了城市特色文化保护和培育的方向和重点。当然，这里我们有一个预设，尽管城市特色文化保护和培育的主题可以是个人（当然也必须要个人参与）、企业、社会组织等，但其规划、布局和推进等主要还是依靠国家政策或具体的地方政府。

城市特色文化的分布之所以是一个基础性变量，一个重要原因是前文提到的城市外在景观、内在多样性、民族特色文化以及历史传承等塑造的是整个西南地区的城市基本底色。但是，正如前文所提到的，一个地区不同城市之间的文化也还是存在一定差别的，这种差别其实就是一种分布状态。假定分布是已知的、既定的，那么对这些地区的城市特色文化保护和培育，在基本定位上思路是清晰的，但是一旦涉及具体的操作层面，我们就需要一些依据、抓手来进行具体的规划和执行。所谓"胡子眉毛不能一把抓"便是这个道理。保护和培育是需要资源的，因此保护和培育是需要有重点、有针对性地进行。

但是，涉及西南地区城市特色文化的分布如何影响着政策和实际的状况，还需要处理机组关系。因为，实际上包括本书在内的这一议题，隐含的假设前提是一个城市已有特色文化的特点和累积，决定了保护和开发的经济价值及社会价值，实用主义的导向很明显。

1. 分布与识别

可以按照"无知之幕"的思维设想一下，为什么这个城市的特色文化是这样的，与它条件、情形状况类似的另一个城市却是另外一番样子的，换言之，所谓的"特色文化"是如何被凸显出来的。除了一些明显的、易识别的差异，如历史城池、故事传说等外（即来自历史的维度），文化本身是一个需要被识别并进一步培育的过程，因为历史尽管重要，但是篡改、抹杀、甚至彻底摧毁在相对较短的时间内（可能一代人时间）也是可以做到的。也就是说，文化的传承是漫长的，但是文化的消失却是经常的。如何让文化不消失，除了文化自身存在的客观环境外，与城市中的人的主观努力和作为有关。另外重要的是，城市现今的特色文化是过去人们有意识区别、挖掘甚至是包装的结果，因为一定规模的城市需要主打或主推的城市特色文化通常是有限的。道理很简单，一个城市特色文化具有很多，在某种程度上就是没有特色，标签化的过程对外而言是非常重要的，这决定了这座城市如何被其他人记住。

　　不同地区为了能够凸显自己的文化特色，会对其文化特点进行提炼，提炼的基本思路是简洁、鲜明，让人听一次就能够记住。以地区为例，"云南：彩云之南，万绿之宗"体现了云南环境的优美与自然特色，和之前的分析基本相同；"山西：华夏古文明，山西好风光"体现的是山西的历史底蕴。当然，一个省概括起来比较麻烦，以城市为特色包装反而更加鲜明。比如，"成都：休闲之都"，城市的特色文化非常鲜明；"武汉：高山流水白云黄鹤"，很自然使人想起了孟浩然的千古名诗"昔人已乘黄鹤去，此地空余黄鹤楼。黄鹤一去不复返，白云千载空悠悠"。而西南地区的城市特色也很鲜明，昆明是"绽放的春城"，丽江是"绿城寻歌壮乡情"，桂林是"桂林山水甲天下"，北海是"南海珍珠之乡滨海度假胜地"，这些城市的基本特点是自然环境优美，城市文化的主要"卖点"是生态文明与生态多样性，力图营造一种人与自然和谐相处的城市氛围。当然，从另外一个角度看，西南城市的人文特色凸显得很不够，一个重要原因是我们过于注重与其他地区去竞争，忽略了内部城市文化特色的识别、挖掘和培育，这种工作不做好就很难再进行文化特色的提炼和包装。一个可能存在的顾虑是，每个城市都去识别自己的文化特色，是否会强化地区内部的竞争，而削弱了整个西南城市特色风格的统一性？这一顾虑从表面看是成立的，实际上经不起推敲。首先，不管如何识别和培育不同城市的特色文化，地区间的竞争都是不可避免的，反过来想，适度的竞争其实是有利的，因为这倒逼人们去重视这件事情。其次，地区间的适度竞争和适度差异化是否一定会削弱整个西南地区的特色？答案是否定的，不仅不会弱化，反而会强化，道理很简单，西南地区文化生长的土壤是相通的，影响城市文化发育的底色或基因是相通的，适当鼓励城市特色文化培育只会使这一地区具有共同"气质"的文化更加丰富，更加具有吸引力。

　　值得警惕的一种现象是"硬特色"现象，即在缺乏充分调研、识别、挖掘、归纳和概括，甚至论证的基础上，强行移植和塑造一些与整个城市气质并不相符的文化标签、文化符号。这种行为实际上是在强行改变一个城市的文化基因，最常见的就是模仿一些现代城市元素，妄图依靠财政投入就打造一个所谓的"城市特色文化"，这种行为的结果常常会是南辕北辙。

简言之，城市特色文化的分布是其基础，识别是一种主观行为，决定在"分布"的基础上选取哪些元素作为整个城市特色文化非常重要。如果只有"分布"没有"识别"，那么城市特色文化就如同一块未经雕琢的璞玉——外在地看依然是一块普通的石头。如果仓促"识别"——即未真正去发掘到底具有哪些文化"分布"，就去打造尘世特色文化，那么经常会做出一些匪夷所思，甚至是荒谬的事情来。

2. 分布与培育

分布给人的感觉是静态的、既定的、已有的印象，因为城市特色文化最经常的来源就是历史，而历史带来的文化相对而言是当地的，具有稳定性。这里需要适当进行区分，本研究使用的"分布"是相对宽泛的定义，强调同一个地区不同文化现象的空间格局。举个很简单的例子，火把节是白族、彝族、基诺族、纳西族、拉祜族等少数民族的古老而传统的民俗节日，有着悠久的历史和深厚的文化底蕴，被称为"东方的狂欢节"，最有名的就是在农历六月二十四点一堆火把，当地居民穿着民俗服装围着火把载歌载舞，乞求祖先福佑。假设云南省政府想将"火把节"作为一些城市特色文化的保护和培育重点，那么哪些城市居民的生活一直延续着（或曾经较长时间存在）这一习俗呢？哪些民族和城市聚落在一直举办火把节，这是这种民俗传统文化在整个云南的一种"分布"，确实是客观的、既成的。但是，发现哪些地方具有这种文化特色（可以简单解释为现代意义上的"统计"），以及这种特色文化的具体形式、内涵、特点等（可以理解为现代意义上的"实地调查"）是一个"识别"的过程。那么，假设一个城市以白族人居住为主，在火把节到来的那一天，少数一些居民自发地点一堆火把进行很有限的活动，这些活动勉强维持，缺乏后续的传承（尤其是对年轻人而言缺乏吸引力），那么如何让人们重视起来，实现文化特色的扩大化、普及化、丰富化，从而使这项文化重新焕发生机，获得更多的知名度与参与度，就是一个"培育"的过程。

简言之，"分布"是前提和基础，"培育"是一种主观能动性发挥的过程，"识别"是决定"培育"的取舍和方向的依据。从这样一个意义上来讲，西南地区城市特色文化的"分布"显然对实际城市特色文化的保护和培育具有基础性影响。搞不清楚"分布"，城市特色文化保护和培育工作就是"无本之木，无水之源"。现在很多城市文化保护和培育工作走向误区，从根本上讲就是忽视了"分布"这样一个重要变量。

（三）历史分布：城市特色文化保护和培育的沉淀成本

经济学中，沉淀成本包括两个方面的含义：一是指承诺的投资成本无法通过转移价格或者再出售价格得到完全补偿的那部分成本；二是指在契约安排下承诺，一旦终止无法得到补偿的那部分利益，也会产生沉淀成本。一般认为，沉淀成本是否获得补偿，对下一期决策产生着重要的资源分配效应。当然，在信息完全或交易成本为零时，沉淀成本可以得以消除，但现实中经常的情况是，因为项目周期、市场供求状况等因素导致瞬间调整几乎不可能，沉淀成本自然会产生，从而一项似乎并不被看好的项目只能继续进行下去。沉淀成本可以被认为是一种前期决策的失误成本，也可以理解为决策的影子成本（资源的价格或机会成本）。这种成本会强化前期的决策和选择，从而给决策调整带来巨大挑战。

具体到西南地区城市特色文化保护和培育议题上，同样会受到沉淀成本的影响。前文已提及，城市特色文化的识别、保护与培育是一项非常耗费时间、人力、物力和财力的事情，它的基本特点是投资规模大，回报时间长。政府一旦选定了一个城市特色文化保护与培育的基本策略和方向，那么在这个方向上就会持续投资，呈现一种累加效应，直到其效益被释放出来。原因很简单，前期的投资形成了巨大的沉淀成本。

换句话说，一个城市特色文化保护和培育的进展情况对后期进一步的保护和培育会产生"路径依赖"的作用。通常，一个城市特色文化的提炼本身就是一个关键点，如果这个提炼的方向做得好，那么整个后面的工作思路将会非常清晰，如果做得不好，也会起到相反的作用。那么处于一个特定历史阶段的城市，选择在特色文化保护和培育的路上继续走下去，就必然会受到前期工作的影响。

通过上述分析发现（如图 5-1 所示），先赋性因素对城市特色文化的保护和培育具有重要影响，决定着未来工作的基础和方向，在未来一段历史时期内，所有的工作都不能完全脱离这些先赋因素的影响。这些先赋性因素就相当于是西南地区城市发展的文化基因。城市的外貌、形态、风格可能会发生一些变化，但是探寻城市的底色你会发现其均有深刻的根源。整体性分布，即区域城市文化的共同底色，是所有西南城市相对于中国其他地区，甚至是世界而言具有的最显著特色。区域内分布是区域内差异的一个来源，区域内分布差异与整体性分布之间并不存在必然的冲突，反而是一个相互强化的关系。具体到西南地区某个城市在发展特色文化过程中，可以向整体性分布特征要素汲取要素和影响。反过来，整体性分布特征能否持续，在很大程度上取决于区域内各城市文化的发展情况。而了解历史累计分布特征是城市特色文化保护和培育的前期工作，前期工作本身会对未来的工作形成一种指引或约束。具体到每个城市，需要明确自身城市所具有的先赋性文化因素的分布特点，这是一个识别的过程，这个工作非常重要。在识别的基础上，对特色文化进行保护、挖掘、开发、培育以及具体的包装和推销也至关重要，这决定着一个城市的文化特色能否呈现给世人，能否延续下去。其最终效果除了取决于生活在该城市的居民自身的体验和感受，也需要得到其他地区居民对这个城市的评价。在后续其他变量的引入过程中，我们会发现，很多先赋性因素会被历史的车轮碾压得粉碎，从而逐渐边缘化，甚至彻底消失，但这也恰恰说明我们当前对这些因素的重视有多么重要。

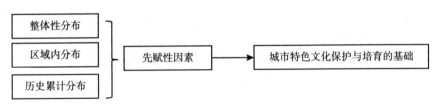

图 5 - 1　先赋性因素与城市特色文化保护

二、现代化：西南民族地区城市特色文化保护和培育的时代背景

城市文化的保护和培育，显然是一个主观能动性发挥的过程，之所以有如此多的人在共同探讨这个问题，很重要的一个原因就是这其中就存在着复杂的矛盾，涉及多种文化价值的张力。正如马克思所言，历史是人们创造的，但常常不是按照人们主观想象的方向创造。这也就意味着我们必须深入到文化变迁与维持的内部，寻找发挥作用的更重要的因素。那么这里为什么要谈到现代性？一个基本的原因就是，我们在谈到西南民族地区城市特色文化保护工作的时候，希望这些城市能够保留更为原始的、自然的和历史的风貌，但是现代性是人类发展的客观趋势，这种趋势在很大程度上要求废除、脱离过去的窠臼与束缚。换言之，传统与现代的张力是西南民族地区城市特色文化保护和培育中

最深层次的一对矛盾。与前部分"先赋因素"讲述传统要素不同，这部分把视角转移到现代性要素对城市文化发展的影响上来。

现代性最广义的概念，其实表现在两种难以调和的价值矛盾之中：（1）资本主义文化中相对客观的、社会性的、可以测量的时间单位（时间作为一种珍贵的可以交易的物品）；（2）主观的、个人的、想象的延续，是个人或自我展开的私人时间。波曼曾说过，成为现代就是要让我们置于这样一个发展情境中，允许我们自己和这个世界去冒险、欢乐、成长、演变，但同时，这一过程也有可能会毁掉我们所拥有的一切。现代社会中的个体卷入巨大的漩涡之中，那存在着永恒的革新和分裂、矛盾和抗争，含混模糊。中国近代社会以来，反反复复地遭遇了现代性的一些内在矛盾，历史中的人们有着深切体会：惶恐或向往、进步或倒退、激进与保守、激情连带失望、理想背对现实，这些带给我们的矛盾体验形塑了人们对现代性的不同理解和判断。

戴维·弗里斯比（2003）从另外一个角度认为，现代性是近现代社会之中人类体验不一样人生的重要方式，它不仅是我们对这一现象的内生反应，同时，我们的生活也一直在接纳它。正是因为这样一个过程，外部世界逐渐演变为我们内心世界的组成部分。因此，外部世界被实质性地分成了多个组成部分，易逝、易变并充满着矛盾，但被一点点吸纳进人们的内心世界。齐美尔也曾提出过与弗里斯比类似的观点：

> 现代性的本质是心理主义的，是根据我们内在的生活的反应（甚至当作一个内心世界）来体验和解释世界，是固定内容在易变的心灵成分中的消解，一切实质性的东西都被心灵过滤掉，而心灵形式只不过是变动的形式而已。[①]　——齐美尔

因此，人们可以体会到，尽管现代性在大多数时候是与发展的词汇联系在一起的，它延续启蒙时代相对进步的意识形态路径，因此较过去的历史而言显得更为"进步"。但人类为了这种进步所付出的代价有时被认为过高——于是有了各种各样"反现代"或"对抗现代"的意识形态与宗教潮流，它们在过去的大约一个世纪里遍及全世界。这也是为什么亨利·列斐伏尔指出，在很长一段时间里"现代"一直被视为与"古代"相对。尽管它的意义有变化，但它神奇的力量似乎不可穷尽。

---

① 戴维·弗里斯比. 现代性的碎片——齐美尔、克拉考尔和本雅明作品中的现代性理论 [M]. 卢晖临，周怡，李林艳，译，北京：商务印书馆，2003.

　　从前面的分析我们可以发现，与其他地区相比，西南地区城市特色文化更接近我们认识意义上的"传统"，而北京、上海、广州、深圳这些一线城市代表着"现代"（当然，北京属于一个例外，在北京中心老城区除外的其他地区依然是以现代性元素为主）。现代城市的元素很容易想象到，城市外在景观可以说是到处高楼林立，繁华市井里人头攒动，时尚、娱乐、休闲、消费处处都与过去不一样，因为资本和消费而带来的文化多样性和生活方式与西南地区城市居民差异甚大。以上海为例，上海早在19世纪就已经对外开放，城市的地标并不是什么历史遗迹，而是具有东方现代特色的"东方明珠"电视塔、世纪大厦、金融中心等建筑，建筑的恢宏与气派可以与纽约媲美，上海也被誉为"魔都"，是当之无愧的中国时尚之都。上海的现代艺术展览、现代艺术表演、现代体育赛事可能也是中国之最。标志性的现代城市文化特色就是"夜生活"，这一点很明显，整个城市夜晚灯火通明，白天居民工作，晚上休闲娱乐，昼夜不息。上海的城市外貌代表着现代化的城市，上海居民的生活代表着现代人的生活方式，因此上海的城市文化特色本身就代表着"现代"。相反，西南地区城市外在景观保留着较多的历史建筑风貌和自然生态景观，西南地区城市居民生活方式也更多沿袭传统，生活节奏更加缓慢，居民生活更安静、悠闲。现代城市的文化特点是竞争性、时尚性、多元性、开放性，而西南地区城市文化特点更多是保守、慢节奏、传统和地方特色。

　　从这个角度看，西南地区城市特色文化的保护和培育，其实存在一个城市文化变迁或文化更新的中间阶段。对于西南地区城市文化而言，文化变迁可能是一个基本的趋势，或者说至少是有与所谓的现代都市文化相趋同的一种动力。同样的，几乎不会有多少人认同西南地区城市文化的培育和发展应该像上海、香港，甚至是中国内陆的大部分二三线城市那样发展。因而，西南地区城市的文化保护和培育在某种程度上是希望能够延续一些具有历史和民俗特点的文化形态，当然，各项政策也是在往这个方向努力。这意味着，至少西南地区城市文化的变迁同时受到两股力量在推动，一种力量推动其向"现代"迈进，另一种力量则是试图强化传统的韧性。

　　尽管文化受到两股力量的牵引与吸附，但事实上文化的变迁也有自己的内在逻辑。在这方面，王铭铭（1998）等为代表的人类学的研究给予了本研究很大启发。他指出，社会人类学家在解释文化现象和文化变迁过程时最常用的概念有以下几个：文化传播（diffusion）、文化丧失（cultural loss）、涵化（acculturation）和发明（innovation）。文化传播是指文化的不同表现形式在流传和互动过程中出现的文化变动，通常就是从其他社会借鉴、吸收一些新的不同的形式、元素和内容。文化丧失是指一种文化现象或形式被另外一种文化替代所产生的严重后果，它对文化本身的破坏性非常大，很多时候一旦丧失便很难复兴。涵化的意思是指拥有不同文化背景的个体或群体，进入一个社群或共同体长期生活后，导致其中一个群体原来的文化特点或形式发生重大变化，这种变化可能是原来社群的文化产生变化，也可能是引发新的社群文化的变迁。涵化是很多因素造成的，其中包括与环境的差异度、文化本身差异的程度、频率、强度位置（处于强势支配地位还是弱势服从位置）、流动性等特点。有学者对涵化的具体过程进行了概括，其路径有 3 种：（1）如果两个文化同时出现丧失（或部分丧失），而且两个文化的不同构成单元发生合并或出现同化时便是出现了涵化；（2）如果其中一个文化逐渐丧失自主权而另一个亚文化却依然保持着其原本的个性，那么就产生出新的结合；（3）如果一个文化的所属成员在不断减少（死亡或者离开），并且这种文化逐渐丧失功能，也就意味着这个文化有可能走向灭绝。当然，两个文化发生近距离的接触，在适应的过程中其所有的动力平衡会发展出新的结构形式。

早期人类学者通常认为，文化变迁的动力来自文化之间的接触，因为不同的文化群体在持续不断的接触、交流和学习中，才会尝试考虑是否需要引入不同的观念和文化，进而使原来的传统价值观念、行为方式、生活习惯、思维习惯、风土人情等发生变化。现实中经常出现的情况是文化变迁更多发生在一个社会的内部，这其实就是文化"发明"。"发明"的意思是指不同的个体开发出新的做法、工具和原理，最终为大家所接受，成为社会共享的内容。这也就意味着，文化的"发明"是否能够获得广泛的社会认可，必须与社会的现实需要、生活目标和价值观念等保持一致或共契。当然，也正是因为人们思维的习惯和原来文化的惯性，所以社会中的人更愿意坚持已有的习惯，不愿轻易改变和尝试。

前面分别讲述完现代性的定义和特点，然后又重点分析了文化变迁的动力机制与运行的逻辑，在这里需要简要归纳一下现代性与文化变迁之间的关系特点。从上述分析可以看出，"现代性"并非简单的经济关系和经济过程（当然不可否认其是一个非常重要的现实基础），而是一个权力和文化相互交织的复杂过程。（1）在个人、群体与文化的具体关系中，现代性的一个显著后果就是个体（或群体）被放置到社会再生产与社会变迁之中。因此，传统社会向近代民族国家的现代转型中，个人和社会（及其文化）发生激烈的互动，而社会之所以能够运转良好并实现社会秩序与社会关系的再生产和延续，依靠的是社区中面对面的教育以及面对面的文化传授，文化经由社区生活教化得以延续。但是，进入民族国家时期后，社会的自我再生产已经不再是简单的面对面的文化教习和传授，而是由国家来主导和推动全民教育。其结果是民族国家会试图建设一种超地方的公共教育，通过相对标准化的、一致的知识传授来代替社区文化的习得，从而建构出一种由国家主导的社会文化再生系统。（2）从社会组织发展的角度看，现代性会造成结构化、行政化、成体系的制度化对公民社会原始的制度体系进行替代。每个社会都需要建构出一种社会秩序，现代性只是其中一种方式，其不同之处在于现代社会秩序不再仅仅依靠家庭、血缘关系、地缘关系、友谊关系等来维系。这也是为什么吉登斯认为，现代社会最大的特点就是"风险文化"的产生。那么现代社会就需要创设各种制度以降低来自四面八方的不确定性和风险，包括保险、福利、医院、律师等。（3）从经济的角度看，经济体系与"社会—文化"体系就是全球经济体系和商品交换对互惠和再分配交换的取代。现代社会降低自由竞争、公平交易，用亚当·斯密在《国富论》中的观点，正是这种彼此为了个人的正当利益实现的互惠交易，实现了专业分工和相对优势的交易，从而推动了财富的增长。（4）从政治的视角看，现代化是国家通过法律把社会中的权力机制和关系重新协调，从而以一种"非正式制度"的面貌出现。（5）从文化符号和宗教文化的视角看，现代性会推动民族主义在社会象征性支配系统中的新的建构。在许多西方发达国家之中，大众文化实质上在全民性共同话语的创造和复制中起着不可忽视的作用。随着民族国家的成熟，"正统符号体系"会越来越凌驾于"非正统符号体系"之上。

这里再回到这部分研究的起点：现代性对西南地区城市特色文化保护和培育有什么影响？进入具体的分析部分时，可以从人类学者对文化的定义和理解上得到一些启发。文化变迁的两个重要分析维度是文化的结构和文化的功能。文化由不同的部分组成，当然不同部分之间有密切的联系，但文化的变迁通常不是"断裂"式发生的，而首先是不同的文化部分在一些因素的作用下开始松动，然后逐渐"涵化"的过程。此外，文化的功能是文化存在的一个重要基础，换言之，当文化存在的功能与社会基础消失时，虽然文化不一定会立刻消失，甚至是发生较长时间的"文化滞后"，但从更长远的角度看，功能的消失必然最终会导致文化的变迁。

作为社会学经常使用的概念，现代性总是和现代化密切相连（现代化更多体现在外在具体结构性领域，而现代性实际上也还包括思想文化等深层价值方面），通常与工业化、城市化、科层化、世俗化、市民社会、殖民主义、民族主义、民族国家等历史进程相关。后面研究将具体从现代性中具有代表性的工业化、市场化、城市化、全球化、知识普及化以及网络化六个方面来阐述其对西南地区城市文化保护和培育的影响。

（一）工业化

经济基础决定上层建筑，这个"上层建筑"不仅仅是指国家层面的政治、法律、军事、外交、政府规则等，也包括微观个体生活方式中的精神架构和城市生活的管理体制性、运转模式和文化生活等方方面面，即经济基础决定政治、文化、社会等部分的构成方式和构成特点。这里把关注的空间放到具体一个个的城市（当然更多是西南地区的城市），近代以来经济基础发生的最深刻变化无疑是工业化，甚至可以毫不夸张地说，工业化甚至构成了整个近代文明的基础。当然，这里说的"工业"不仅仅是指人们脑海里立刻能联想到的现代能源、机械制造、微电子、化工、运输等大规模的工业型企业，也包括宽泛意义上的中小型加工企业，后者尤其在西南地区表现得更为明显。

通俗来讲，工业化就是利用机械动力而不是人力，在相对密集的空间内进行大规模、标准化、专门化（甚至是流水线式）的生产作业，从而显著提高劳动生产率和生产质量的生产方式和运营模式。当然，这个简单定义强调的是生产本身的特点，普通的工人在这其中起到的作用通常是辅助性的，个体也只是服务于整个生产链中的一环。那么工业化对整个城市有什么影响？这个影响实在是太大了，甚至不知道应该从哪个方面说起，这里简要提及几点：（1）工业化使整个城市的经济动力来源发生改变。在传统时期的城市，经济主要依靠农业供养，不管是国家税收、商品贸易还是地主阶级聚居，城市居民自身不直接参与经济的生产，商品贸易只能说一定程度上刺激了生产，加速了生产价值的转换。我们知道很多地主阶级生活在集镇上，他们的生活来源主要是地租，但他们自己不生产粮食。也就是说，传统农业社会的城市是寄居在农业之上的，大部分居民为不直接创造经济价值的寄生群体。除此之外，仅有少量手工业者依靠出卖自己的劳动寄居城市，勉强维持自己的生计，社会地位卑微。有了工业之后则不同，城市开始有了自己的经济生产，由于工业生产的物品价值更高，在城市与农村的商品交换中，很快城市占据上风，工业生产开始成为城市经济增长的主要动力来源。这样一来，传统社会的城市从农业"寄生"型转为工业时代的商品生产型，农业反过来开始依附于城市。随着工业的进一步发展，城市的税收也更多来源于此。这也就意味着，工业生产开始使整个城市经济发生翻天覆地的变化。（2）经济方式发生变化，紧接着整个城市的人口结构也发生大的变化，随着农民大量进入城市成为职业工人，工薪无产阶级逐渐兴起，并在人口上逐渐占据城市人口的绝大多数。（3）整个城市的组织方式发生大的变化。在传统时期的城市，除了政府对社会秩序进行适当维持（当然也会对商业收取一定费用）外，城市中的人依然是以家庭为单位，由传统宗法礼序进行社会规训和约束的自然状态。而工业化带来的一个客观需要是工厂（或早期的工场），所有工人都是工厂的正式职员，需要接受工厂的管理。换言之，社会成员在家庭和政府之间，第一次出现大规模的管理组织（当然一些商会性质的社会组织也确实存在）。这也就意味着，至少在生产时间里，个体属于企业组织而不是家庭或社会。

由此可见，工业化给整个城市的经济基础和人口结构以及组织方式都带来了深刻变化，因而可以说，工业化时期的城市与传统时期的城市有着本质的差别，这些差别显然也会反映在城市文化上。由于传统城市寄生于农业社会，因而整个城市的文化本质上与农村相差无几，无论是生活方式、生活习惯、礼仪文化还是家庭规矩、文化习俗等，都具有延续性。甚至在某种程度上，城市对传统社会文化的继承更为明显，经济上的相对富足对这些寄居的上层人群在文化、道德等方面提出了更高的要求。

工业化使整个城市的经济基础发生结构性变革，从而依附于传统农业社会的文化形态也逐渐失去存在的基础，新的与工业社会相适应的文化开始逐渐占据主导地位，并且他们在人口上也占据主导地位。工业社会围绕工业生产而展开，在个体层面上，城市逐渐发展出强调时间、效率、纪律服从等为特征的相对刻板和单调的文化特点，因为个体在社会生产中被不断去个性化，个体自带的社会特征被逐渐压缩。从整个城市的管理层面看，城市更加强调整体性、一致性和工业美学。总而言之，工业化给整个城市及城市文化带来了根本性变革。

（二）市场化

严格说来，市场化并非现代城市的特征，前文提到，"城市"二字中的"市"本来指的就是市场与交易。但是与传统城市相区别的是，工业社会的城市在市场化方面得到极大扩张，商业是除工业生产外的第二大经济来源。市场的极大扩张、商品的极大丰富是现代城市的基本特点，甚至有些城市完全没有工业，依靠丰富的商业、金融等发展起来（香港即为此例）。近代以来，城市市场扩张的动力来源可以说有两个基本点：一是工业化生产使物品极大丰富，而工业品必须依靠繁华的商品贸易销售出去才能实现其价值（按照马克思的观点，商品的价值通过交换价值的形式体现）；二是城市开始聚集大量非农人口，这部分人不仅包括大量的工人，也包括商人、手工业者以及管理阶层，这些人的所有基本需要都依靠购买来维持。城市是一个分工极为复杂的生活共同体，无法像农民那样实现自给自足，意味着生活的吃穿住行方方面面都需要通过购买实现。

总体来看，自第二次世界大战以后，世界体系与格局发生了重大变化，西方价值观进一步向发展中国家扩张，并且扩张的势头逐渐加强。而西方近代文明始终离不开资本主义的范畴，而资本主义发展的一个重要前提就是生产和消费的商品化。事实上，商品化对世界文化体系产生了剧烈的冲击，正是通过商品全球化，资本主义文化系统最先实现了向世界传播。社会人类学家认为，商品化对不同社会的影响可以概括为几个方面：（1）生产者（即劳动工人）的社会流动、产业化与商品化；（2）非农商业（尤其是近代工商业）生产的出现；（3）商品粮的集中产出；（4）工商文化精神的引进和认同。这意味着在资本主义发达的地区，劳动力逐渐从相对静止、固定和原始的落后地区向这些地区流动，这种因为劳动人口的流动会不断地对传统社区结构和文化系统产生重要影响。伴随着资本主义世界体系的扩展和延伸，工商业生产和商品粮的集中生产，农业和以农业为中心的农村社会将不再需要形成自我封闭的自给自足的社会，而是成为越来越依赖世界体系的交换机制来运作。

那么市场化会给城市文化的发展带来什么影响？最直接的影响便是消费文化，以及随之而来产生的休闲文化和享乐文化。这些文化其实也并非近代城市所独有，但最大的特点是消费文化和享乐文化的日常化，从更深层次来说，这种消费文化将不断勾起人的欲望。近代启蒙运动强调个性解放的同时，人的欲望也被释放出来。满足个体的欲望，追求快感，是近代城市文化的一个基本特征。当然，从一般意义上来讲，近代以来的城市文化很大程度上继承了资本主义文化的特点。这也是为什么马泰·卡林内斯库（2002）认为，当今社会的"波普享乐主义"对及时行乐、崇拜快乐以及自我实现、自我满足之间的普遍混淆和模糊，根源不在于现代主义的文化本身，而是一种制度化了的资本主义。资本体系及精神，产生自新教工作伦理，它之所以能获得发展，正是通过不断地鼓励消费、社会流动以及追逐名与利，也即是说，通过不断否定自己的超验道德根基来不断发展。其结果是，这种消费主义和享乐文化逐渐抛弃了清教徒主义和清教伦理，造成的结果是文化和社会结构之间的分裂，以及社会内部的激烈冲突。那些商业公司一方面要求工人不断努力创造业绩，追求事业的成功，接受暂时的工作疲劳，接受延时满足，从最简单粗暴的意义上说就是让个人成为组织人。另一方面，这些厂商又在广告中大肆宣传其产品能满足享乐、快感、刺激、瞬间愉悦、放松和休闲自在。只需要你白天"规矩正派"，晚上"尽情放松"。

这也就是前面已分析到的，工业社会的一个特点是对人性的压抑，工业和企业中的工人被工厂纪律严格约束着，工人们整日从事着简单重复的劳动，这种生活既枯燥又烦闷。而消费主义、享乐主义，就是鼓励城市居民在工作之外的尽情放松与自我满足。当然，从这样一个角度看，现代城市人面临着很严重的精神分裂，这种分裂越严重，消费文化越容易走向媚俗化，甚至无节制、无底线。因此出现了大量强迫消费、对无聊的恐惧，选择逃避，把艺术作为游戏进行消费和炫耀等，以及各种不同的方式促成的所谓的媚俗艺术。媚俗艺术的发展和流行往往是另外的现代文化侵入艺术领域的结果，这自然是资本主义的技术和商业利润驱动所导致的。媚俗艺术自工业革命开始，最初仅仅是一种边缘性产品。随着时间的推移，工业革命带来整个社会的变迁，也包括心理转型。"文化工业"在一步步成长的过程中，在后工业社会强调服务精神、富裕和消费，结果是媚俗艺术逐渐成为现代文明生活的一个重要因素，甚至成为一种司空见惯又难以逃避的艺术形式。在后现代时期，媚俗艺术为代表的文化形式强调即时性胜利，即时获得，即时见效，即时享受，瞬间美。

因此，从市场化带来的消费文化、享乐文化、娱乐消遣文化，甚至是媚俗文化是在工业社会与市场扩张基础上逐渐生发出来的文化特性。消费文化在一定程度上弥补了单调、无趣、呆板的工业文化，两者实现了互补（但不是替代），但其共同特点都是从根本上替代了传统农业社会发育起来的城市文化。西南地区的城市在工业化和市场化方面起步更晚，意味着这些城市在继承传统文化方面更鲜明。这也就意味着，随着市场化的推进，传统的、保守的、民族的文化会逐渐被消费文化、享乐主义文化所替代，这是历史趋势。

（三）城市化

法国著名农村社会学家孟德斯鸠在其经典著作《农民的终结》一书中谈道：

> 较之工业的高速发展，农业的缓慢发展可以给人一种安全稳定、千年平衡的印象，与工业的狂热相对照，农民的明哲适度似乎是永恒的：城市和工业吸引着所有的能量，但乡村始终哺育着恬静美满、安全永恒的田园牧歌式幻梦。①

自 20 世纪以来，工业化以及带动的城市化迅速打破了这种平衡，动摇和改变了整个社会结构。正如笔者在前文提及的，虽然城市化和城市的产生并不同步，人们所说的"城市化"仅仅是我们所说的工业化时代的开始，而不是自有城市开始，因为真正意义上的城市化是以近现代工业为基础和特点的。这也就意味着，工业革命以前的城市，很可能仅仅与乡村存在着某些外部形态和具体功能的差异，实质上并无较大差别，城市在很大程度上是被"乡村化"的，即仅仅是作为人类的另一种聚居方式寄居于乡土之上而存在的。地理学家杰弗逊（M·Jefferson）在很早之前就有过类似的论述，他认为城市和乡村其实是一回事，而不是两种截然不同的事物。所以，从这个意义上讲，工业革命之后的城市，不仅仅是区域经济的空间汇聚，更是一种文化空间，一种具有人格特点的群体。从更本质的意义上来看，作为工业文明产物的现代城市，是一种与乡村截然不同的城市文明实体，城市化的本质就是城市文化对乡村文化的逐渐替代。

显然，伴随着现代意义上的城市化，不仅仅是农村人口进入城市居住生活，更是从本质上改变了整个城市的文化，创造的是新的城市文明。城市文明显然是现代城市文化的共性特点，具体而言包括以下几点：（1）以城市建筑风貌为代表的物质文化发生剧烈变化。城市体现出环境的高组织化（对自然环境的人为改造，以使环境满足人的各种需求）和物质设施的集聚化（各种工作、居住、公共设施等高密度分布）。因此，从城市外部景观上看，城市面貌会发生翻天覆地的变化，而城市物质文明的变化，在本质上是城市结构功能性变迁所带来的必然结果。（2）城市人口从同质向异质的转变，使城市文化变

---

① 李培林. 巨变：村落的终结——都市里的村庄研究［J］. 中国社会科学，2012（1）：168 - 179.

得更加多元与包容。随着工业化的到来，整个城市人口的职业结构可谓天翻地覆，马克思的"阶级"划分逐渐被同时具有职业和身份属性的"阶层"概念所替代，而不同阶层背景的人为实现自己的利益、满足自己兴趣所求和价值取向，在城市不断演化和磨合的过程中，不同群体学会了如何一起在城市中相互尊重、相互包容地生存下去，从而使城市文化更具有多元性和包容性。（3）工业化带来城市经济的飞速增长，同时也给城市注入积极的、扩张的、进取的文化气质。在经济结构上，城市主要以第二产业和第三产业为主，制造业、服务业和商业发达。城市经济的这些特点，体现在城市经济的高度聚集上，更高频率和不同功能的经济活动能使乡村更加具有活力，从而也显得更为繁华。因此，现代城市一方面使人更加亢奋，因为个体努力所带来的生活改变几乎肉眼可见，但同时这种积极、进取的文化心理也给城市人带来喧嚣和空间的压抑。（4）城市工作与生活的分离导致生活方式也变得现代化。尤其是广播电视、报纸、电话、广播以及各种发达的传媒技术使城市居民的联系变得异常容易，他们可以通过各种方式满足社交多样化的需要，交往范围大大增加，交往内容和方式也呈现出不同样态。城市居民在生活方式上的不同特点，最直观地体现在生活方式的现代化上面。（5）就城市整体文化底蕴和特色而言，相较于乡村明显具有开放性、多元性、技术性和商业化等突出特点。因为城市本身就是一个多元的复合体，不同的群体、不同的文化可以实现自由融合。城市是一个开放的系统，生活在其中的居民每天会与大量陌生的、具有不同观念的人进行交流，想法会更有弹性，新观念的接受程度更大。此外，城市文化在内容上也越来越具有技术性和商业性元素。

由此可见，城市化代表着城市文明的兴起，代表着对城市体现出的农业文明的消失与替代。这里存在两个相关联的问题：一是城市化既然代表着近代人类社会前进的方向，那么未来城市的具体样貌是怎样的？二是所有城市在近代更新过程中是否都是以同样的速度进行的？城市化的方向和速度会对城市内文化的发展产生巨大影响，但是本质上都是城市文化发展的阶段性问题。对于一般城市而言，城市化既会根据实际功能的需要而发生变化，同时也意味着向先进城市看齐。自然，整个城市形态、生活方式都开始进行复制，城市文化在很大程度上就是对那些地区文化的移植与再生。

因此，城市化会导致城市进程与城市文化的标准化。

如果用途的一致性不加掩饰地展现出来，那只是一种效果——单调。

从表面看，这种单调或许可以被视为一种秩序，尽管毫无生气。但是从审

美效果上看，很不幸，这种单调性实际上表现出深层次的混乱：一种失去方向感的混乱。[①]——简·雅各布斯

简·雅各布斯在《美国大城市的生与死》一书中揭示了人类城市规划史中"标准化"的显著特点。换言之，虽然城市生活变得越来越复杂，但是人们对复杂性的理解在不断地提高，但表面秩序并不一定能揭示组成复杂有机体的深层系统秩序的存在，其结果是单一的组织系统依然维持下来。换一种相对学术的描述，就是城市通用空间的同质化。今天大多数城市的建设（尤其是建筑）为默认或者说是唯一的方式来划分土地及组织居民，这样网格的基础设施自然而然就否定了诸如地形、文化差异等环境特征所施加的影响。当然，现代城市的发展与现代城市的管理和规划相关，总是试图用一种管理的方式组织城市居民，将人类活动划分为不同的事件，用时间、地点、语言、流派及学科进行标记。这样的规划方法和社会干预，其结果必然是城市形态及城市文化的标准化。从更深层次的角度看，城市文化的变化会对城市社会及个体产生较大的影响。"标准化"的城市在规划中选择盲目地侧重速度和效率，消极地服务于现状，制造出范型、分裂和静止的空间，其结果是使公民存在被标准化的危险。可以想象到的情况是，当城市空间和城市居民也根据类别进行划分和管理时，他们自身也变成了被分裂的颗粒与小分子，被迫与一个缺乏缔结组织的世界对话，而这种缔结组织恰恰可以将建筑单体编入一个集群。由于不能培养社会协作或创造一种有保证的公共氛围，个体将会向内撤退，直至进入自我的私有空间。城市标准化的结果是，尽管城市交流起来越来越方便，但城市也变得越来越隔离，个人在城市中的生活也越来越以自我为中心。

另一方面，每个地区城市化的速度和时机存在较大差异。大体而言，城市化的速度越快，该城市采取文化模仿和学习的速度也越快；城市化的速度越慢，则城市文化更新和复制的速度也越慢，其结果是城市化反而提供了一个不同文化进行融合和交流的契机，甚至很有可能衍生出新的城市文化特色。以上海独具特色的"石库门"建筑为例，它是太平天国运动迫使江浙富商逃亡租借避难，外商乘机大量修建住宅，结合中国和西方的特点创造的一种建筑文化。从外部形态上看，这种建筑大量吸收了江南地区城镇居民的建筑样式，以石头为门框，乌漆实心厚木装饰为门扇，因此得名"石库门"。进入 20 世纪，

[①]　简·雅各布斯. 美国大城市的死与生［M］. 金衡山，译，南京：译林出版社，2005：223.

石库门便不再刻意强调雕刻，而是追求简约大气的风格，在设计上逐渐改为单门进出，而不是过去那种多门的形态。20 世纪五六十年代，随着上海的对外开放，上海的城市化缓慢开启，石库门作为一种独具上海特色的建筑艺术，具有典型的中西文化融合的特点。有学者总结认为，石库门是中国江南民居与欧洲住宅相结合的产物，石库门的房屋虽然在具体艺术细节上采用中国特色，但采用的结构和布置方式却是典型的欧洲住宅的毗连风格。更重要的是，石库门体现了近代以来上海"城市型"形态的一种居住类型，是中国人创造的一种特殊的人文类型，它既能够适应当时的社会背景和生活需要，同时又代表着华人处于租借的一种生活状态。

除此之外，一个城市开启城市化的时间段受本国和世界历史发展的影响。一般而言，在工业化革命早期，城市化速度比较慢，相互之间不存在明显的模仿，城市化与本土文化的融合较为容易形成独特的城市文化风貌，典型代表为欧洲。如果一个地区的城市化开启较晚，尤其是第二次工业革命之后，伴随着快速城市化和人口暴涨，城市文化的特色则越来越不鲜明，快速的城市化使文化融合缺乏时间，结果是各地城市文化多为欧美文化的翻版与复制，城市形态和城市文化的"标准化"特征更为明显。而以中国为代表的第三世界，城市化大多在 20 世纪前后得到疯长。过去中国城市化、工业化的速度相对较慢，改革开放以前处于相对停滞状态，之后城市建设加速推进。伴随着中国经济的腾飞，中小城市如雨后春笋般生长，城市已汇聚一半以上的中国人口，如果加上流动人口数，中国显然已从过去的"乡土中国"变为了"城市中国"。中国城市快速繁荣的背后，人们还未来得及思考这一切，新的城市生活和文化便替代了过去。让世界惊奇的不仅是中国的快速发展，更是人们对过去那一套价值信念、文化体系抛弃的速度。

中国城市化同时具有开启时间晚、发展速度快的特点，这两者加速了中国城市形态和城市文化"标准化"的趋势。那么城市化对已经存在的城市而言，会体现为"标准化"的各种形式的"旧城改造"运动。而中国的"旧城改造"主要始于 20 世纪 80 年代，大体上可以分为几个阶段：（1）20 世纪 80 年代中后期，城市经济快速增长，政府财政状况也相应大为改善，地方政府希望改善城市居民的生活状况，完善各项基础设施建设，更新城市面貌。包括改善人居环境、提升居民生活质量。结果是大量的传统建筑、文物古迹、水网、道路等被拆除。（2）20 世纪 90 年代以后，很多城市开始进入高速发展阶段，经济快速持续的增长使得各城市的经济实力更为雄厚。伴随着从计划经济向市场经济的转变，房地产开发逐渐成为推动新城市建设的主体。旧城改造一时间变得极为有利可图。（3）进入 21 世纪，城市化加速推进，同时进入更高水平阶段，从而提振了各地政府改造历史城区的勇气和决心，激发了创造新城市形象的强烈愿望。一方面，一些历史城区也加入到这场运动中来，努力改变过去建筑的面貌，也开始追求"新、奇、特"，造成的结果就是城市面貌千篇一律和趋同化。另一方面，不断扩大的城市改造规模，使得"旧城改造"逐渐演变为对历史城区的大规模商业性房地产开发。在这个极速发展和变化的时期，人们对自己城市的精神和文化处于迷惘的态度，一切均在变化，结果许多历史城区中优秀的文化遗存在新一轮"旧城改造"与建设中遭到了无情的摧残和破坏。

具体到西南民族地区的城市化进程，同样有着类似经历。如图 5－2 所示，中国城市化在 2000 年之后开启了加速推进的模式，2000～2017 年，中国城市化率从 36% 上升到 59%，2020 年超过 60%，这意味着大部分人口已经生活在城市。西南地区城市化率总体而言较低，2000 年广西城市化率为 29%，云南为 23%，贵州为 15%。但是，仅仅 18 年的时间，广西和云南竟与全国城市化保持相同的速度进行着快速的城市化（两条线与全国的线基本平行）。当然，一个例外是贵州，贵州总体而言保持着较低的城市化率，城市化速度较低。总体而言，西南地区城市化率起步晚，起点低，但是发展快，处于加速状态。因此，可以简单地推论，西南地区城市文化的传统性、地方特色保持相对较好，但是城市化处于加速状态，这些文化也正处于被加速破坏的阶段。城市化的加速推进使城市文化趋于"标准化"，因而，给城市特色文化的保护和培育带来严峻的挑战。

（四）全球化

全球化对城市发展的影响是巨大的，在本质上是将个体的城市纳入全球广泛交流的体系，城市的诸领域如商品贸易、金融汇兑、人口流动、信息技术传播、教育、医疗卫生、环境保护、社会网络、旅游等变得更为开放、更为透明。在这样的背景下，世界各地文化的交流与传播处于加速状态。但是，与工业化、市场化和城市化对既有城市文化无情摧残和打击不同的是，全球化对一个地区的城市文化相对友好，其影响可以归纳为以下情况：（1）全球化带来的文化品牌入侵，会挤占当地城市文化品牌的发展，因为外来文化相对而言

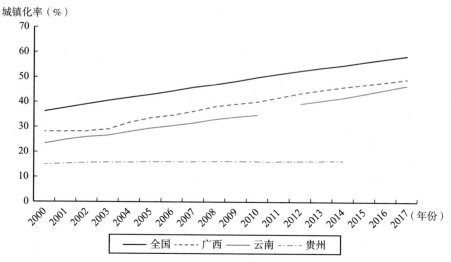

图 5 - 2　2000 ~ 2017 年全国及西南省份的城镇化率

资料来源：全国年度统计公报（2001 - 2018）、广西、云南、贵州三省份国民经济和社会发展统计公报（2001 - 2018）。

显得更时尚，因而常常更受欢迎。（2）全球化并不一定是以入侵式的、殖民式的方式在另一个城市出现，而是加速不同文明、不同地区城市文化的交融，使城市变得更为包容和多元（当然，如果多元本身不能算是一个城市文化的特色的话，可能也会削弱一个城市的文化特色）。（3）全球化在某种程度上甚至鼓励地方城市特色文化的保护和培育。全球化一方面需要城市在某个平台上基于共同的起点进行交流，表现在城市文化上即在自由、开放、公平、包容等上具有共性，另一方面又鼓励城市保持和培育其自身的文化特色，从而形成比较优势和差异化来吸引其他城市。因此，可以说全球化带给全世界各地城市的影响是相似的，即鼓励文化在某些方面的相似性（达到文化沟通或尊重的基本要求）与多样性（增强文化的多元与相互吸引力）。尽管如此，但全球化的直接作用力是不同的，前者的影响是直接的、可见的、迅速地，与工业化、市场化和城市化相伴随；后者的影响是隐性的、间接的、长期的，常常以一种结果反馈的形式体现出来。

在网上有一个具有一定参考价值的"全球最有吸引力的 30 个城市"排序表，可以佐证上述分析（当然，吸引力可能更多考虑的是旅游的吸引力）。如表 5 - 4 所示，30 个最具吸引力的城市中，具有显著地方特色的城市占相对多数，具有现代时尚特色的城市也接近50%，还有一些城市如伦敦，同时具有传统历史底蕴和现代时尚特点。全球化是一把"双刃剑"，对世界各地城市而言，既是机遇，也是挑战。中国的四座城市拉萨、香港、上海和北京入选其中，其中上海和香港两座城市以现代时尚大都市的标签著称于世，而拉萨则以宗教特色，北京以历史底蕴为特色吸引着全世界。由此可以看出，全球化并不必然导致像城市化那样的"标准化"（所有城市外在无特色，城市内在文化空心化）。

表5-4　　　　　　　　全球最有吸引力的30个城市

地方显著性特色		现代时尚特色	
国家·城市	排名	国家·城市	排名
中国·拉萨	1	捷克·布拉格	16
意大利·威尼斯	2	奥地利·维也纳	17
希腊·雅典	3	中国·北京	18
意大利·佛罗伦萨	4	摩洛哥·卡萨布兰卡	19
法国·巴黎	5	英国·伦敦	20
澳大利亚·悉尼	6	西班牙·巴塞罗那	21
土耳其·伊斯坦布尔	7	泰国·曼谷	22
美国·纽约	8	南非·开普敦	23
瑞士·日内瓦	9	俄罗斯·圣彼得堡	24
中国·香港	10	古巴·哈瓦那	25
荷兰·阿姆斯特丹	11	新加坡	26
美国·旧金山	12	中国·上海	27
意大利·罗马	13	加拿大·温哥华	28
巴西·里约热内卢	14	埃及·开罗	29
阿联酋·迪拜	15	美国·夏威夷	30

资料来源：https://www.docin.com/p-1667625205.html。

具体到全球化对西南地区城市文化的影响，同样是双重的。一方面，世界的元素对西南地区居民而言具有吸引力，当地城市有学习和模仿现代大都市的动力。但另一方面，世界其他地区的人民对西南地区的城市风貌和风土人情同样有着吸引力。从表 5－5 可以很明显看出，西南三省份国际旅游净收入上升了 3~6 倍，国际旅游收入从 2006 年的占全国近 50%（云南、广西、贵州三个地区分别为 21.29%、26.82%、1.52%），跃升至 2016 年的 60%（云南、广西、贵州三个地区分别为 27.2%、30.31%、2.49%）。换言之，外籍友人来中国旅游，主要来的地方便是西南地区，而不是我们印象中的北京、上海、西安等地。

表 5－5　　　　　　　　　西南地区部分年份国际旅游收入情况

年份	全国（万美元）	云南		广西		贵州	
		收入（万美元）	占全国比率（%）	收入（万美元）	占全国比率（%）	收入（万美元）	占全国比率（%）
2006	157728.5	33576.2	21.29	42300.0	26.82	2399.5	1.52
2015	590039.3	158763.6	26.90	191700.0	32.49	9759.5	1.65
2016	714033.3	194191.7	27.20	216427.0	30.31	17808.3	2.49

资料来源：《中国民族统计年鉴》2017 年、2016 年、2007 年。

我们知道，全球化导致的一个结果是文化的相互吸引，这样会导致城市文化的未来充满极大的不确定性。但现在可以得出的一个初步判断是，世界其他国家的人民对西南地区（当然包括城市）文化和风貌的喜爱程度大于西南地区人民对世界其他国家文化和风貌的喜爱程度。一个很重要的原因是，西南地区并没有完全纳入全球化的发展轨迹，也就是说，目前西南地区城市文化和西方现代文明的直接接触并不频繁，而全球化中更多表现出单向（西方对西南地区的吸引力）中具体的文化与旅游方面。全球化的第一波冲击（主要指金融、商品贸易、消费文化、时尚娱乐等）主要发生在中国东部沿海发达城市，第二波才进入中部二三线城市，及至第三波如同波浪一样到达西南地区时其影响已大大减弱。这样一来，全球化并没有过多蚕食西南地区特有的文化，相反，全球其他国家人民对这一地区的文化和风土人情、名山大川表现出了极大的兴趣。因此，整体而言，全球化对西南地区城市文化的保护和培育而言是一个非常有利的历史机遇。

（五）知识普及化

根据人类学的观点，知识可以分为一般知识（或基础性通识）与地方性知识。一般性知识是不同地区之间的人在交流过程中所必须具备的前提条件，否则互动和沟通将很难进行。地方性知识的概念最早为克利福德·格尔茨（Clifford Geertz）所使用，他认为：人是置身于自己编织的意义之网中的动物，而这种意义之网就是文化。在这样一个意义上，文化概念实质上是一个符号学概念，文化模式就是历史地创立的有意义的系统，据此我们将形式、秩序、意义、方向赋予我们的生活。不同的文化是不同地区居民所创造的，人们可以从中看出这个社群对他们所处世界的认识，以及他们是如何建构他们的世界的。这也是为什么许多具体文化符号之间的关系与含义只有当地人才可以懂得。其表现出来的文化模式不是简单的普遍性的规则，而是具有多样性特点的特殊意义的系统，并由此构成了所谓的地方性知识，实际上是一种具有地域文化特质的知识形态及构成方式。

地方性知识是与普适性知识相对应的一个概念，指的是在一定的情境（如历史、地域、民族、种族等背景下）中产生并在其具体的情境中得到反复确认、理解和保护的知识体系。地方性知识具有整体性、授权性、实用性和地域性等特点，当然，地域性是其中最主要的一个特点，是有别于其他地区文化的一个空间因素。地方性知识是一定地域的人民在长期的历史发展过程中通过体力和脑力劳动创造并不断积淀、发展和升华的物质和精神的全部成果和成就。事实上，普适性知识与地方性知识的差别相当于现代意义上可以通过教育获得的"知识"与具有地域、地方特色的文化习俗之间的差异。最为直接的代表就是普通话与方言的差别，两者之间确实存在许多相通的地方，很多普通话的词语产生自方言，甚至直接说方言在很多地方也能被外地人听懂（尤其是北方），但总体而言，方言以及一些地方俗语只有当地人能够共享。两者的关系是辩证的，为了实现全国的交流和发展，必须在少数民族聚居区推广普通话。但另一方面，随着普通话的普及，越来越多的方言和地方文字因为失去了存在的功能便逐渐消失了，地方语言文化实际上是一种区域同化、"汉化"的过程。

现代性在工业化、城市化、市场化和全球化的大背景下，客观上提高了对通则性知识（尤其是语言）的需求，即呈现一种知识普及化的特点。在过去殖民主义的数百年时间里，西方掀起了一场"地方性知识"的革命，以批判和纠正现代主义思潮下全球化、社会化、大众化和平均化的价值取向对具体化、个性化和多元化的漠视、伤害，以及由此引发的种种严重后果。知识普及化的动力机制有很多，但至少有以下三个因素：（1）现代教育的兴起。现代教育主要是指以国家或地方政府等出资筹建的专门教育场所，提供专门的教师，按照一定内容进行传授标准化的知识。现代教育假设每个个体出生都是平等的，智力是相同的，应该享受到平等的、无差别的教育。现代教育的两个基本目标是培养人的理性化和基本素养，其中前者提供更多具体领域的知识与思维（如数学、物理、机械操作、化学等），后者则进行价值观的普及（或灌输）。现代教育的目标是培养合格的现代人，当然从更深远的意义上来讲是使人类创造的智慧和文明能够不断积淀和传承下去。（2）文化交流更加频繁。知识从本体来看依然是由抽象的概念组成的意义集体系统，但是不同地区的人对同一类事物所使用的概念在名称、含义、功能上存在差别，这样使不同地区的人无法进行正常的表达和交流。而现代化客观上促进了不同地区、不同国家人民的交流和融合，为了防止因为概念和意义系统的区别导致在交流中出现"对牛弹琴"的尴尬，人们自然有很大的动力去学习双方都能接受的"知识"，这是一种成本最小的办法。中国的汉语教育、英语的世界通则化便是这个道理。当然，语言表象背后的具体知识内容的学习则更为常见。（3）地方性知识的实用功能逐渐褪去。地方性知识与文化有一些差别，文化可以凭借记忆、文学作品等形式存在而流传下去，而地方性知识则不同，其在本质上就是地域性的、平民化的、世俗性的，这种知识最大的特点是实际生活中"人们赖以生存的隐喻"。随着城市社会结构的变迁，过去那些地方性知识逐渐被新的更加实用的知识所取代。这意味着无论是过去的话语体系还是知识的实质内容构成，都会因为社会机构的变迁而逐渐退出历史的舞台。

那么知识普及化对西南地区城市特色文化的保护和培育意味着什么？很显然，西南地区城市文化的一个重要构成便是具有地方特色的文化与常识，后者是前者的血肉。知识的通则化不会像工业化、城市化、商业化等那样给城市文化带来那么突出的影响，表面上看也是一个潜移默化的过程，但实际上会在细节上一点点地逐渐蚕食特色文化的具体构成与社会基础。如果说文化的传承与保持要有一定的社会基础，那么文化的功能便是其中最为关键的部分。同理，西南地区城市文化如果要想一直存续下去，防止其成为旅游的一种展示窗口，就必须要让这种文化真正"活"起来，这部分才是最为关键的。

西南地区最显著的社会特色自然是少数民族的文化和习俗，这些都以各种地方性知识呈现出来，而这些特色同样为西南地区城市居民所共有，因而也是城市特色文化的重要组成部分。以语言为例，如表5-6所示，少数民族的语言正在加快消失，大量语言处于濒危状态，最直接的原因自然是知识的普及化过程。因此，普忠良（2001）指出，语言濒危现象是多方面原因造成的，既包括自然原因又涵盖非自然的因素。一方面，语言接触是造成语言濒危出现的最主要的一个原因，很多时候强势语言与弱势语言持续接触后，弱势语言使用的领域和空间会进一步缩小。但语言濒危同时也与当地的语言状况、经济发展程度、社会形态、文化结构以及各种通信手段和工具的发展有密切的关系。另一方面，语言濒危也可以被认为是社会进步和发展变化的结果。因此，总体而言，尽管知识的普及化是西南地区社会发展的必然要求，也是必须进行的内容，但又会严重阻碍西南少数民族城市特色文化的保护和培育。

表5-6　　　　　　　中国少数民族社会语言使用状况和人口比例　　　　　　单位：种

每种语言使用人口	语言总数及百分比	使用者总数
100人以内	7（5.5%）	400
101~100	15（11.7%）	11000
1001~10000	41（32%）	219000
10001~100000	34（26.5%）	1300000
100001~1000000	17（13.3%）	12100000
1000001~10000000	10（7.8%）	31000000
>10000001	2（1.6%）	1120000000
近期已消亡	2（1.6%）	0
我国已知语言总数	128（100%）	

资料来源：孙宏开.我国空白语言的调查研究［Z］.中国语言学的新拓展——庆祝王士元教授六十五岁华诞［M］.香港：香港城市大学出版社，1988：3-17.

（六）网络化

网络化应该说是近几十年来对人类社会产生非常大影响的一个因素，人类的社交变得即时化、虚拟化，人类的生活空间急剧扩张，文化传播的速度大大加快，新生事物不断产生，甚至可以说，整个人类的生活方式都发生了巨大变化。网络与城市文化的具体关系，可以从两种视角来看。一是从网络看文化，强调从网络的技术性特点切入，突出由技术变革所导致的文化范式变迁。二是从文化看网络。后者则主要从文化的特性出发，强调由网络内容的文化属性所引发的文化范式转型。具体到本书，主要指前一种情况，但是后者对青年的影响极大，因而也有所涉及。

从网络对文化的影响来看，首先，网络改变了文化承载的物质形态。过去，文化要么与物质相联系，即将文化的理念作用于器物之上，要么与具体的艺术形式相关联。随着网络时代的兴起，大量的文化以电子的形式存储和呈现，文化古迹的展示可以直接录制成音像，节日可以远程现场直播进行观看。其次，网络改变了文化交流和传承的方式和节奏。一切生活的东西随着技术的发展都实现了电子化，从而可以通过网络进行传播。以前，文化的接触和交流是面对面的、缓慢的，现在是虚拟的、远程的，甚至是超时空的。过去人们要了解西南地区城市的文化特点，除了可以看文献记载，向周围人打听外，最主要的方式便是"行万里路"，直接到西南地区走走看看才可知晓，所谓"文化苦旅"必须要在旅行中亲身体会。网络社会则不同，首先可以通过查阅大量的图片、影像和即时分享来了解这个地方。换言之，除了特殊原因外，当代人进入西南地区一定是因为有所了解，有所期待，渴望身临其境对西南文化一探究竟。相应地，如果人们来到现实中，发现当地所谓的"特色文化"被其他商业因素充斥，就会大失所望，从而形成负面效应。此外，网络还直接改变了当地人的日常生活。网上冲浪，数字有线电视、智能手机占据了普通人的日常生活，西南地区的居民确实生活节奏更慢，但他们也像中国其他城市的居民一样，日常的休闲和娱乐生活被网络和商业的文化产品所充斥。文化的积淀需要时间，同样，文化的品位也需要时间，网络社会将世界各地人们的日常生活直接呈现在他们面前，而过去那些东西似乎显得越来越俗套而被逐渐抛弃。

然而，网络化并不是只会给西南地区城市特色文化的保护和发展带来负面影响。首先，网络化使得濒危的文化现象得以保存，从某种程度上说，随着时代的变迁，有些文化必然会消失，但是有了这种技术手段，文化得以以另外一种形式留存和传承。其次，城市文化品牌的建立可以通过网络社会进行快速传播，从而获得更大的知名度。过去，西南地区比较有名的城市有大理、昆明、桂林等地，自从有了网络社会，大量信息资料随处可得，人们对这些城市的了解大大加深，越来越多的中小特色文化城市成为人们向往的地方。此外，当信息的获取变得更加便捷后，网络社会会在一定程度上同时加剧西南地区城市文化发展的集群效应和地区内部的适度竞争。不仅如此，网络社会也会增加人们对地方文化的讨论和参与，从而加深对这一地区的了解。

简言之，网络化同样会给西南地区城市文化的保护和培育带来双重影响，它不仅改变了人们的具体生活，同时也改变了文化传播的途径和速度。结果是，文化的变迁变得更加具有不确定性，人们主导（规划和管理）文化的过程也会变得越来越困难。

当然，当前最棘手的问题是，出生于网络时代的年轻人，形成了一种新的文化形式——网络文化。在这样环境中成长起来的青年，追求的是时尚，我行我素，强调个性解放，常以自我为中心，相对于城市其他年龄段的人，他们显得有些另类。这导致的一个基本问题是，这些年轻人对本土文化缺乏认同感，后果是文化的传承很可能在代际上出现断裂。这里并非强调网络化导致年轻人与地方文化的割裂，而是强调年轻人对本土文化越来越失去兴趣和耐心，他们现实生活的世界可能还有地方文化的特点，但这两者明显存在严重的割裂。网络时代的年轻人更加积极，对新事物充满了热情，而文化本身是相对稳定的、呆滞的，因此，如何让这些文化以新的形式和新的内涵吸引年轻人，将会是城市文化保护和培育的重点。但总体来看，网络化导致城市中年轻人与老一辈之间出现文化的区隔，在未来较长的时间里对特色文化的保护和培育将产生极大的挑战。现代化对西南地区城市特色文化的保护与培育，关系如图 5-3 所示。

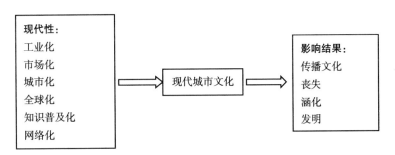

图 5-3 现代性对城市文化的影响

三、城市区域经济发展与城市特色文化保护

"城市景区化"是李晓琴等根据官方文献以及对当前中国城市景区发展提出的一个概念。她对城市景区化做了一个不是很成熟、但内容相对完整的界

定：城市景区化是指在旅游业转型升级和旅游精品城市战略深入的背景下，同时满足城市发展自身需求、城市旅游经济发展需求、居民和游客利益诉求，以城市旅游功能、旅游形象和旅游氛围的打造和完善为重点，达到城市旅游功能共融、旅游形象共生和旅游氛围共创的最佳发展状态，充分体现城市管理者和居民意愿，促进城市向现代旅游城市的发展。当然，城市景区化更多是站在行动者角度，站在城市建设者、规划者的角度看问题，城市的发展既要服务于整个旅游城市的建设，同时也要同时满足游客和居民的需求，体现旅游城市经济可持续、生态可持续、人文可持续的一系列规划、营销和建设活动。目前，作为一种概念和构想的"城市景区化"，仅仅只是在实践层面有一些具体措施，但是还没有表现出构建综合性城市旅游目的地的整体思路和理论，学界和业界也还没有形成特别清晰的认识。

城市景区化的动力模型被概括为 DSR，如图 5-4 所示。城市推动景区化进程的动力来自三点：（1）内驱力。城市作为一个经济实体具有发展的客观需求，只有整个城市的 GDP 上去了，各项事业才有可能推进。此外，城市自身也有更新的客观需求，居民有改善生活状况的迫切需要，而在旅游市场大爆发的情况下，对供给侧也提出了更高的承接要求，这些都试图推动城市去打造一个复合型的旅游城市。（2）外驱力。外驱力主要来自国家的政策驱动，国家对旅游行业的重视，对西南地区少数民族的发展给予了相当多的扶持。（3）城市景区发展的成绩会进一步刺激城市朝着既定方向发展。李晓琴认为，城市景区化的结果是朝着完善旅游形象、提升旅游功能和营造旅游氛围三个方面进行。这个框架中需要强调的几个要素是：需求、意愿和行动，本质上也是一种结构主义的思路。从严格意义上讲，城市景区化是一个观念或思路，这个思路是对现实的一种折中与综合，对理解城市规划和地方政府的相关政策有一定的洞察力。

城市景区化的 DSR 概念模型结构指的是城市发展到一定新的阶段后，既要面临外部的旅游业转型，同时也要面临旅游精品城市（在很大程度上指的就是城市文化）战略不断深入的压力下，一些中部和西部的城市希望通过发展旅游业来带动整个区域经济社会的发展，拉动整个城市自身的建设。这种思路也可以理解为，西南地区交通不便，地势崎岖，不适合大型工业发展，而城市的基础设施改善以及文化服务设施的建设都需要大笔财政资金，只有这样才能够满足城市居民发展的诉求。这些因素共同构成"驱动"，推动城市转型升级，然

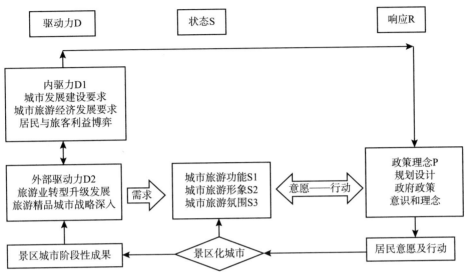

图 5 - 4 城市景区化 DSR 模型

后又进一步作用于城市旅游功能、旅游形象和旅游氛围等"状态"的进一步发展，而地方政府又通过对政策、规划、本地居民意识和行为做出"响应"来进一步谋求发展。一旦"响应"实现，人们考虑的就是如何实现"状态"的转变，并为最终实现城市向更高水平的发展提供建议，从而逐渐逼近城市景区化目标，完成"驱动—状态—响应"。最终的理想状态是实现城市景区化建设的螺旋式上升。因此，城市景区化概念可通过以下函数来概括：TAC（tourist attraction city）= f（D，S，R（P，C））。其中 D 代表发展驱动力，这是城市景区化发展外在压力和内在诉求；S 代表发展状态，用以表征某一时期所处的城市景区化发展水平，由城市景区化的旅游功能、旅游形象和旅游氛围综合构成，这是城市景区化发展的具体体现；R 是城市景区化的响应，用以表征人类（政府和当地居民）为促进城市景区化发展所采取的对策，由 P、C 构成。P 是政策理念，是加速城市景区化建设发展的机遇和外在刺激因素；C 是居民意愿及行动，体现了居民对城市景区化建设的支持程度和参与程度，是城市景区化建设得以开展的基础和关键。

　　显然，未来中西部地区城市景区化的趋势会越来越明显，因为这种思路能够实现一种"多赢"，兼顾了各方利益的诉求，并且也是一个动态调整的系统。但是，现实中是否就是如理想中的那样，城市景区化会实现这些目标？只能说城市景区化是一种理想型，当我们固有的城市都朝着理想型发展时，"城市景区化"本身也变成了一个内生变量，对整个城市的发展产生一些影响。

例如，曾鹏、曹冬勤（2018）在 DSR 模型基础上，认为城乡景观形态既是影响城市景区化进程的基础要素，也是城中村演化的外在驱动要素，并将城市景区化、城市面貌、景区联动、城中村演化及可持续发展环境置于演化过程之中。他们在案例研究的基础上提出了一个初步的分析框架，如图5-5所示。

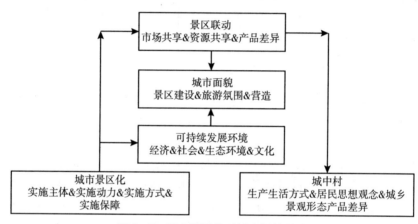

图5-5 城市景区化对城中村的影响

因此，城市景区化的一个基本思路就是如何实现城市化与旅游发展的适度融合。城市景区不仅能优化城市旅游的总体环境，而且城市将兼具旅游和休闲两大功能，同时也能为当地经济的可持续发展作出重要贡献。这样一来，随着城市景区化地不断推进，城市不得不在城市环境生态建设中考虑游客游玩休憩的需要，从而更有助于城市生态环境的改善。城市本身作为城市景区化发展的载体，也需要打造与其定位相匹配的基础设施，逐步打破城市内部景区间和周边城市景区的壁垒，避免城市在景区化进程中的趋同性与恶性竞争。因此，政府需要在市场、资源和产品三个方面进行联动协调，促进了景区联动。城市景区化不仅限于个体的城市范围之内，它往往还具有示范效应。对城市内部的景区进行建设和改造，提升了整个城市整体的软实力，扩大了城市公共空间规模，有助于实现城市功能转型和城市竞争力锻造。但是，一个城市发展环境的整体改善，同时涉及城市的政治、经济、社会、生态环境和文化服务等方面，涉及政府、企业、当地居民等各类主体，需要从体制机制、法律法规、政策驱动、技术市场等各个层面推进。

从上述分析中，我们可以基本得出一个城市景区化、区域经济发展和城市特色文化保护的三角模型（见图5－6），这三者相互发生关系，既相互促进，同时又在一定程度上相互抑制甚至是破坏。对于定位于旅游开发的城市而言，自改革开放以来，其实就是在处理这三者之间的平衡关系。

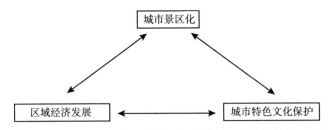

图5－6　城市景区化、区域经济发展和城市特色文化保护的三角关系

（一）城市景区化与西南区域经济发展

城市景区化，在很人程度上可以带动区域经济的发展。城市景区化不仅可以拉动对城市基础设施建设的投入以及城市特色景区与城市特色文化的保护和培育，还能通过旅游吸引中国其他地区居民甚至是国外游客来访，拉动服务业、餐饮业、商业收入的增长。整个经济增长了，政府的财政收入也相应地增加了，从而有更多的财政投入其中，循环往复，结果是整个城市经济发展不断壮大，城市面貌发生巨大变化，居民生活更加方便，城市能够提供更多的就业机会，城市居民整体生活水平也自然相应不断提高。

从表5－7可以很清楚地看出，旅游收入对西南自治地方经济的贡献情况。其中，广西自治地方指的其实就是本"省"，旅游收入给地区经济贡献也高达22.88%，贵州以及云南的贡献均接近四成，分别为39.28%和38.95%。很明昂，西南民族地区对旅游收入的依赖性非常高。事实上，住第一产业、第二产业和第三产业中，旅游业仅仅是第三产业的一部分，如果将分母改为第三产业的总产值，那么可以很清楚地看到，西南民族地区的第三产业几乎全是依靠旅游业拉动起来的。

表5-7　　　　　　　2016 年西南地区旅游收入对自治地方经济贡献

地区	自治地区国际旅游收入（万美元）	自治地区国内旅游收入（亿元）	自治地区生产总值（亿元）	旅游收入对自治地方经济贡献份额（%）
广西	216427.0	4048.0	18317.64	22.88
贵州	17808.3	1481.7	3802.54	39.28
云南	194191.7	2237.6	6075.96	38.95

注：数据统计只统计民族自治地方的情况，并非全省的情况。2016 年美元对人民币的平均汇率为 6.6423。国际旅游（外汇）收入，指入境客在中国（大陆）境内旅行、游览过程中用于交通、参观游览、住宿、餐饮、购物、娱乐等全部花费。国内旅游收入（旅游总花费），指国内游客在国内旅行、游览过程中用于交通、参观游览、住宿、餐饮、购物、娱乐等全部花费。

资料来源：中国民族统计年鉴 2017［M］. 北京：中国统计出版社，2018：195，348.

随着经济的发展，政府也会将大量财政收入投入基础设施建设上，用于改善民生和旅游基础条件，如道路、绿化、住房、湖泊环保建设、自来水饮用、燃气普及等。从表5-8 可以看出，随着西南地区经济的发展，城市用水普及率、燃气普及率、人均道路面积、人均公园绿地面积、建成区绿化覆盖率、生活垃圾处理率、生活垃圾无害化处理率等城市市政公用设施建设的情况均有明显改善，除少数指标相对落后外，大部分指标都接近全国平均水平，甚至有的超过全国平均情况，西南地区城市偏安一隅、贫穷落后的形象已一去不复返。

表5-8　　　　2016 年西南地区民族自治地方城市市政公用设施水平情况

地区	用水普及率（%）	燃气普及率（%）	人均道路面积（平方米）	人均公园绿地面积（平方米）	建成区绿化覆盖率（%）	生活垃圾处理率（%）	生活垃圾无害化处理率（%）
全国	96.18	91.13	18.9	14.02	38.42	98.45	96.62
广西	97.68	96.31	17.1	11.85	38.01	98.96	98.96
贵州	92.98	75.28	15.24	10.44	27.40	94.65	94.65
云南	97.32	60.64	17.92	11.63	36.96	96.39	92.96

资料来源：中国民族统计年鉴 2017［M］. 北京：中国统计出版社，2018：1271-1273.

尽管城市景区化带动了区域经济的发展，同时城市经济发展也进一步给城市景区化提供了充足的财政支持，但是，也需要看到两者相互冲突的地方。城市旅游功能一般包括：城市观光游览功能；区域中心城市政务与商务旅游功能；城市娱乐休闲功能；城市景观和文化氛围的体验功能；城市现代化游乐和城市旅游服务等功能。但是城市过于专注旅游功能的建设，并不见得一定能够促进城市经济的发展。政府将大量财政资金投入旅游建设领域以期吸引更大流量从而获得更高回报的时候，有可能导致的后果是城市景区建设的"运动化""商业化"甚至是"泡沫化"。

付德申（2014）也认为，我国城市景区化存在一些共同的问题，他把这些问题归纳为以下几点：（1）孤岛问题。城市内部的景观成为一个个孤岛，呈现出碎片化特征，最直观的感觉就是景区与周围环境存在显著的不同，风格迥异。我们经常可以看到的情形是，一些景区内是自然风光或者历史遗迹，较为吸引人，然而景区外围是密集而杂乱的现代建筑，这种混搭风格不仅缺乏美感，也使城市景区在这些后来建设的建筑衬托下整体格局被拉低，景区被撕裂为一个个分散的孤岛，整体缺乏美感。不仅整体格局上存在孤岛问题，文化上同样也存在孤岛问题。在城市中，不同类型的景区表现形式各不相同，但这些景区往往寄寓着一个个城市厚重的文化，当地居民的风俗习惯、审美状态、历史文化、宗教信仰等都会有所呈现。但是，这些不同的景区和现代建筑展现着不同的文化气息，盲目搭配反而造成反面效果。许多城市景区可以让人感受到厚重的历史和文化底蕴，现代建筑则洋溢着不同的文化气息，不同类型的文化风貌之间如果缺乏缓冲空间，就会使各种时期的文化相互挤压和排斥，对城市景区而言可能会适得其反。（2）千篇一律。中国城市的景区形式过于单一，跑不出园林、游乐场和古建筑这几种类型，不同地区相互模仿、相互复制，结果是过于重复。这种现象导致的结果是游客对城市景区评价降低，因为游客会很自然产生审美疲劳。这种千篇一律的景区分布状况，实际上不利于景区发展，对城市文化符号的打造也会产生较大的负面影响。（3）功能单一。当前，我国城市景区功能过于单一，在很大程度上仅仅是为了吸引外地游客，对城市居民文化需求的考虑非常不足。甚至一些城市景区不对本地市民免费开放，其能够发挥的社会功能也无法体现。尤其是西南地区的城市，旅游对城市的发展至关重要，相关的景区建设更容易出现功能单一、脱离群众的现象。

（二）区域经济发展与城市特色文化保护

首先，城市经济发展与特色文化保护之间有相互促进的一面，其中的"桥梁"便是城市景区化。保护城市特色文化能够增加城市的知名度和旅游文化资源的宽度和厚度，因而能够促进带动整个城市的经济发展。其次，城市特色文化的保护和培育需要财政的支持，经济发展越好，越有资源和动力去进一步加大保护力度。但是，城市在快速发展的过程中，往往会忽视城市特色文化的保护，甚至经常破坏已有的文化遗迹。

前文强调过，居民长期生活在城市，对周围老城区、老建筑等有长期的感情。旧城改造牵动着世代生活于此的居民，涉及他们以及他们下一代的发展。结果是不同的价值观、利益观和权利观出现激烈的碰撞和冲突，进而容易引发不同思想的碰撞，以及感情之间的博弈，甚至是不同利益的抗衡和较量。(1)"新"与"旧"的激烈碰撞。旧城在改造的过程中大拆大建，往往会造成历史城区变得越来越失去其特色和自身的味道，传统文化的内涵与元素在不断丢失，"千城一面"难以避免。新的城市在建设中，不顾及原来城区的肌理、风貌、特色和文脉，不同的居民小区、商业街区、写字楼、广场等更加容易出现统一的、复制的风格。正是因为这些单一的面貌，渐渐蚕食历史街区、传统建筑以及民间文化。当前出现的一些新的情况是，时代精神开始与具有民族和地方特色的文化尖锐对立，很多项目改造的方案就是让居民搬迁出去，然后引入历史城区，盲目扩建，对整个城区的面貌造成了较大破坏。(2)"利"与"情"的博弈。历史城区是城市保存记忆最重要的方式，是一个地区或民族悠久历史和灿烂文化最好的见证，是人们的精神家园。历史城区其实是一个完整的生命体，它既包含文化内涵也懂人情世故，又是传统文化和民族文化的"根"与"魂"。历史城区不是简单的建筑空间，它承载了人们太多复杂的感情。历史城区对于生活于此的居民而言，承载着他们的家乡情结，使得他们对所在的城市有了更强的认知和认同，是自豪感和优越感的来源，也正是这些东西，可以逐渐转化为城市的凝聚力、感召力，最终会形成奉献和热爱家乡的热情。(3)"拆"与"保"。旧城改造如果缺乏战略眼光，只顾眼前，造成的结果就会是"利在一时"的发展。尤其是那些追求政绩的工程，往往难以产生预期效果。(4)"权"与"法"的较量。现实中很容易出现急功近利、目光短浅的各种怪诞行为，从而对文化遗产造成极大的破坏，这些往往是城市决策者和强势部门在决策中不对历史文化遗迹展开深入的调查，凭借"旧城改造"谋求政绩工程所产生的后果。

（三）城市景区化与城市特色文化保护

城市景区化与城市特色文化保护之间具有较为紧密的联系。一方面，城市特色文化的保护和培育是城市景区化的必然要求。从本质上来讲，城市景区化，就是通过打造城市旅游特色来拉动经济增长，从而让城市居民和整个城市发展都受益。而旅游资源无外乎两种：自然景观和人文景观。而对于城市而言，人文景观在吸引游客方面发挥着更关键的作用。因此，充分挖掘和培育城市特色文化，就是在充分挖掘和利用人文景观，从而提升整个城市的文化厚度与文化吸引力。武汉的黄鹤楼、杭州的西湖、西安的古城与兵马俑等，这些城市景观能够被人记住并使人流连忘返，都是因为城市的文化魅力。因此，可以说，能否做好城市特色文化保护和培育方面的工作，将直接决定城市景区化的最终目标能否达成。

另一方面，城市景区化也有可能阻碍甚至是破坏城市文化的保护。城市景区化实际上是一项投资，既然是投资就必然会考虑如何才能使资本增值。最俗套也是最有效的办法是打造一个个星级景区然后收取门票费。其他更经常的手段便是通过商业化消费实现二次盈利，而且二次盈利的收入比门票费要多得多。一个比较现实的情况是，与旅游景区相关的配套设施明显优于一般设施，那些被认为没有商业价值的城市文化很可能被淘汰掉。更为棘手的是，商业化（尤其是过度商业化）的结果是资本腐蚀了文化，文化真正的东西反而被市场化、标准化（降低成本的基本途径）的东西淡化了。以大理古城为例，笔者深入观察发现，整个古城充斥着商业化的内容，给人一种其他地方特色小商业街翻版的感觉，唯一不同的地方只是小商业街的背景是所谓的古城墙和古建筑（其实都是人为复原建造）。一些能够带来商业价值的现代流行元素文化被强行植入城市，最为典型的就是古城镇中的夜市、酒吧和KTV。

那么到底如何区分城市景区化对城市文化保护和培育是正向作用还是负向作用？关键是看城市景区化将城市文化的保护作为目的还是手段。如果城市文化保护仅仅是工具性的，则很可能误入歧途，因为目的性太强。只有城市文化保护是为了整个城市的发展和城市居民的需要，才能够真正发挥正向作用。

四、政策因素：西部大开发下的城市文化更新与财政项目的转移支付

除了上述三类内部因素外，外部因素也会对西南地区城市特色文化与保护产生重要影响。这里的外部因素除了指随着人们生活水平的提升外，更主要是指国家层面的战略和具体政策措施。前面提到的城市景区化，也强调政府如何权衡旅游城市建设与城市居民生活改善，但更多是微观视角，或者说是以地方政府为主体的视角，而这里主要是国家的视角。城市景区化的发展目标与手段和国家的政策走向具有内在一致性。具体到城市特色文化的保护，主要分为改善民生和城市特色文化建设两部分。

（一）西部大开发与"去城市特色文化"

前文已提及，西南地区总体而言保持着较为完整的传统文化和民族特色文化，因而城市文化的底色具有天然优势与特点。但是，传统文化和民族特色文化与传统的生活方式和民族生活生活方式是密切联系的。一个显著的问题是，当人们抱着欣赏和猎奇的心理前往这些城市去具体感受时，除了能显著感受到不同的文化特色外，同时也会为西南地区的闭塞、落后，甚至是有些原始的生活方式感到担忧。整个西南地区的基础设施较对较差，住房、医疗、卫生、教育、交通、市场等方面，与中国东部，甚至是中部地区均存在较大差异。总体而言，西南地区城市居民的生活方式尽管已经发生了翻天覆地的变化，但是相对发达地区而言，依然是落后的。

而西南地区城市特色文化中，有相当一部分是传统生活方式中遗留下来的文化，保护和培育城市特色文化在很大程度上就是要坚持传统文化。而现代文化与传统文化的最重要区别是，现代人不会满足于既定的、必然的存在，而是追求对存在的理解和超越。在现代性的视角下，人性是自由的、解放的，现代社会和现代文化就是要追求幸福和自由，打破和粉碎各种桎梏人性的文化枷锁。现代社会更加强调理性精神，更加注重人性和效率，强调珍惜丰富的机会，强调对新环境的适应能力，为的是更好地促进人类社会的全面发展和进步。但是，穿衣吃饭、工作劳动、礼尚往来、日常消费等生活方式和生活观念，共同构成了人们的日常生活世界，自然也塑造着社会活动主体，是一个地区文化传统的蕴含所在和深刻根基。

我国推进的社会主义现代化建设，一个基本的目标就是不断提高和满足广大群众的物质文化需求，构建一种能使人们获得幸福、体现现代化文明成就的生活方式，实现人的全面发展，是我国社会主义现代化目标的内在要求。这既是人类现代化一般规律所赋予的历史使命，也是社会主义的本质要求。

这也意味着，生活方式失调会对少数民族现代化产生阻滞作用。改革开放以来，西南地区少数民族的生活方式虽然已经发生了根本性的变化，但是一些固化成型的传统生活方式和生活模式在短时间内难以得到改善。其中，还有相当一部分与现代生产力发展和社会进步的要求不相适应，导致的结果是，西南民族地区城市居民和村寨居民的生活方式在"时代压缩型"的变迁过程中出现"错位"和"盲点"现象。显然，我们完全不否定具有西南特点的生活方式是当地少数民族人文环境的重要内容和表现特点，但如果这样的生活方式保持停滞不前，甚至是畸形变化，那么不管如何努力，民族进步也仍然只是一种表象，因为外来的现代性因素很容易被既定的、旧的、传统的、固化的生存方式消解、融化甚至是扭曲。西南地区的现代化之路艰难崎岖，在一定程度上和西南民族地区起点低、自然环境恶劣等相关。但从某种意义上来说，生活方式变革的滞后致使人文生态环境的恶劣，形成了民族社会对现代性的一种内在的文化阻滞，造成了民族现代化进程的迟缓和现代性生成的迟滞，这才是那些徘徊于现代化门槛之外的少数民族后进问题的实质。

尽管某个城市或民族地区的生活方式阻碍这一地区现代化转型的具体因素存在差异，但也有一些共同的因素在起作用：（1）相对传统和落后的消费方式阻碍了消费结构的优化和自我积累机制的形成，从而制约和影响市场经济的发展。传统自给自足的经济生产方式的一个基本特点是低消费，容易使人产生不思进取的心理，当然从另一角度看也是知足常乐的心态。此外，非经济和反积累的消费方式也在一定程度上削弱了经济规模化、产业化的发展动力。（2）原始平均主义的生活理念和生活形式不利于民族经济的发展。少数民族总体而言更加重义轻利，以义气为重，强调社群感情和文化认同，有着非常浓厚的人情观及平均主义观。（3）教育发展滞后严重阻碍了少数民族经济社会的发展。（4）传统的宗教生活观念和计划经济时代发展起来的"等靠要"思想制约着民族地区的社会经济发展。（5）文化生活匮乏，闲暇生活质量不高，严重制约了少数民族整体素质的提高，进而给少数民族地区的全面振兴和发展带来了一定的负面影响。

总而言之，尽管西南地区无论是城市还是村寨，居民生活习俗中的任何一项具体内容可能都有其客观理由，在一定时期内对那些真正遵守这些约定的人来说不存在真理与谬误的价值判断和深层次的伦理选择。但是从拉长人类社会的时间尺度看，一个地区的整体文化形态依然可以看出先进与落后、积极或消极的分化踪迹。先进替代落后、科学取代迷信、美好战胜丑陋，是人类社会不断进化的主旋律。就一个民族、一个地域的人来说，生活习俗中先进成分或消极内容的多少，可以成为我们判断这一民族或这一地域人们生活方式变迁状况和进步程度的重要依据。

基于这些原因，推进少数民族生活方式现代化是西部大开发的一项重要战略任务。西部大开发的核心就是推动民族地区的经济与社会发展，推进少数民族地区的现代化进程。自从中华人民共和国成立以来，实现西部发展和少数民族现代化一直是党和国家所追求的战略目标。但由于传统发展观念的影响，过去将缩小少数民族和汉族之间的经济发展差距，作为消除少数民族与汉族事实上不平等的唯一手段和途径，因而一直在西部地区推行经济增长优先的传统发展战略。这种发展战略忽略的因素是西部地区与东部地区的人文差距。从而出现了将民族问题经济化，将经济问题绝对化，偏重于物质财富的增长而忽视人的全面发展，导致经济与社会不能同步发展，出现了社会发展滞后而制约经济发展的不正常现象。因此，几十年来，尽管国家投入了大量的人力、物力、财力和技术，西部经济也得到了一定的发展，但其发展依然远远落后于东部地区。

近年来，西部大开发特别强调挖掘少数民族生产生活中所蕴藏的朴素的民族文化和自然观，通过推动建立生态保护机制，充分利用和开发少数民族生活方式所表现出来的优秀文化资源，将文化资源优势转变为民族文化产业优势。这种思路最关键的地方在于激发当地居民的积极性和主体意识。

但是少数民族传统生活方式是在落后的生产力水平和社会形态下形成和发展起来的。中华人民共和国成立以后，尤其是改革开放以来，依然难以适应现代化的要求，文化中的很多部分与市场经济、民主法治等不相容，甚至有着严重的冲突。造成西部大开发宏观政策和微观措施上的多样性和特殊性，增加了人们主观选择上的难度和客观实践效果的不可预见性，产生一系列事关少数民族内部和相互之间的民族关系问题。比如多民族文化资源，多种生活价值观念之间盘根错节的互动关系问题，经济发展与民族传统文化保护的关联问题，少数民族传统生活方式内在关系问题以及与生产方式之间的外在关系问题等。如果变革少数民族传统生活方式，就将会直接影响到西部大开发的决策和实践，使之成为西部大开发中一个特殊的民族问题。

综上所述，对西南地区而言，西部大开发的直接目标是推动地区经济社会的全面发展，改善各个城市的基础设施和文化设施条件，提升人们的生活水平和生活质量。从微观的角度看，就是要推动西南少数民族地区居民生活方式的变迁，在开启地区现代化进程的同时，也开启现代性（人的现代性）进程。尽管存在自然、生态等客观条件的限制以及传统文化和传统生活方式的束缚，但总体而言，西部大开发是一个"去城市特色文化"的过程。

（二）旅游开发与城市特色文化的保护与培育

应该说，西部大开发所带来的现代化、地区经济与社会的发展以及西部地区居民生活方式的变革等，是整个西南地区城市发展的主线。但是，国家在推动整个地区发展时，很大程度上削弱了城市的特色文化，同时，为了旅游开发，政府又采取了一些文化保护的措施。并且，随着央地财税关系的发展，中央开始越来越依靠项目的形式进行转移支付，来支持地方文化的保护与开发。

2019 年 1 月，中华人民共和国住房和城乡建设部印发《住房和城乡建设部国家文物局关于公布第七批中国历史文化名镇名村的通知》，其中提道：

> 各地要以习近平新时代中国特色社会主义思想为指导，认真贯彻落实党的十九大和十九届二中、三中全会精神，把中国历史文化名镇名村（以下简称"名镇名村"）保护与改善镇村人居环境和弘扬中华优秀传统文化有机结合。要理顺名镇名村保护工作机制，完善保护管理规定，切实做好名镇名村保护规划编制、实施的指导和监督管理工作，坚决杜绝违反保护规划的建设行为，严禁将历史文化资源整体出让给企业用于经营。住房和城乡建设部、国家文物局将对名镇名村保护工作开展评估检查，对保护不力致使名镇名村历史文化价值受到严重影响、历史遗存遭到破坏的，将依据《历史文化名城名镇名村保护条例》有关规定进行查处。

通过行政规划和行政监督的手段来推进城市文化的保护，是国家住房和城乡建设部、国家文物局进行文化保护的基本手段。甚至，恶意侵占和破坏这些文化遗产被定义为违法行为，将被提起公诉。

此外，政府的一项重要措施是筛选出一批旅游区、历史文化名城、重点文物保护单位等，当作文化保护工作的抓手来推进。如表 5 – 9、表 5 – 10、表 5 – 11 所示，整个西南地区有大量的地方被纳入保护名单之中。当然，这三个表只统计了中国民族地区的所有数据。

表5-9 2016年民族自治地方西南地区国家A级旅游区

地区	国家AAAAA级旅游区	国家AAAA级旅游区	国家AAA级旅游区	国家AA级旅游区
全国	51	182	147	206
广西	5	46	36	5
贵州	2	3	0	3
云南	5	22	13	50

资料来源：中国民族统计年鉴2017［M］.北京：中国统计出版社，2018：344.

表5-10 2016年民族自治地方西南地区国家级重点风景区名胜区
和全国历史文化名城、名镇、名村

地区	国家级风景名胜区	全国历史文化名城	全国历史文化名镇	全国历史文化民村
全国	50	26	36	53
广西	3	3	7	9
贵州	11	2	3	10
云南	9	5	6	6

资料来源：中国民族统计年鉴2017［M］.北京：中国统计出版社，2018：345.

表5-11 2016年民族自治地方西南地区重点文物保护单位

地区	古遗址	古墓葬	古建筑及历史纪念建筑物	近现代重要史迹及代表性建筑	石窟、寺庙、石刻及其他
全国	222	82	127	55	26
广西	16	2	12	18	3
贵州	2	6	9	4	0
云南	11	2	22	10	4

资料来源：中国民族统计年鉴2017［M］.北京：中国统计出版社，2018：343.

这里可以重点看一下民族自治地方西南地区国家级重点风景区名胜区和全

国历史文化名城、名镇、名村的情况。其中，少数民族地区拥有国家级别风景名胜区 50 个，西南四省、自治区占 27 个（占比为 54%）；少数民族的全国历史文化名城中全国有 26 个，西南四省份有 11 个（占比为 42.3%）；少数民族地区的全国历史文化名镇有 36 个，西南地区有 16 个（占比为 44.4%），全国历史文化村为 53 个，西南地区有 26 个（占比接近 49.1），总体而言，西南地区的文化名城、名镇、民村数量接近全国少数民族地区总数量的一半。

总体而言，西南地区重点文物保护单位数量并没有像全国历史文化名胜区、历史文化名城、历史文化名镇等那样占据全国绝大比例，但是，古建筑及历史纪念建筑物和近现代重要史迹及代表性建筑的数量依然可观，分别占据全国少数民族地区该项目总数量的 41.7% 和 63.6%。

如前文所述，这些被纳入保护名录的城镇，除地方政府有义务进行保护外，还会得到中央财政的支持。以国家发改委下达的《历史文化名城名镇名村保护设施建设 2010 年中央预算内投资计划》文件为例，其中明确规定，"2010 年，国家发展改革委安排中央预算内投资 4 亿元，用于支持历史文化名城名镇名村的保护性基础设施建设"。中央不仅自己投资，还以项目的形式带动地方政府进行文化保护的投资。例如，有文件规定：

> 为进一步加强对历史文化街区、历史文化名镇、名村的保护，继续落实好《全国"十一五"历史文化名城名镇名村保护设施建设专项规划》，实现规划提出的目标，国家发展改革委下达了该专项的 2010 年中央预算内投资计划 4 亿元，带动地方配套投入约 2 亿多元，支持了湖南凤凰古城、云南巍山古城等 75 个中国历史文化名城的历史文化街区、中国历史文化名镇名村的保护性基础设施建设项目。历史文化名城名镇名村保护设施建设专项，主要用于历史文化名城名镇名村的环境整治工程以及安防消防设备购置，包括道路改造、街道绿化、排水和给水网管铺设、电路改造、供热管线和燃气管线铺设、环卫和消防设施的改造和建设以及灭火器、公共坐凳、路灯等设备和物品的购置，有效改善了这些街区和村镇的保护性基础设施状况和当地居民的生活环境。

仅 2010 年，中央便划拨 4 亿元用于历史文化名镇名村的保护性基础设施建设，在保护历史文化遗迹的同时，也对相关配套生活条件进行了更新。总体而言，那些被纳入项目的城市，获得了专项财政支持，文化保护的外部驱动力非常大。

第二节 城市景区化背景下城市的
特色物质文化保护和培育

一、城市景区化进程中的城市建筑文化

城市的建筑文化是人类所创造的建筑物质文化和精神文化的统称，它承载着人类社会与自然界的互动，是一个城市重要的文化载体，也是一个城市永葆活力的根基。文化具有多元性、时代性和层次性，同样，建筑文化也具有这三个特性，建筑文化承载了一个城市历史发展的脉络与印记，是一个城市重要的标志。建筑文化不仅包括具体的建筑物，而且还包含建筑的思想和理念，更能反映出一定的地域文化差异。最典型的如北方的四合院、黄土高原的窑洞、福建的土楼等，这其中蕴含着丰富的文化内涵。保护好和培育好这些丰富的内涵，是一个城市真正的魅力所在。当前，我国正在推进新型城镇化，而旅游城镇化又是其中的重要方式之一，而城市景区化作为旅游城市化的重要方式，在西南民族地区已经广泛展开。例如，"桂林山水甲天下"享誉全球，因而桂林市积极打造城市景区化，走全域旅游发展路线，实现旅游的快速发展。但其中就涉及城市建筑文化的问题，在推行城市景区化的过程中必然会对建筑文化造成影响，如果保护得当，培育良好，那将更有利于城市建筑文化的发挥，但是由于现在各地政府普遍重视传统古迹的保护与培育，因而在正常情况下，城市景区化应该有利于推动城市建筑文化的保护与培育工作。例如，桂林市在明王城景区新修建的东西巷复古街，每天都吸引众多游客，而且外地游客也纷纷去参观，这就很好地达到了文化保护与培育的目的。

二、城市景区化进程中的城市道路交通文化

随着经济的发展，西南民族地区的道路交通情况有了很大的改善，道路变得更为便捷，人们的交通意识也开始增强。而道路交通文化作为物质文化的重要组成部分，是一个地区居民素质的体现，对引领一个地区的文明发展起到了重要作用。道路交通文化集理论性与实践性于一体，具有较强的客观性、动态

性，一个地区形成正确的道路交通文化，养成良好的交通文化意识，正在成为建设社会主义文明社会的重要组成部分。随着城市景区化如火如荼地展开，城市间的人员流动性更为频繁，道路车辆拥挤程度也较高，如果没有养成良好的道路交通习惯，不注重交通文化的培育，则容易给社会造成不安定的因素，容易导致社会交通事故频发。因而，交通文化也有不同的阶段，先经历物质文化阶段，当居民综合素质提升之后，逐渐过渡到精神文化阶段，此时，良好的交通文化修养已经养成，对提升一个城市的综合水平具有重要影响。在城市景区化大背景下，人们热衷于自驾游，这有利于提升西南民族地区的交通文化素养，有利于培育良好的出行习惯。

三、城市景区化进程中的城市居住文化

由于中国地域宽广辽阔，是个多民族的国家，尤其是西南民族地区，分布着众多的少数民族，他们居住地的气候和地理的差异以及人们的生活方式差异都很大，因而每个地区的居住文化呈现很大差异。居住文化是人类物质文化的重要组成部分，同时居住文化也有一部分精神文化。以具体的住宅来说，主要体现在物质文化方面，在我国比较典型的就是北京四合院、西北黄土高原的窑洞以及福建的土楼等。这既包含具体的建筑形态也包括建造方法，还包括人们对住宅的文化意识体现。城市景区化进程中，随着各地政府大力发展旅游业，对很多地区进行房屋改造，统一规划，这在一定程度上影响了西南民族地区人民的居住方式。例如在城中村的改造过程中，以前属于当地特色的住宅可能就要被统一改造成楼房，而当地的人们可能一时间接受不了这种居住方式，因而对当地居住文化产生一种不利影响，也不利于一些传统住宅的保护。但凡事都有两面性，城市景区化进程中如果规划合理，采取强有力措施对传统民居进行保护修缮，将有利于保护城市特色的居住文化。

四、城市景区化进程中的饮食文化

中国的饮食文化可谓源远流长，在漫长的历史发展中，逐渐形成了"八大菜系"，这是我国饮食文化的重要组成部分。而中国各个地区的饮食文化具有较大的差异，例如鲁菜和粤菜，不论从口感还是色泽上，差异较大。所谓一方水土养一方人，我国西南民族地区也具有独特的饮食文化，例如在桂北地区，

人们普遍喜欢吃辣，而偏东部地区特别喜欢甜食。而饮食文化不仅是指物质上的吃而已，它还具有其他的丰富内涵。我国的饮食文化还与文化艺术以及人生境界相结合，构成了独特的中华民族饮食文化。很显然，随着各个地区交通越来越便捷，人口流动也越来越频繁，这使得在城市景区化的进程中加大了各个地区饮食文化的交流。这给传播饮食文化，吸取不同地区的优秀元素提供了良好的基础，随着各地交流的增多，也为促进饮食文化的培育与保护提供了更好的方式。

五、城市景区化进程中的服饰文化

我国的服饰文化就像中国文化一样源远流长，作为物质文化的一部分，服饰文化体现了不同地域的特色与风格。我国的服饰文化可追溯到旧石器时代，那时服饰较为简陋；但到了山顶洞人时代，已经出现了使用缝纫加工为特征的服饰，这也开启了中华服饰文化的先河。此后经过历朝历代的修改，以及融合来自全世界民族的优秀结晶，我国形成了独特的服饰文化。尤其是在西南民族地区，分布着众多的少数民族，而每个少数民族都保留有自己的独特服饰。在现代社会，由于服饰发生了很大的变化，传统的民族服饰已经越来越少出现了。但是随着近年来的旅游热，以及城市景区化的推动，加大了各地区之间的交流，民族类服饰成为人们争相购买的对象。而城市景区化不仅有利于提升当地旅游业的发展，更有利于保护和培育少数民族服饰文化。

六、城市景区化进程中的环境文化

环境问题现在成为世界各国普遍关注的问题，我国近年来尤为注重环境保护工作。随着我国经济发展进入新常态，原先高消耗、高污染、高排放的生产方式已经不可持续。环境问题之所以重要，是因为环境关乎人类的健康与未来，我们不能以牺牲环境为代价发展经济，这不利于经济的可持续发展。随着旅游业的兴起与发展，低碳旅游正在成为各地追求的目标，这也是减轻环境问题的有效方式。环境文化的内容非常丰富，是环境科学里的一个重要分支，其不仅有利于促进各地保护环境，而且还通过文化的作用去影响人们，让人们真正意识到环境的重要性。在城市景区化过程中，游客的数量必然会增加，而随着人们素质的提高，人们对环境保护已经越来越重视，环境保护意识也越来越强。城市景区化进程中，不论是先赋因素还是经济发展因素，都对环境保护提出了更高的要求，而且在不同的旅游景点会出现很多类似的宣传标语，这有利于加深人们对环境保护的认识；有的景点还会用广播的形式来提醒人们注意保护环境，这些都是很好的宣传方式。而环境文化的提升对一个城市来说至关重要，这关系着城市的形象与气质。因而，在推行城市景区化的过程中，加大环保宣传，让环境保护成为一种文化，将更有利于提升我国的整体环境水平，也有利于营造良好的环境文化。

第三节　城市景区化背景下城市的特色制度文化保护和培育

一、城市景区化进程中的家庭制度文化

城市特色文化中的一个重要组成部分就是家庭制度文化。在城市景区化进程中，一方面，地方政府及城市居民在主观上需要对这些文化部分进行取舍，或保护与培育，或舍弃或转化；另一方面，这些文化部分也天然地会被城市景区化进程所影响，大量被遗忘、丢弃、扭曲，当然也包括进一步保护和培育，这都是在城市景区化进程中悄然发生的。也就是说，城市景区化与城市特色文化中的家庭制度文化部分存在主客观的双重关系。

因此，城市景区化对城市中的家庭制度文化具有重要的影响。具体来说，家庭制度文化包括婚姻、习俗、礼仪、生育、家庭财产继承、家庭之间关系往来、家族关系、宗族、代际关系、男女在家庭中的地位、子女的情感归属等。需要说明的是，独具西南民族特色的家庭制度文化是城市特色文化中非常重要的组成部分。如，瑶族婚姻中，双方基于感情相爱结婚后，既可以从夫居，也可以从妇居，甚至可以在双方父母处轮流居住，等到孩子长大后再搬回自己家住。这一文化特点虽然在城市中变淡了许多，但相较于其他地区的城市而言，这一文化依然以某种方式存续下来，是城市特色文化的重要组成部分。而城市景区化过程中，这一文化可能会受到市场经济的影响而变得世俗化、功利化，因而需要进行特殊保护和培育。

二、城市景区化进程中的经济制度文化

物质资料生产方式，即经济基础之上的经济制度文化和家庭制度文化一样，也是城市特色文化的重要组成部分。应该说，城市特色文化中的这一部分，是最容易受到城市景区化影响的部分，因为城市景区化的最直接目的就是通过旅游来带动区域经济发展和城市文化建设，满足城市居民和游客的多元需求。其中，经济其实是主线，是撬动各方的最主要力量。因而，城市景区化对城市特色文化中的经济制度文化具有重要影响。

我们一般所说的经济制度文化包括公有制经济、私有制经济、个体经济、私营经济。更具体说包括产权、契约、交换、抵押、合作和磋商、相互规制、组织形式、传统规则等。仍以瑶族为例，其中有一种狩猎的经济制度文化。狩猎之前瑶族人要先祭拜山神，祈福山神保佑。然后所有瑶族猎手一起行动，分成两个相互配合的小组，一组负责赶兽，查看兽迹，一般从山下向山上呼喊而上，发现野兽后放出猎犬追赶；另一组负责围攻。猎到大猎物时，一般要先祭神，感谢山神的恩赐，然后进行集体分配。这种以狩猎为代表的经济制度文化，具有鲜明的社群互惠协作的特色，自然也是城市特色文化中的重要组成部分。而城市景区化很有可能将市场的契约与合作精神融入当地，鼓励当地互惠协作的城市特色经济文化的发展。

三、城市景区化进程中的政治制度文化

政治是价值（当然也包括资源）的权威性分配。当然，政治更通俗的理解就是众人之事。城市景区化进程中，谁是行动的主体？很显然是城市居民和各种组织，而人与人之间、人与组织之间（尤其是政府与城市居民之间）、组织与组织之间具体的关系，推动着城市景区化朝着不同的方向发展。换言之，城市景区化进程中，不同的行动者之间形成的政治制度文化不仅具有自身的特点，同时也是影响城市特色文化保护和培育的重要内生变量。

一般而言，政治制度文化包括法律制度、体制、规则、法规、惯例等。仍以瑶族的"瑶老制"为例。瑶族的"瑶老制"是一种西南民族地区的原始民主性质的社会组织形式，起源于原始社会氏族酋长制度。"瑶老"是一种总称，在各地分别有"寨老""目老""庙老""村老""社老"等不同的称呼。

不同的称呼对应的具体情况也不尽相同。在称为"寨老""庙老"的地区，每个村寨都有一个瑶老，瑶老的产生一般由神判决定，而非通过民主选举产生，他负责调解家族、家庭纠纷，主持全村性的宗教祭祀活动，并领导村民共同抵御外敌入侵，平时瑶老也会参加劳动，无偿为公众办事，不享有特权。景区化进程中，地方政府和当地居民既可以完全抛弃这一套，当然也可以将这种政治制度文化与现代政治运作相结合而焕发出民主与治理的生气，而这本身就是一种特别能吸引人的城市特色文化。

第四节　城市景区化背景下城市的特色精神文化保护和培育

一、城市景区化进程中的城市文化知识传播

城市景区化过程中，有两项重要任务，一是提升城市旅游功能，二是全面改善城市旅游形象。而这会直接拓展城市文化知识的传播内容，加速城市文化知识传播的速度。提升城市旅游功能，一项重要内容是开发、挖掘和培育城市特色文化，因为文化资源才是一个城市旅游资源的不竭动力来源，这意味着更多城市特色文化在城市景区化的推动下从幕后走向了台前。在全面改善城市旅游形象的过程中，一项重要内容就是进行城市特色文化的包装和宣传，而在包装过程中，城市文化知识在城市内部得到了加速传播；在对外宣传中，城市特色文化知识又为外地人所知晓。因而，城市景区化必然会对城市特色文化知识的传播产生重要影响。

二、城市景区化进程中的城市传统艺术

正如前文所言，城市特色文化中的一个重要组成部分就是城市传统艺术。但是，城市景区化对城市传统艺术的影响是双重的。一方面，城市景区化通过鼓励和培育城市传统艺术的发展，增加城市的人文气息和文化魅力，既丰富和保护了传统文化，又为旅游城市的建设作出了重要贡献。一些逐渐被现代城市文化所排挤和淘汰的艺术形式，在城市景区化的推动下获得了新的生命力。另

一方面，城市传统艺术能否获得成功，或者说取得上述效果，关键是能否契合游客的喜好。这意味着，那些在景区化中能够接受时代检验的传统艺术能够保留，而其他大量的传统艺术则可能因为不合现代人口味而遭到淘汰。因此，城市景区化对城市传统艺术的影响是双重的，应当辩证地加以看待。

三、城市景区化进程中的城市信仰

城市景区化对城市居民的影响是全面的，会对城市信仰产生重要影响。整体上，在城市景区化进程中，城市居民的生产生活方式、价值观念、生活质量、生活态度、思想状况、精神面貌、城市和居民的内在气质、城市居民对未来生活的向往与期待、城市居民对城市发展与自己的关系的态度、未来职业路径规划等，都会发生很大的变化。城市信仰作为潜藏较深的文化部分，变化速度会更慢，因此也更不容易被发现。

四、城市景区化进程中的城市道德

城市景区化对城市道德的影响是显著的。通常，人们对一座城市的印象和城市居民的道德水平是相关联的。通常而言，那些城市景区化发展较成功的城市，城市居民的道德水准也更高，因为，当地居民为了维护好城市的形象，就不得不对自己的行为进行约束，给外地人以更好的印象，这符合当地居民和城市更长远的利益。因此，一般而言，城市景区化有利于城市特色文化中的城市道德部分的发展。

五、城市景区化进程中的城市传统习俗

城市景区化进程对城市传统习俗也会产生重要影响，这种影响总体而言也是双重的。一方面，城市景区化为了现代居民的需求以及外来游客生活舒适度的考虑，很多都已经放弃了传统习俗的做法，因而城市景区化会破坏城市传统习俗；另一方面，城市景区化可以保护和培育城市传统习俗，因为这部分是城市特色文化的最重要来源，是用来开发的重要资源，对外来游客来说也是最具吸引力的部分。但是，这也会存在一个表面的正向作用，比如为了某种传统习俗的维持，不同居民刻意扮演某些过去的文化角色，试图通过情景再现突出这

部分，这种做法的影响和意义是不确定的、多元的。

六、城市景区化进程中的城市传统节日

文化的一个重要特点就是需要一定的载体或寄托来唤醒，而城市传统节日便是文化的一种重要载体和表现形式。城市景区化进程中，一定会注重打造城市传统节日。例如，西南地区一些城市的火把节就是一种非常好的城市传统节日和文化形式，在城市景区化进程中，这种文化形式不仅没有消失，反而获得了更好的发展空间，并随着时代的发展增加了诸多趣味性和生活性，更具有生命力和吸引力，逐渐成为城市的文化名片，从而吸引着大量游客的来访。总体而言，城市景区化对城市传统节日文化的保护和培育具有重要的促进作用。

第五节　城市景区化进程中西南民族地区
城市特色文化保护和培育的特征

一、传统与现代的矛盾性

相比较而言，西南地区城市文化的底色是山水人文、保留相对较好的传统文化以及独具地方特色的民族文化，而这一切都与西南地区的地理空间相关联。西南地区偏安一隅，周围大山环绕，与外部交流相对隔绝，这导致其城市文化的内生性较强，更具有地方人文特色。当我们谈及西南地区城市特色文化保护的时候，首先要面对的问题是，西南地区的文化特色是什么？大家很自然会将具有地域性、历史性和民族性的文化赋予这些城市。存在的问题不是这些城市不具备这些文化特点，而是这些被标示出来的文化特点仅仅是整个城市文化的一部分。

随着工业化、城市化、商业化、全球化等的推进，西南地区城市的现代化也在不断向前迈进。而与现代城市生活相适应的生活方式与现代城市文化显然也生发出来。加上交通、物流、移动互联网等的发展，其他发达地区的文化不断蔓延，西南地区城市的现代文化元素也不断累积起来。住房、饮食、穿衣、

出行、流行文化等，都在发生深刻的变化，一个现代人进入西南城市生活不会有太多难以适应的地方。

伴随着城市化进程的推进，现代的生活方式与现代文明不断地将传统文化的要素和内涵推向边缘，因此这两者存在较大的冲突。城市景区化在国家旅游资源开发与地方经济发展的需求下，不断推动对传统城市特色文化的保护和培育。但从本质上来讲，这两种文化明显存在冲突，我们虽然有可能在局部实现传统与现代的融合，但总体而言，两者是存在冲突的。结果是城市特色文化的保护和开发，走向对城市文化遗址、历史文化遗迹等的保护。这意味着，一方面，我们所大力倡导、要全力保护和培育的城市特色文化是传统文化的代名词；但另一方面，整个城市居民又过着现代的生活，生活的方方面面充斥现代文化的气息。

二、文化保护和培育的非均衡性

我们的城市特色文化保护的主体是地方政府和城市居民，但更直接的责任主体是地方政府，保护和培育所采取的手段更多的是行政手段，地方政府用财政资金和行政命令等多种方式来推进一个个文化保护项目。更具体来说，"特色"本身也是人为定义出来的，而定义的主体便是政府。事实上，现代城市文化是多元的，即使是传统文化也是由不同部分组成的，因此，当选择某些文化作为整个城市文化名片的时候，另一些文化则处于遮蔽状态。具体到很多文化保护和培育的项目上，便是有其他一些文化内容并没有被纳入保护的范围，其结果是导致文化非均衡发展。

然而，文化与社会结构和社会功能是相配套的，一些文化处于保护和发展的优势地位，而另一些文化则处于被压制或漠视状态。然而，一个社会的运转是相对客观的，不会以地方政府重视哪些文化部分就改变其运转的轨迹，结果是文化的保护和培育非均衡性导致文化的战略目标"脱靶"，即使投入大量资源，最后依然得不到好的结果。

三、景观文化的碎片化与孤岛效应

城市景区化的理想目标是实现城市旅游开发和当地居民生活的一体化更新，这个观念和思路没有错，但城市特色文化保护和培育的直接目标依然是打造旅游资源的增长点。景区城市化战略，默认的一个核心点是将整个城市特色文化与旅游直接捆绑起来。反过来说，城市特色文化在很大程度上要通过城市文化景区的包装呈现出来。这样一种并不纯粹的文化保护动机，导致出现大量的"造文化"。与"造文化"直接相关的自然是"造景区"，其结果是景区与周围高楼大厦相当违和，呈现为一个个孤岛。总体而言，整个城市的发展与更新缺乏规划，加上城市特色文化保护和培育的功利化、产业化，导致西南地区城市特色文化变成如此结局。

四、城市特色文化的定位同质化与建设的千篇一律

前文谈到，整个西南地区城市特色文化具有一些共性特征，这些共性特征就是西南地区的文化底色。但是，特色都是相对的，我们谈到西南地区具有什么文化特色时，常常是从中国其他地区甚至是其他国家的居民视角来看的，这些文化具有天然的特点。然而，整个地区内部文化特色足够丰富和鲜明，能够形成一种规模效应，是有利于整个地区旅游文化品牌建设的。现代游客，通常强调走某条"旅游线路"，之所以存在某条一直能够吸引人的线路，一定是具有　些内在的文化共同性和多元性的。

然而，游客资源在一定时期内是相对固定和有限的，导致这些游客被有限的一些城市和旅游文化资源所吸引。而整个西南地区，几乎所有城市都对旅游及相关产业依赖较大，都有将传统文化、民族文化、地方文化作为城市品牌文化建设的动力。于是，整个西南地区不同城市之间存在所谓的文化保护和文化培育的竞争，竞争的结果是盲目的投资和模仿，从而导致同质化和千篇一律。

五、城市特色文化的商业化色彩过于浓重

大理古城文化底蕴丰厚，一些历史建筑保留相对完整，整个大理古城虽然是在原址上复建的，应该说在文化保护和培育方面算是比较成功的。但是其商业色彩过于浓重，游客来到这里感受到的是浓浓的商业气息，而不是他们期待的文化气息和历史人文风貌。当一座城市的文化品牌取得一定知名度后，人们开始不再重视文化的保护和培育工作，而是想方设法从这座城市榨取经济收益，结果是使城市文化被资本不断腐蚀殆尽。城市特色文化的过度商业化应该

说是西南地区城市特色文化保护和培育的最大挑战，我们需要明确的是，经济回报是城市特色文化保护和培育的直接目标，但并不是唯一目标，甚至也不一定是最重要的目标。

六、城市特色文化保护和培育的政府主导性

目前推动城市特色文化保护和培育的主体主要为政府，尽管政府最有资源、也最应该推动其进一步发展，但存在的问题是政府行动经常是孤掌难鸣，甚至出现的情况是政府一边在保护，城市居民一边却在城市的另一个角落或另一些方面破坏城市特色文化。城市特色文化如果没有得到城市居民的认同，其保护和培育工作便会只增加一堆空壳和项目，留下一些文物与遗迹和被悬之高阁的各式文化样态。事实上，文化保护和培育的最佳状态是让文化形成一种特色，同时也维持一种向心力，即所谓的"特色城市文化"是一种活着的文化。尽管我们不能保证所有的文化部分都"活"起来，但是至少部分文化可以"下里巴人"，即文化与具体的生活密切关联，而还有一些文化虽不是体现在生活的点滴之中，但同样可以"阳春白雪"，体现出艺术、审美、历史认同等价值。说到底，无论城市特色文化以何种形式出现，城市居民应该成为文化实践和文化建构的主体，政府起到的应该是"搭台"而不是"唱戏"的作用。目前，西南地区城市特色文化的保护和培育的突出特点就是政府主导。

第六节 城市景区化进程中西南民族地区城市
特色文化保护和培育的作用机理

本节对西南民族地区城市特色文化保护和培育的作用机理进行一个简要梳理，具体如图 5 - 7 所示。通过研究发现，当前西南民族地区城市文化由两大基本部分构成：西南城市特色文化和现代城市文化。其中，以中国其他城市作为参照，西南城市特色文化主要体现为传统历史文化、地域文化和民族文化等，这些文化是西南地区的先赋性因素造成的，这些因素包括自然环境、地理地形、人口迁移、历史原因等。另外，随着时代的变迁，西南城市开启了其自身的现代性历程，因而现代城市文化开始为城市居民所接受，这

些文化与其他城市相比具有共性特征，文化体现出理性与个性、多元竞争、契约与市场、消费主义、流行文化、跨文化等。西南地区城市的现代文化显然是工业化、市场化、城市化、全球化、知识普及化、网络化等诱发的。到那时，两种文化之间存在一定冲突，主要表现为现代城市文化有一种消解先赋因素的动力，而现代性的力量在很大程度上又会抑制西南城市特色文化的保护和培育。

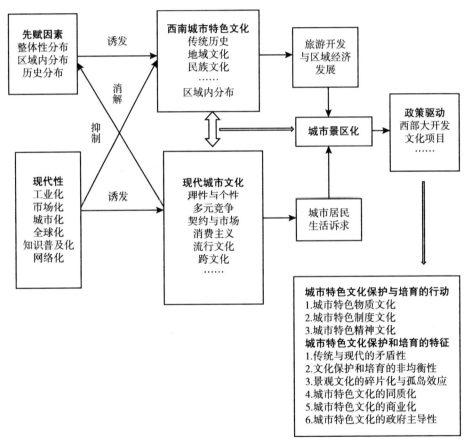

图 5-7　西南民族地区城市景区化对城市特色文化保护和培育的作用机理

这种冲突凸显为两种发展诉求。其中，城市旅游开发和经济发展会推动西南城市特色文化的保护和培育，而城市居民为了融入现代人生活又对现代城市文化提出了更高的要求。于是，城市景区化必须同时解决这两类问题。相应地，国家在政策层面上会同时做出推动西部大开发与文化保护战略。其中，西部大开发战略，主要是推动基础设施建设和资源适度开发，推动现代城市的建设，满足现代社会城市居民对美好生活的多元需求。文化保护战略，除了是因为西南独具民族和地域特色的城市文化正在逐渐消失和被边缘化，因而需要被进一步保护和培育之外，最重要的一个原因就是西南城市对旅游及其带动起来的服务业等极为依赖。这一地区城市缺乏大规模的资本和技术，没有成规模的制造业，城市还需要辐射的周边扶贫村落较多，因而只能大规模发展旅游产业。当然，这两者都是在城市景区化背景下展开的。

当然，政府采取的西部大开发、文化保护与战略等又构成了西南地区整个城市特色文化秩序的一个内生性变量。政府作为一个最有行动力和行动资源的主体，行为本身也会导致各种不尽如人意的后果。其结果是导致西南民族地区城市特色文化保护和培育呈现出六个主要特征：（1）传统与现代的矛盾性；（2）文化保护和培育的非均衡性；（3）景观文化的碎片化与孤岛效应；（4）城市特色文化的同质化；（5）城市特色文化的商业化；（6）城市特色文化的政府主导性。

因此，这里提出的西南民族地区城市特色文化保护和培育的作用机理，其实是一个在经验观察基础上的抽象提炼。其中，西南城市特色文化的构成可以理解为西南城市特色文化的现状，而先赋因素和现代性是现状的成因，城市景区化和政策是特色文化保护和培育的行动，城市特色文化保护和培育的特征是结果。因此，这个作用机制既有结构又有行动，既横亘空间也穿透时间，是一个城市特色文化演化的完整模型或作用机理。

当然，这个模型只是一个关于西南民族地区城市特色文化保护和培育的基本的作用机理，还存在的一个问题是无法更具体地揭示城市居民生活诉求与旅游开发和区域经济发展的关系。也可以说，该模型揭示的是一种相对静止的状态。这其中有两个矛盾，一是区域经济发展、旅游开发与个人及家庭经济发展之间的紧张关系问题。虽然说，区域经济发展能够使政府更有能力为公共医疗、卫生、教育、养老、食品安全等领域服务，但这些享受到的服务无法直接转变为家庭经济收入的一部分。旅游开发也确实能够推动当地居民的就业，但是能够解决的就业人数始终是有限的。据笔者的实地调查发现，西南地区，包括西南城市，居民有相当一部分人选择外出务工，他们经济状况的改善主要来自东部沿海发达城市的务工收入。换言之，区域经济发展和旅游城市的建设并不必然带来每个家庭的收入改善，其结果是区域内、城市内居民经济收入之间的分化，不同群体受到发展所带来的福利并不均衡。此外，现代性驱动下居民的生活需求在发展的初始阶段更多体现为物质方面的需求，城市居民最迫切的需求就是改善自己的生活、居住状况。此时，政府通过西部大开发等一系列惠民工程，应该说能够起到很好的效果。但是，随着城市居民生活条件逐渐进入到一个新的层次，物质上的需求逐渐降低，即物质的满足能够带给城市居民的满足呈现边际效用递减趋势。反过来，精神和文化需求会不断增加，文化带来的满足感会逐渐上升。

其中存在的一个问题是，城市居民对城市文化的需求会越来越高，这迫使当地政府要尽可能多地进行文化产品和文化服务的供给。这里的基本矛盾是，当前的文化保护和文化培育工作，主要是为了旅游的需要，对于居民真正的文化需求，可能需要进一步的了解，从而能够更加有针对性地进行供给。供给的文化内容，可以来自传统文化，自然也可以来自现代城市文化，这是一个基本的特点。但是，当前西南地区地方政府在城市特色文化保护和文化培育方面，重点对应或挖掘的是传统文化、地域文化、民族文化等。为什么城市更倾向于对先赋性因素塑造的文化部分进行保护和培育？主要是这部分工作有重点，特色鲜明，容易抓住，便于开展工作，同时也多为外界所关注。但是，城市居民对现代城市文化的需求也会不断增加，政府该如何应对？回避或简单地压制，自然不是一个很好的解决办法，因为这些需求会派生出各种形态的亚文化，这是一种客观规律。因此，本书提出的西南民族地区城市特色文化保护和培育的作用机理模型，并不是非常成熟，还需要进一步、更深入的研究。尽管如此，这并不意味着人们就无法将之用于指导实践，只有了解文化保护和培育的主客观逻辑，才有可能引导其向更好的方向发展，避免决策和行动走入误区，防止各种无谓的投资和劳民伤财。

图5-7反映的是西南民族地区城市景区化对城市特色文化保护和培育的作用机理，是一种整体结构，但是在这个作用机理中，城市景区化实际上是最主要的自变量，而城市特色文化的保护和培育作用为因变量，这两者的具体作用机制还没有完全展示出来。这里需要再补充一个更微观的结构图，相当于两个逻辑框架是一种嵌套的关系（见图5-8）。

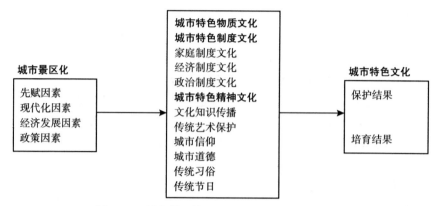

图 5-8 城市景区化对城市特色文化的影响模型

本 章 小 结

本章首先分析了城市景区化的影响因素，然后又分析了城市特色文化的主要内容，在此基础上，提出了西南民族地区城市特色文化保护和培育的作用机理，这其实是一个在经验观察基础上的抽象提炼。其中，西南城市特色文化的构成可以理解为西南城市特色文化的现状，而先赋因素和现代性是现状的成因，城市景区化和政策是特色文化保护和培育的行动，城市特色文化保护和培育的特征是结果。因此，这个作用机制既有结构又有行动，既横亘空间也穿透时间，是一个完整的城市特色文化演化的模型或作用机理。当然，这个模型只是一个关于西南民族地区城市特色文化保护和培育的基本的作用机理，还存在的一个问题是无法更具体地揭示城市居民生活诉求与旅游开发和区域经济发展的关系。也可以说，该模型揭示的是一种相对静止的状态，后续研究中还需要对其进行进一步完善、细化和检验。

第六章

城市景区化进程中西南民族地区城市
特色文化保护与培育的实证研究

城市特色文化保护的重要性不言而喻，城市特色文化作为一座城市的重要符号，承载着一座城市发展的历史，是一座城市拥有持续魅力的源泉。而随着经济的发展，社会的不断进步，人们收入水平的不断提高，旅游已经走进了普通家庭，正在成为人们的一种生活方式。近年来，旅游城市化正在成为各地发展的潮流，通过发展旅游业，实现了城市的发展，是新型城镇化的重要形式之一。而旅游城市化又分为城市景区化和景区城市化，城市景区化是本书研究的重要内容之一，其不仅在推进城市经济发展方面有重要的作用，而且在推动城市特色文化保护方面也有重要的作用。

在本章中，由于城市特色文化被分成物质文化、制度文化和精神文化，而城市特色物质文化和制度文化、精神文化在测度方式上有一致性，进行实证检验最重要的是保证数据的科学性和权威性，因而主要通过设计结构化的调查问卷，获取所需要的感知数据，进而进行经验估计。通过使用统计学知识，对数据进行整理与处理，设定科学的计量模型，进行实证检验，并结合理论与实证结果，对城市景区化进程中西南民族地区城市特色文化保护与培育的机制做进一步的探讨，以期全面揭示两者之间的内在关系，为政策制定提供参考。

第一节　城市景区化对城市特色制度文化保护的调查分析

一、城市景区化对城市特色文化保护的调研框架

（一）调查研究的目的

城市特色文化作为城市的根基，承载着一座城市的精神寄托。在经济高速

发展的现代社会，如何更好地做好城市特色文化的保护与培育工作至关重要。本次调研的主要目的是了解影响在城市景区化进程中城市特色文化保护与培育的现实情况，并通过对受访者进行调研，获取本书所需要的第一手数据，并为接下来的实证检验提供数据基础。基于数据的可得性，城市特色物质文化、城市特色制度文化和精神文化的数据不容易得到，这需要用调研的方式来获取，只有在获取数据的基础上才能进行下一步的实证研究工作。在理论机制部分，我们发现城市景区化影响城市特色文化保护的因素是众多的，而他们之间的作用关系是什么，两者具有正向的推动作用，还是负向的推动作用？都需要通过实证检验来验证。本次调研主要从城市景区化的认知和城市特色文化保护与培育现状的角度进行调研。首先，在城市景区化的认知方面，本书主要从城市的先赋因素、城市景区化的现代化因素及发展因素、城市景区化的政策因素四个方面来全面了解当前西南民族地区城市景区化的现状；其次，本书对城市特色文化保护主要从城市特色的物质文化、制度文化和精神文化进行调研，而城市特色物质文化包括建筑、道路、住宅、水源、商品零售、环境状况等，城市特色制度文化又包括家庭制度、经济制度、政治制度等，城市特色精神文化又包括城市的知识文化传播、传统艺术的保护、城市的信仰、道德提升、传统习俗和传统节日的保护等。而本次调研运用到了包括经济学、旅游学、社会学、民族学等在城市景区化以及特色文化保护方面的相关研究，这些理论都为本书理解城市景区化以及城市特色文化保护提供了良好的指导，为本书更好地阐释两者的作用关系提供了理论基础。

本次调研从城市景区化和城市特色文化保护的视角，以西南民族地区典型旅游城市为基础，以当地居民为主要的调研对象，通过对调查问卷的搜集与处理，结合相关的实证模型，准确估计了城市景区化影响城市特色文化保护的作用关系，有利于本书全面的揭示两者内在关系，以及城市景区化进程中存在的问题。从而为本书提出科学的对策建议以及制定科学的城市特色文化保护路径提供强有力的支撑。

（二）调查研究的意义

在理论意义方面，通过调研来探讨城市景区化对城市特色文化的作用机制，并通过第一手的数据进行实证估计，揭示两者之间的内在关系，有利于我们从多视角、多元化的角度对西南民族地区城市特色文化展开研究，在充分探讨城市景区化影响城市特色文化保护的基础上，也有利于丰富有关旅游学和文化相关学科的知识体系，为其他学者进行更为细致的研究提供借鉴。同时，在对理论和实证结果充分探讨的基础上，也有利于本书提出适合西南民族地区城市特色文化保护与培育的路径。城市文化建设正在成为一个城市的魅力所在，随着中国第一阶段城市大规模基础设施建设的结束，中国的城市文化建设必将成为影响城市竞争力的主要渠道。因而，在实践意义方面，通过调查研究可以获取第一手数据，了解民众对当前城市景区化以及城市特色文化建设的感知情况，并利用第一手数据进行实证估计，从而更加真实地了解现实状况，从中找出问题，为提出城市特色文化保护与培育的路径提供更为科学的依据，这有利于提升城市的竞争力和内涵，也有利于推动城市的可持续发展。

（三）调查研究的创新点

本次调研具有两方面的创新。第一，在调查研究的视角上，本书首次从西南民族地区城市景区化的角度来研究其对城市特色文化的作用机制，相对于其他的研究具有一定的特色。本书还从文化的角度找出了城市景区化影响城市特色文化保护的影响因素，包括城市景区化的先赋因素（城市建设状态、外在景观、内在生态、少数民族文化、优秀历史传统等）、城市景区化的现代化因素（知识普及化、工业化发展、经济的市场化、城市化的推进、全球化的演进）、城市景区化的经济发展因素（城市面貌、景区联动情况、可持续发展状况）、城市景区化的政策因素（西部开发政策、财政的转移支付、旅游开发政策），通过对这些因素进行问卷调查，可以获取西南民族地区城市景区化在人们心中的感知情况。然后对城市特色文化进行细分，主要包括城市特色物质文化、制度文化和精神文化。在本书中，考察了城市特色的物质文化、制度文化和精神文化，城市特色物质文化包括建筑、道路、住宅、水源、商品零售、环境状况等，特色制度文化包括特色的家庭制度文化（婚姻、习俗、礼仪、生育、亲子关系、继承关系等）、特色经济制度文化（公有制经济、私有制经济、个体经济、私营经济等）和特色政治制度文化（法律制度、体制、规则、法规、惯例等），同时还包括特色精神文化（文化知识传播、传统艺术保护、城市信仰、城市道德提升、城市传统习俗保护、城市传统节日保护）。因而，本书对城市景区化和城市特色文化的考虑非常全面，这有助于本书全方位掌握西南民族地区的城市特色文化保护的情况，有助于探讨他们之间的作用机制，相较于其他定性研究，具有一定的特色和创新。第二，在调查研究方法上，本书基于城市景区化的影响因素，把城市特色文化保护放入统一的框架下，通过构建计量模型，对影响因素进行了估计，更为科学地揭示了两者之间的内在关系。

（四）调查研究的方法

本书秉持实事求是的精神，兼具定性分析和定量分析的优点，在对城市景区化影响城市特色文化的作用基础上，力图用调查数据对其进行实证检验，以便保证结果的科学性。由于本书的涉及面比较广泛，因此，在具体的研究过程中，综合了经济学、旅游学、社会学、文化学科等相关的知识，通过实地的访谈和问卷调查，获取了第一手数据。因而，本书主要以理论研究与实证研究结合为主，将城市景区化的先赋因素、现代化因素等纳入城市特色物质文化、制度文化、精神文化的分析框架中，并从各个角度进行具体的分析。在调研过程中，具体主要涉及以下方法。

（1）文献研究法。本书根据所要研究的问题，通过大量阅读国内外相关文献，对城市景区化与城市特色文化保护有了一个较为详细的了解，通过对相关知识的总结，将有助于本书调研的顺利展开。

（2）访谈法。访谈法可以近距离地接触到调研目的地的对象，因而可以更为详尽地了解本书所关心的问题，本书在调研过程中对西南民族地区部分城市的相关人员进行了深度的访谈，这对本书整体框架的提出以及探寻城市景区化的影响因素起到了重要作用。同时，本书也对城市特色文化的丰富内涵进行了探讨交流，为本书提供了新的分析思路。

（3）问卷调查研究法。实施问卷调查可以获取本书想要的感知数据，这有利于对相关指标进行量化分析。在实地调研中，本书根据理论部分的分析，制定了详细的问卷调查提纲，并利用假期展开了调研。

（4）统计分析研究法。统计分析可以帮助我们处理基础的数据，达到后面实证估计的要求，本书在对问卷进行搜集的基础上，利用 SPSS 统计分析软件对城市景区化和城市特色文化的相关指标进行了录入，并得到了基本的研究数据。

（5）实证计量模型法。使用计量分析方法的优点是能够得出更为科学的结果，本书主要使用 SPSS 进行实证分析。通过构建相关计量模型，对城市景区化的影响因素作用于城市特色文化保护的各个方面进行计量估计，从而根据实证结果，并结合作用机理的分析，对本书进行全面的评估。

（五）调查研究的主要内容

从人民大众感知的视角出发，调研的主要内容包括城市景区化的影响因素、城市特色文化的内容，并通过调查问卷对相关的问卷进行填写。在具体的内容方面，主要包括城市景区化的先赋因素（城市建设状态、外在景观、内在生态、少数民族文化、优秀历史传统等）、城市景区化的现代化因素（知识普及化、工业化发展、经济的市场化、城市化的推进、全球化的演进）、城市景区化的经济发展因素（城市面貌、景区联动情况、可持续发展状况）、城市景区化的政策因素（西部开发政策、财政的转移支付、旅游开发政策），通过对感知数据的整理，将其作为构成城市景区化的重要指标体系。在城市特色文化保护方面，包括特色物质文化（建筑、道路、住宅、水源、商品零售、环境状况）、特色制度文化包括特色的家庭制度文化（婚姻、习俗、礼仪、生育、亲子关系、继承关系等）、特色经济制度文化（公有制经济、私有制经济、个体经济、私营经济等）和特色政治制度文化（法律制度、体制、规则、法规、惯例等），同时还包括特色精神文化（文化知识传播、传统艺术保护、城市信仰、城市道德提升、城市传统习俗保护、城市传统节日保护）。对这两块内容的调查作为本书实证分析的主要依据，这不仅可以全方位地研究两者的作用机制，而且还可以从中找出城市特色文化保护过程中存在的问题，并为提出更科学的城市特色文化科学保护路径提供参考依据。

二、调查问卷的设计

在正式进行调研之前，本课题组于2015年6～7月首先进行了预调研，地点选在了桂林市，因为桂林市是西南民族地区最具代表性的旅游型城市之一。进行预调研的主要目的是保障正式调研的科学性，通过预调研，本书对相关问题的设置更为合理，以免出现太过于主观化的调查问题。调整后的调查问卷有了很大的改善，让一般被调查人员都能够接受。在正式问卷的设计和改进过程中，我们主要遵循以下三个原则：第一，参考相关专家学者类似的调查问卷设计，尤其是针对具体问题的时候，能使得被调查人很快理解题目的意思。第二，在问卷相关问题设置上咨询相关专家，根据专家提出的意见，对问卷进行修改。第三，通过阅读国内外相关文献，结合本书调查的主要目的和面临的困难，咨询相关专家，从而保证问卷问题设置的科学性、可操作性和合理性。

在具体的度量上，本书采用里克特量表进行打分，通过打分情况来获得被调查人的感知数据，1 分、2 分、3 分、4 分、5 分分别对应由"最不好"过渡到"最好"的感知程度。根据当前学界的普遍反映，使用里克特量表进行打分获得了众多学者的认可，因而具有一定的科学性。当然，由于被调查人的知识水平各异，为了能够提高调研的成功率，本书尽量让问题变得通俗易懂，而且又能够全面反映课题的需要，同时，为了给被调查者节省时间，也为了提升调查问卷的真实性，本书设计的调查问卷并不冗杂，总的问题控制在 20 个以内，易于被受访者接受，具体的调查问卷详见附录。在综合上述注意事项之后，本书进行了相应的问卷设计。

问卷主要包括三个部分，第一个部分主要涵盖一些人口学变量，第二个部分主要是关于城市景区化，第三个部分主要是城市特色文化。其中，最为重要的是第二部分和第三部分，尤其是城市景区化的先赋因素、城市景区化的现代化因素、城市景区化的经济发展因素以及城市景区化的政策因素，这些指标测量的结果至关重要，在城市特色文化方面，包括特色的家庭制度文化、特色经济制度文化和特色政治制度文化，同时还包括特色物质文化和精神文化，这些都是本章的核心内容，因为第五章主要研究城市景区化的影响因素如何影响城市特色文化保护，并探讨了具体的影响机制。而第二部分和第三部分数据获取的成功与否对本书至关重要，只有体现出被调查者最真实的认知，才能够得出更为科学地研究结果，这样才能更为科学地对城市特色文化保护进行评估，也有利于佐证本研究的理论机制部分，具体的测量标准见表 6-1、表 6-2、表 6-3、表 6-4。

表 6-1　　　　　　　　　　　城市景区化发展状况

序号	测量指标	满意程度				
		1	2	3	4	5
1	城市景区化的先赋因素：包括城市建设状态、外在景观、内在生态、少数民族文化、优秀历史传统等					
2	城市景区化的现代化因素：包括知识普及化、工业化发展、经济的市场化、城市化的推进、全球化的演进					
3	城市景区化的经济发展因素：包括城市面貌、景区联动情况、可持续发展状况					

续表

序号	测量指标	满意程度				
		1	2	3	4	5
4	城市景区化的政策因素：包括西部开发政策、财政的转移支付、旅游开发政策					

表 6－2　　　　　　　城市特色物质文化保护与培育状况

序号	测量指标	满意程度				
		1	2	3	4	5
1	城市景区化进程中的城市建筑文化情况					
2	城市景区化进程中的城市道路交通文化情况					
3	城市景区化进程中的城市居住文化情况					
4	城市景区化进程中的城市饮食文化情况					
5	城市景区化进程中的城市服饰文化情况					
6	城市景区化进程中的城市环境文化情况					

表 6－3　　　　　　　城市特色制度文化保护与培育状况

序号	测量指标	满意程度				
		1	2	3	4	5
1	城市景区化进程中的家庭制度文化：包括婚姻、习俗、礼仪、生育、亲子关系、继承关系等					
2	城市景区化进程中的经济制度文化：包括公有制经济、私有制经济、个体经济、私营经济等					
3	城市景区化进程中的政治制度文化：包括法律制度、体制、规则、法规、惯例等					

表 6－4　　　　　　　城市特色精神文化保护与培育状况

序号	测量指标	满意程度				
		1	2	3	4	5
1	城市景区化进程中的城市文化知识传播情况					

序号	测量指标	满意程度				
		1	2	3	4	5
2	城市景区化进程中的城市传统艺术保护情况					
3	城市景区化进程中的城市信仰情况					
4	城市景区化进程中的城市道德提升情况					
5	城市景区化进程中的城市传统习俗保护情况					
6	城市景区化进程中的城市传统节日保护情况					

三、数据的搜集与处理

本书紧紧围绕所要解决的问题，制定好最终的调查问卷之后，在2016年7~8月和2017年1~2月，针对城市景区化和城市特色文化对我国西南民族地区典型旅游城市进行了问卷调查工作。调查对象的选取对研究结果的真实性至关重要，本次调研主要在广西、云南和贵州省进行，这是由于广西桂林市、云南丽江市和黔东南州是较为典型的旅游名城，而且拥有丰富的自然景观和人文景观，具有丰富的历史文化，而且三个地区都有少数民族聚居区，在当地保留了独具特色的少数民族文化，更能够紧扣本书的研究主题，兼具城市景区化和城市特色文化两项重要指标，可以为本书提供更为确切的数据。当然，正确而恰当的调查形式也是很重要的，为了提高调查问卷的成功率，本书主要选择城市所在居民进行调查，对问卷进行随机发放，在被调查者填写问卷之前，会向他们介绍本次调研的目的，讲清楚问卷所涉及的问题，以及每个得分项后面所代表的意义。

在问卷的回收过程中，我们会对问卷进行一定的检查，也会对被调查者进行一定的访谈，以便修正被调查者在理解上的偏差，保证问卷的有效性。由于西南民族地区城市众多，因而本书选取桂林、丽江和黔东南州进行实地的调研工作，在具体的问卷发放过程中，由于笔者所在单位在桂林市，因而，出于成本预算的角度来考虑，笔者在桂林共发放调查问卷400份，在丽江和黔东南各发放300份问卷，总共发放了1000份问卷。样本的回收情况整体良好，在桂林回收了371份，样本回收率为92.75%，有效样本量为346份，有效样本率为93.26%；在丽江市回收了273份问卷，样本回收率为91%，有效样本量为

258 份，有效样本率为 94.5%；在黔东南州样本回收量为 268 份，回收率为 89.33%，有效样本量为 254 份，有效样本率为 94.78；从整体情况来看，样本回收量为 912 份，回收率为 91.2%，有效样本量为 858 份，有效样本率为 94.08%，详情见表 6 - 5。整体来说，此次调查问卷的搜集工作比较顺利，问卷整体情况良好，为下一步进行实证分析奠定了良好的基础。

表 6 - 5 　　　　　　　　　　**总体调查样本的基本情况** 　　　　　　　　单位：份

地区	样本发放量	样本回收量	样本回收率（%）	有效样本量	有效样本率（%）
桂林市	400	371	92.75	346	93.26
丽江市	300	273	91.00	258	94.50
黔东南州	300	268	89.33	254	94.78
总计	1000	912	91.20	858	94.08

第二节　城市景区化对城市特色物质文化的研究假设与实证检验

一、城市景区化对城市特色物质文化的研究假设

城市景区化作为旅游城市化的重要方式之一，在推进地区经济发展中起到了重要作用，且随着旅游业的快速发展，城市景区化对城市文化的影响也显得愈发重要。从城市景区化的影响因素来看，一个城市的先赋因素往往对城市景区化进程具有最基础的作用，在城市景区化的推进中，开发者一般都以城市原有景区为基础，然后在此基础上进行建设，通过科学设计打造更加符合现代审美的、融合文化与生态于一体的景区。而城市景区化进程中的现代化因素对推动城市文化也有重要作用，随着经济全球化的发展，每个城市都在努力打造属于自己的特色，也在不断发展经济，推动工业化发展。与这些硬实力相比，城市景区化往往通过文化吸引力的形式来推动城市文化的发展。当然，城市景区化不仅仅是某个景区或者几个景区独自的发展，城市景区化更加注重城市景区的联动发展，只有联动发展，协同推进，才能更好推

动城市旅游的发展。尤其是针对旅游型城市而言，城市的政策性因素对一个地区旅游业的发展也是至关重要的，但随着人们环保意识的增强，当前旅游开发过程中更加关注生态环境与景区的协调，而不仅仅是追求数量上的发展。城市和景区作为城市景区化的两个重要载体，在现实的开发中，已经慢慢形成了一套独特的体系，不仅带动城市在硬件设施上的进步，而且还在文化上起到了更大的推动作用。

建筑文化包含具体建筑实物与建筑思想理念，其承载了一个城市历史发展的脉络与印记，是一个城市重要的标志。在推进城市景区化的过程中，如果开发者规划合理，在现实中对当地建筑采取积极的保护措施，将有利于推动城市建筑文化的保护与培育工作。但由于城市景区化是一个复杂的工程，不同的因素对其影响也存在差异。而道路交通文化是一个城市居民素质的重要体现，对引领一个城市的文明发展起到了重要作用。当前，各城市都在推动良好的道路交通文化建设，随着城市景区化的推进，城市间的人员流动性更为频繁，如果没有养成良好的道路交通习惯，不注重交通文化的培育，就容易导致社会交通事故频发，不利于社会和谐。但随着当前城市景区化的不断发展，吸引了大批自驾游的游客，这些游客交通文化素养一般较好，因此通过彼此之间的影响，也有利于带动本地交通文化的进步。我国西南民族地区分布着众多的少数民族，且不同城市居住文化差异很大。城市景区化进程中，各地政府对很多地区进行了房屋改造，统一规划，这在一定程度上影响了西南民族地区人民的居住方式。但凡事都有两面性，城市景区化进程中如果规划合理，采取强有力的措施对传统民居进行保护修缮，也有利于保护城市特色的居住文化。中国每个城市的饮食文化具有较大的差异，饮食文化不仅体现在物质上，还具有丰富的内涵。很显然，随着城市景区化的推进，人口流动也越来越频繁，加强了各个城市饮食文化的交流。这为传播饮食文化，吸取不同地区的优秀元素奠定了良好的基础，也有利于促进饮食文化的培育与保护工作。在西南民族地区，每个民族都保存有自己独特的服饰文化，随着城市景区化的推动，加大了各城市之间的交流，民族类服饰成为人们争相购买的对象。这不仅有利于提升当地旅游业的发展，而且有利于保护和培育少数民族服饰文化。当今人们的环保意识正在逐渐增强，随着城市景区化的推进，人们对环境保护提出了更高的要求，在此过程中，加大环保宣传，让环境保护成为一种文化，将更有利于提升我国的整体环境水平，也有利于营造良好的环境文化，推动城市环境文化的发展。综上所述，提出以下待检验的假设。

H1：城市景区化在整体上有利于城市特色物质文化的保护与培育，但不同城市景区化的影响因素对城市特色物质文化的影响存在差异。

二、变量的选取与模型设定

（一）变量选取

本节主要的核心变量为城市景区化以及城市特色物质文化。根据上述问卷，本书城市景区化的指标主要包括四个：城市景区化的先赋因素、现代化因素、经济发展因素、政策因素，这四个指标既包括城市景区化进程中城市建设状态的相关设计，也包括城市各个景区之间的联动，还包括政府的相关政策的影响，考虑的比较全面，能够得到居民关于城市景区化的认知数据。而在物质文化的调查中，本书主要选取了能够反映城市基本状况较为直观的指标：城市建筑文化、居住文化、服饰文化、道路交通文化、饮食文化及环境文化。这些基本涵盖了一个城市在物质文化层面的全貌，因而具有一定的代表性。而且这些物质上的文化指标大部分是偏向于民生方面的，这也为本书的研究增添了许多额外的意义。

（二）实证模型设定

在实证检验部分，我们采用多项 Logit 模型进行研究。其多为最早的离散选择模型，在当前经济学、社会学、计量经济学、营销学等学科有着广泛的应用。在多项 Logit 模型开发之前，学界应用较为广泛的是二项 Logit 模型，这相对于多项 Logit 模型要相对简单。对于 Logit 模型的研究出现得较晚，1973 年马利克和阿巴哈姆（Malik & Abaham）才提出多元 Logit 分布，此后逐渐得到应用。

由于本书的变量不满足一般线性回归的基本假设条件，因此采用非线性的 Logit 模型，该模型的推导如下：

Logit 模型的概率密度函数来自 Logistic 模型，即：

$$f(t) = \frac{e^{-t}}{(1+e^{-t})^2}, \ t \in (-\infty, \ +\infty) \tag{6-1}$$

对式（6-1）求积分可得随机变量的分布函数：

$$F(t) = P(T \leq t) = \frac{1}{1 + e^{-t}} \qquad (6-2)$$

在二项 Logit 模型中，对于响应变量 y 等于 1 的概率为：

$$P(y=1) = P(T \leq \alpha + \beta x_i) = \frac{1}{1 + e^{-(\alpha + \beta x_i)}} \qquad (6-3)$$

令 $Z_i = \alpha + \beta x_i$，代入上式得：

$$P(y=1) = \frac{1}{1 + e^{-z_i}} \qquad (6-4)$$

则 y 等于 0 的概率为：

$$P(y=0) = 1 - P_i = \frac{1}{1 + e^{-z_i}} \qquad (6-5)$$

式（6-4）比上式（6-5）得：

$$\frac{P_i}{1 - P_i} = \frac{1 + e^{z_i}}{1 + e^{-z_i}} = e^{z_i} \qquad (6-6)$$

式（6-6）表示事件发生（赋值为 1）比事件没发生（赋值为 0）的优势，对两边取对数得：

$$\ln \frac{P_i}{1 - P_i} = Z_i = \alpha + \beta x_i \qquad (6-7)$$

式（6-7）就是 Logit 模型。而多项 Logit 则是被解释变量存在多于 2 个值的情形，如本书的 1~5 代表的满意程度。根据卡梅伦和特里维迪（Cameron & Trivedi，2005）的方法，本书以非常不满意（赋值为 1）作为基准，通过其他 4 个选项对应的方程，可以得到系数向量，以非常不满意（赋值为 1）作为基准项，得到以下方程：

$$\frac{P_{ij}}{P_{il}} = \frac{\Omega(x_i'\beta_j)}{1 - \Omega(x_i'\beta_j)} = F(x_i'\beta_j) \qquad (6-8)$$

由于各选项的概率之和为 1，即 $\sum_{j=4}^{5} P_{ij} = 1$，$\sum_{j=1}^{4} \frac{P_{ij}}{P_{il}} = \frac{1}{P_{il}} - 1$，且 $0 \leq P_{ij} \leq 1$，可得：

$$P_{il} = P(y_i = 1 \mid x_i) = \frac{1}{1 + \sum_{j=1}^{4} F(x_i'\beta_j)} \qquad (6-9)$$

$$P_{ij} = P(y_i = j \mid x_i) = \frac{F(x_i'\beta_j)}{1 + \sum_{j=1}^{4} F(x_i'\beta_j)} \qquad (6-10)$$

令 F(·) = exp(·)，则有：

$$\frac{P_{ij}}{P_{il}} = \frac{P(y_i = j)}{P(y_i = 1)} = exp(x_i'\beta_j)，j = 2、3、4、5 \tag{6-11}$$

进一步得到：

$$\ln\left(\frac{P_{ij}}{P_{il}}\right) = \ln\left(\frac{P(y_i = j)}{P(y_i = j)}\right) = x_i'\beta_j，= 2、3、4、5 \tag{6-12}$$

式（6-12）就是我们需要的多项 Logit，在接下来的三个实证检验中，都将会用到该模型，以估计城市景区化对城市特色文化保护的影响。

（三）变量的描述性统计

本节根据调查问卷的搜集与整理，对数据进行了初步的统计分析，表6-6、表6-7是各个变量的描述性统计情况。

表6-6　　　　　城市特色精神文化保护与培育状况（N=858）

类别	分类	变量定义	频数	比例（%）
性别	男	1	522	60.84
	女	0	336	39.16
民族	汉族	1	695	81.00
	少数民族	0	163	19.00
年龄	14 岁以下	1	0	0
	15~24 岁	2	138	16.08
	25~44 岁	3	466	54.31
	45 岁以上	4	254	29.60
学历	小学及以下	1	127	14.80
	初中	2	214	24.94
	高中（中专）	3	326	38.00
	大专及以上	4	191	22.26
家庭是否从事旅游业	是	1	153	17.83
	否	0	705	82.17

表 6 - 7   城市景区化相关指标统计均值与方差

类别	分类	均值（方差）	变量定义
城市景区化	先赋因素	均值 3.56（0.891）	
	现代化因素	均值 3.24（0.765）	
	经济发展因素	均值 3.66（0.778）	
	政策因素	均值 3.21（0.942）	
物质文化	建筑文化	均值 3.12（1.142）	1 表示最低（最少、最不好、最不满意），2 表示较低（较少、比较不好、比较不满意），3 表示中等（一般、无所谓高也无所谓低），4 表示较高（较多、较好、较为满意），5 表示最高（最多、最好、最满意）
	道路交通文化	均值 3.37（0.793）	
	居住文化	均值 3.07（1.136）	
	饮食文化	均值 3.67（0.663）	
	服饰文化	均值 3.03（0.948）	
	环境文化	均值 3.61（0.687）	
制度文化	家庭制度	均值 3.00（1.312）	
	经济制度	均值 3.13（1.374）	
	政治制度	均值 3.05（1.494）	
精神文化	知识传播	均值 3.49（0.713）	
	艺术保护	均值 3.63（0.682）	
	城市信仰	均值 3.11（1.354）	
	道德提升	均值 3.34（0.902）	
	传统习俗保护	均值 3.26（1.094）	
	传统节日保护	均值 3.68（0.732）	

三、估计结果与分析

表 6 - 8 和表 6 - 9 分别是城市景区化对城市特色物质文化的实证结果。从个人特征来看，性别和民族两个变量都不显著，说明性别和民族的差异对城市物质文化的影响并不明显。而在年龄方面，除了居住文化不显著之外，其他都显著，这说明随着年龄的增长，人们对物质文化的认知也在发生改变。在学历方面，除了居住文化不显著之外，其他都显著，这也说明高学历的人相对于低学历的人在物质文化认知上存在较大差异，这可能是因为受教育程度越高，对

文化的内涵理解就越深厚。在是否从事旅游业方面，除了居住文化之外，其他都显著，这说明从事旅游业的人员相对于不从事旅游业的人员，在对物质文化认知上产生了差异，因为其本身就从事旅游相关的工作，所以更能体会到文化的变化。

表6-8　　　　　　　　　　城市特色物质文化模型估计结果

变量	建筑文化		道路交通文化		居住文化	
	系数	标准误	系数	标准误	系数	标准误
性别	0.061	0.244	0.326	0.674	0.617	0.583
民族	0.276	0.373	0.151	0.452	0.389	0.441
年龄	0.053**	0.022	0.064**	0.257	0.028	0.213
学历	0.264***	0.031	0.334***	0.053	0.217	0.318
是否从事旅游	1.108***	0.302	0.824***	0.217	0.662	0.477
先赋因素	0.076***	0.013	0.389***	0.032	0.057*	0.043
现代化因素	0.101**	0.151	0.059**	0.021	0.180	0.237
经济发展因素	0.461*	0.334	0.673***	0.118	0.244	0.386
政策因素	0.545**	0.203	0.371***	0.161	0.533*	0.404
常数项	-12.35***	2.24	-16.77***	3.74	-6.89***	1.109
-2对数似然值	221.35		287.67		243.12	
Cox & Smell R^2	0.544		0.563		0.499	
Nagelkerke R^2	0.787		0.694		0.576	

注：*、**、***分别表示在10%、5%、1%的水平上显著。

表6-9　　　　　　　　　　城市特色物质文化模型估计结果

变量	饮食文化		服饰文化		环境文化	
	系数	标准误	系数	标准误	系数	标准误
性别	0.311	0.423	0.447	0.536	0.178	0.362
民族	0.445	0.412	0.323	0.378	0.274	0.471

续表

变量	饮食文化		服饰文化		环境文化	
	系数	标准误	系数	标准误	系数	标准误
年龄	0.142***	0.017	0.265***	0.033	0.674***	0.097
学历	0.893***	0.101	0.764***	0.067	0.694***	0.107
是否从事旅游	0.987***	0.213	0.764***	0.116	0.574***	0.098
先赋因素	0.132***	0.024	0.227***	0.041	0.099***	0.012
现代化因素	0.448***	0.054	0.156***	0.044	0.254***	0.032
经济发展因素	0.237***	0.065	0.279***	0.027	0.364**	0.161
政策因素	0.398***	0.076	0.761***	0.084	0.601***	0.103
常数项	−8.66***	1.35	−22.34***	2.89	−14.53***	2.09
−2对数似然值	231.89		210.43		255.31	
Cox & Smell R^2	0.399		0.603		0.744	
Nagelkerke R^2	0.481		0.783		0.664	

注：*、**、*** 分别表示在10%、5%、1%的水平上显著。

在城市景区化方面，四个影响因素对城市特色物质文化的估计结果基本上都显著，但也存在一些不显著的。首先，在城市景区化的先赋因素方面，除了居住文化是在10%的显著性水平上通过实证检验之外，其他都是在1%的显著性水平上通过实证检验。这说明城市景区化进程中城市的建设状态、外在景观、内在生态等都影响到了物质文化，只是对居住文化的影响相对较小。在城市景区化的现代化影响因素方面，除了居住文化不显著之外，其他回归结果全部显著，都通过了实证检验，这说明知识普及化、工业化、全球化、市场化以及城市化的推进，都深深影响到了物质文化。在经济发展因素方面，除了居住文化不显著之外，其他的因素也都通过了实证检验，这与我们理论分析的内容基本一致。在政策因素方面，物质文化全部通过了实证检验，但居住文化只在10%的显著性水平上通过了检验。以上实证结果基本上验证了本书的理论分析以及假设，城市景区化进程中，各城市通过旅游开发、景区联动、政策支持等多重因素影响着文化的现状。

第三节　城市景区化对城市特色制度文化的实证检验

一、城市景区化对城市特色制度文化的研究假设

城市的特色制度文化既包括家庭制度文化、经济制度文化，也包括政治制度文化。就家庭制度文化而言，在城市景区化进程中，其受到来自各方面的冲击，当地的居民或者政府也在潜移默化中受到了影响，且随着思想的变化，有些家庭制度文化有可能会被遗忘或者放弃，而有的文化可能会被保护和培育。因此，城市景区化对城市特色文化中的家庭制度文化具有双重影响。且在城市景区化进程中，各种现代化的因素和市场化的因素也会涌入，这对城市传统的特色文化会造成一定的冲击，尤其是对婚姻文化、代际关系等。因为城市景区化的最直接目的就是通过旅游来带动区域经济发展和城市文化建设，满足城市居民和游客的多元需求，因此，城市特色经济制度文化最容易受到城市景区化的影响。一般情况下，经济制度文化包含所有制、私有经济、集体经济等，确切地说就是包括产权、契约等形式在内的制度。从城市景区化的各个影响因素来看，在城市景区化进程中，尤其面对现代化因素和经济发展因素的影响，城市的经济制度文化也会发生重要变化，而城市景区化很有可能将市场的契约与合作精神融入当地，鼓励当地互惠协作的城市特色经济文化的发展，这是城市景区化过程中很重要的推动力量。城市景区化进程中，不同的行动者之间形成的政治制度文化不仅具有自身的特点，同时也是影响城市特色文化保护和培育的重要因素。通常情况下，政治制度文化包括法律制度、体制、规则、法规、惯例等。城市景区化进程中，各种因素会交相影响城市的制度体系，尤其是法律制度文化，因为在城市景区化的推进中，往往容易产生矛盾，面对不同的法律诉求，可能会导致该地区的法律文化发生变化。因此，在一定程度上，城市景区化有利于推动该城市在法律、体制、规则等形式上做出进一步的创新，以此来满足经济社会发展的需要。综上所述，本书提出待检验的假设。

H2：城市景区化在整体上有利于城市特色制度文化的保护与培育，但不同城市景区化的影响因素对城市特色制度文化的影响存在差异。

二、变量的选取与模型设定

本节核心变量为城市景区化以及城市特色制度文化。在城市特色制度文化的调查中，本书主要选取了家庭制度文化、经济制度文化和政治制度文化，这三个方面也会涉及人们的日常生活，因而选取这三个方面具有一定的代表性。

三、估计结果与分析

表6-10是城市景区化对城市特色制度文化的实证结果。从个人特征来看，性别和民族两个变量都不显著，说明性别和民族的差异对城市制度文化的影响并不明显。而在年龄方面，实证检验结果都显著，这说明随着年龄的增长，人们对制度文化的认知也在发生改变。在学历方面，实证检验结果都显著，这也说明高学历的人相对于低学历的人在制度文化认知上存在较大差异，这可能是因为受教育程度越高，对文化的内涵理解就越深厚，尤其是对制度的理解，因为制度本身就具有一定的复杂性，教育程度较低的人很难真正理解具体的制度文化。在是否从事旅游业方面，实证检验结果都显著，这说明从事旅游业的人员相对于不从事旅游业的人员来说，在对物质文化认知上产生了差异，因为其本身就从事旅游相关的工作，所以更能体会到制度文化的变化。

表6-10　　　　　　　　　城市特色制度文化模型估计结果

变量	家庭制度		经济制度		政治制度	
	系数	标准误	系数	标准误	系数	标准误
性别	0.409	0.378	0.380	0.541	0.574	0.496
民族	0.069	0.153	0.094	0.210	0.162	0.334
年龄	0.147***	0.035	0.377*	0.201	0.144***	0.037
学历	0.697***	0.113	0.598***	0.091	0.354***	0.054
是否从事旅游	0.477***	0.113	0.218*	0.165	0.534**	0.221
先赋因素	0.291***	0.034	0.453***	0.056	0.276	0.321
现代化因素	0.554***	0.067	0.498***	0.074	0.312*	0.212

变量	家庭制度		经济制度		政治制度	
	系数	标准误	系数	标准误	系数	标准误
经济发展因素	0.668***	0.108	0.783***	0.076	0.344*	0.201
政策因素	0.165**	0.061	0.573***	0.071	0.217	0.387
常数项	-7.36***	0.87	-11.62***	1.09	-19.06***	3.44
-2 对数似然值	217.54		238.95		211.01	
Cox & Smell R^2	0.377		0.498		0.631	
Nagelkerke R^2	0.883		0.786		0.640	

注：*、**、*** 分别表示在 10%、5%、1% 的水平上显著。

在城市景区化方面，四个影响因素对城市特色制度文化的估计结果基本上都显著，但也存在一些差异，先赋因素和政策因素对政治文化的影响不显著，而现代化因素和经济发展因素对政治文化的影响都在 10% 显著性水平上通过检验。具体来看，在城市景区化的先赋因素方面，除了政治文化没有通过实证检验之外，其他都是在 1% 的显著性水平上通过实证检验。这说明城市景区化进程中城市的建设状态、外在景观、内在生态等都影响到了制度文化，因为家庭制度文化与经济制度文化是人们日常生活中接触最多的，亲身感受比较强烈，因而在人们的直观感觉上更有显著性。在城市景区化的现代化影响因素方面，除了政治文化的结果在 10% 的显著性水平上通过实证检验之外，家庭制度文化和经济制度文化都在 1% 的显著性水平上通过实证检验，这说明知识普及化、工业化、全球化、市场化以及城市化的推进，都深深影响到了制度文化，但由于家庭制度文化和经济制度文化是人们最常接触到的文化，因而结果更为显著。在经济发展因素方面，除了政治文化的结果在 10% 的显著性水平上通过实证检验之外，家庭制度文化和经济制度文化都在 1% 的显著性水平上通过实证检验，这主要是与我国的居民平常参加政治活动过少有关，所以对家庭制度文化和经济制度文化更为敏感。在政策因素方面，除了政治文化没有通过实证检验之外，其他都通过了实证检验。这说明在城市景区化进程中，各地城市在政策支撑上更侧重于对经济的支撑，这也与我们的理论分析部分一致。以上实证结果基本上验证了本书的理论分析以及研究假设，在城市景区化进程中，各城市通过旅游开发、科学规划、景区联动、政策支持等形式，深深地影响着制度文化的发展。

第四节　城市景区化对城市特色精神文化的实证检验

一、城市景区化对城市特色精神文化的研究假设

城市特色精神文化是更高层面的文化，它是人类各种意识观念形态的集合，主要体现在文学艺术、道德修养等方面，具有潜移默化的特点。城市景区化进程中，对城市旅游功能的完善以及对城市旅游形象的提升，有利于充分挖掘和培育特色文化，打造旅游亮点，突出地域特色，而且还能通过对城市形象的改善、包装等，间接地影响知识的传播。而在旅游城市化的大力推广下，各个城市在吸引外地游客方面也下足了功夫，一方面，外地游客的增加会促进知识的交流传播；另一方面，本地城市的文化也会影响到外地游客。因而，城市景区化必然会对城市特色文化知识的传播产生重要影响。城市传统艺术文化是城市很重要的特点之一，但是由于受到现代化因素的冲击，很多新生文化逐渐进入现代人的生活视野，因此，城市景区化通过鼓励和培育城市传统艺术的发展，增加城市的人文气息和文化魅力，这显然保护了传统文化，又为旅游城市的建设作出了重要贡献。此外，那些在城市景区化中能够接受时代检验的传统艺术得以保留，其他不符合现代人口味的可能遭到淘汰，因而城市景区化对城市传统艺术的影响是双重的。城市的信仰文化是一个城市千百年来形成的一种特殊的精神，在漫长的历史进程中激励着当地人的进步与发展，就像中华文化的坚贞不屈、吃苦耐劳一样，在城市信仰文化的激励下，每个城市都有其独特的魅力。在城市景区化进程中，城市居民的生产生活方式、精神面貌、居民的内在气质、城市居民对未来生活的向往与期待等都是信仰的一部分。因而在城市景区化的进程中，城市信仰文化由于接触到一些现代化的因素，以及来自外地文化的冲击，也会逐渐进行融合。

城市景区化与城市居民的道德修养密切相关，在城市景区化的进程中，本地居民在地方政府的大力宣传下，往往具有主人翁的意识，当地居民为了维护好城市的形象，就不得不对自己的行为进行约束，给外地人以更好的印象，这符合当地居民和城市更长远的利益。因此，城市景区化有利于城市特色文化中

的城市道德文化部分的发展。城市景区化对城市传统习俗具有两方面的影响，一方面，城市为了吸引外来游客，以部分放弃传统习俗的做法来满足游客的需要，导致城市景区化破坏了城市传统习俗；另一方面，城市可能会把城市传统习俗当成重要的旅游资源来进行开发，达到吸引外地游客的目的，因而具有正面作用。传统节日作为一个地区独具特色的文化表现形式，在城市景区化过程中往往被当作旅游资源进行开发，并随着时代的变化增加了诸多趣味性和生活性，更具有生命力和吸引力，逐渐成为城市的文化名片，因此，城市景区化对城市传统节日文化的保护和培育具有重要的促进作用。综上所述，本书提出待检验的假设。

H3：城市景区化在整体上有利于城市特色精神文化的保护与培育，但不同城市景区化的影响因素对城市特色精神文化的影响存在差异。

二、变量的选取与模型设定

本节主要的核心变量为城市景区化以及城市特色精神文化。在城市特色精神文化的调查中，本书主要选取了知识传播、艺术保护、城市信仰、道德提升、传统习俗和非传统节日来代表。应该说变量的选取比较全面，因为它既包含了更高精神层面的意识形态，也包括非物质文化遗产的内容，基本涵盖了城市精神文化的全貌。

三、估计结果与分析

表6-11和表6-12分别是城市景区化对城市特色精神文化的实证结果。从个人特征来看，性别和民族两个变量都不显著，说明性别和民族的差异对城市精神文化的影响并不明显，这和对物质文化和制度文化的结果一样。而在年龄方面，实证检验结果都显著，这说明随着年龄的增长，人们对精神文化的认知也在发生改变。在学历方面，实证检验结果除了传统节日外都显著，这说明高学历的人相对于低学历的人在精神文化认知上存在较大差异，这可能是因为受教育程度越高，对文化的内涵理解就越深刻，精神文化带有意识形态的东西，是物质文化的升华，受教育程度越高的人更容易能够在精神文化上有获得感。在是否从事旅游业方面，实证检验的结果都显著，这说明从事旅游业的人员相对于不从事旅游业的人员来说，在对精神文化认知上不同，从事旅游工作的人员，

由于其所从事的工作与文化工作相关，尤其是在精神文化上，因而结果都显著。

表6-11　　　　　　　　城市特色精神文化模型估计结果

变量	知识传播		艺术保护		城市信仰	
	系数	标准误	系数	标准误	系数	标准误
性别	0.114	0.178	0.221	0.542	0.217	0.389
民族	0.331	0.424	0.237	0.359	0.167	0.416
年龄	0.177***	0.034	0.210**	0.043	0.109***	0.012
学历	0.388***	0.054	0.489***	0.027	0.113*	0.061
是否从事旅游	0.893***	0.097	0.764***	0.074	0.561***	0.055
先赋因素	0.676***	0.089	0.539***	0.067	0.145**	0.057
现代化因素	0.539***	0.078	0.336***	0.061	0.108*	0.076
经济发展因素	0.774***	0.022	0.541***	0.065	0.165**	0.067
政策因素	0.327***	0.056	0.436***	0.065	0.265**	0.101
常数项	-15.44***	3.12	-11.56***	2.78	-9.96***	2.31
-2对数似然值	208.44		251.09		233.67	
Cox & Smell R^2	0.699		0.297		0.530	
Nagelkerke R^2	0.483		0.389		0.641	

注：*、**、***分别表示在10%、5%、1%的水平上显著。

表6-12　　　　　　　　城市特色精神文化模型估计结果

变量	道德提升		传统习俗		传统节日	
	系数	标准误	系数	标准误	系数	标准误
性别	0.278	0.312	0.299	0.317	0.459	0.645
民族	0.367	0.442	0.298	0.374	0.411	0.533
年龄	0.224***	0.043	0.187**	0.072	0.271***	0.025
学历	0.433***	0.065	0.154*	0.097	0.276	0.331
是否从事旅游	0.874***	0.098	0.765***	0.106	0.553***	0.077
先赋因素	0.063*	0.044	0.297***	0.048	0.134***	0.031

变量	道德提升		传统习俗		传统节日	
	系数	标准误	系数	标准误	系数	标准误
现代化因素	0. 246 ***	0. 037	0. 076	0. 133	0. 103 *	0. 067
经济发展因素	0. 531 ***	0. 069	0. 132 *	0. 091	0. 145 *	0. 113
政策因素	0. 365 ***	0. 062	0. 176 *	0. 135	0. 239 *	0. 186
常数项	− 10. 44 ***	1. 76	− 8. 97 ***	1. 10	− 7. 66 ***	0. 89
− 2 对数似然值	271. 35		219. 44		226. 83	
Cox & Smell R^2	0. 394		0. 782		0. 683	
Nagelkerke R^2	0. 663		0. 453		0. 594	

注：*、**、*** 分别表示在 10%、5%、1% 的水平上显著。

在城市景区化方面，四个影响因素对城市特色精神文化的估计结果都显著，但也存在一些差异，尤其是针对城市信仰、传统习俗和传统节日的影响，相较于其他精神文化影响要偏小。具体来说，在城市景区化的先赋因素方面，实证检验结果都显著，但是道德提升在 10% 的显著性水平上显著，而城市信仰在 5% 的显著性水平上显著，其他都在 1% 的显著性水平上显著，这说明城市景区化在推动城市知识文化传播、推进艺术保护以及传统习俗和传统节日的保护方面起到了较大的作用，因为这些精神文化与景区化的先赋因素息息相关。在城市景区化的现代化影响因素方面，除了传统习俗文化不显著之外，其他都通过了显著性检验，但对传统节日和城市信仰的影响则在 10% 的显著性水平上通过实证检验。相较于其他精神文化，城市景区化的影响相对较小。这说明全球化的发展，以及市场化改革的推进，在一定程度上冲击了我们的传统文化。在经济发展因素方面，除了传统习俗没有通过显著性检验之外，其他都通过了实证检验，但传统节日在 10% 的显著性水平上通过实证检验。随着经济的发展，西南民族地区各城市在传统习俗和节日上受到了一定的冲击，这也与当今国外的节日在中国的流行有关，而在其他方面，城市景区化则是较好地推动了知识文化的传播，有利于艺术的保护。在政策因素方面，除了传统习俗和传统节日在 10% 的显著性水平上通过检验之外，其他的因素都在 1% 的显著性水平上通过检验。这说明在城市景区化进程中，各地的政策主要集中在知识传播、艺术保护等方面，而在传统习俗和传统节日的关注上不够。以上实证结果基本上验证了本文的理论分析以及研究假设，这也为我们提出合理化的政策建议提供了参考。

第五节　城市景区化对城市特色文化
保护与培育的结论与讨论

上述实证检验的结果基本上验证了本书的理论分析以及研究假设，城市景区化在整体上有利于推动城市特色文化的保护与培育工作，但是在个别因素上也存在一定的差异。本节就围绕在实证研究中出现的比较典型的三个结果进行讨论。第一，关于城市居住文化。由于一个地区的居住文化是在漫长的历史当中形成的，在短时间内很难改变，因为居住方式具有一定的特殊性。当然，城市景区化进程中，大规模的城中村改造项目也影响着当地居民的居住方式和生活方式，以前属于当地特色的住宅可能就要被统一改造成楼房，而当地的人们可能一时间接受不了这种居住方式，因而对当地居住文化产生不利影响，但总的来说，要想保护和培育好居住文化，需要科学地规划，从长计议，不能为了图一时的发展而毁坏了城市的独特文化。第二，关于城市政治制度文化。从回归的结果来看，城市景区化对其影响较小，而对家庭制度文化和经济制度文化影响较大，这说明在中国悠久的历史当中，形成了一种人与人、人与组织、组织与组织之间的关系，但并没有随着城市景区化的推进而发生大的改变。当然，随着经济的快速发展，政治制度文化，尤其是法律、体制、规则等，最好还是能够形成与经济发展相适应的政治制度，这样才有利于互相促进，增强地区的发展活力。第三，关于传统习俗和传统节日。随着城市景区化的发展，一些现代性的因素或者外来的因素成为影响传统习俗和节日的主要原因。这主要是伴随着经济全球化，一些外来的节日迅速得到了年轻人的喜欢，而他们对我国自身的传统节日则没有那么重视。面对这种局面，我们也要秉持辩证的态度，不能一刀切地否定外来节日，但一定要保护和培育好传统节日，因为这才是中华民族的瑰宝。

本 章 小 结

本章首先基于实地调研的框架，阐明了实地调研的目的和意义，阐释了调研的创新点以及调研的方法，在此基础上，制定了切实可行的调研内容。其后对调查问卷的设计，且通过预调研的形式，对调查问卷进行了适当的修改，目的是更好地完成调研工作。在实地调查的基础上，我们对问卷进行了整理工作，并对数据进行了预处理。紧接着，本章根据第五章理论机理部分，提出了研究假设。在此基础上，本章基于多项 Logit 模型的基本原理，根据本章数据的主要特点，构建了多项 Logit 模型，并对本书进行了实证检验。实证检验的结果基本上验证了理论机理和研究假设，即城市景区化在整体上有利于推动城市特色文化的保护与培育工作，但是针对城市景区化的个别因素，实证研究结果呈现出差异。通过实证检验，本章对理论部分进行了回应，也让我们看清了现实中存在的一些问题，为我们提出更为科学的政策建议提供了现实依据。

第七章

城市景区化进程中西南
民族地区城市特色文化
保护与培育路径

城市文化特色通常既包括外在形象也包括内在素质，其中，城市的外在形象由自然地理环境、城市空间格局、历史遗迹等构成，具体到个体则是由建筑物、自然环境、道路等构成。城市的特质有很多组成部分，包括生活习俗、精神风貌、经济状况、社会秩序等，而这其中，文化起着决定性的作用。

城市特色文化更具体来说是一座城市文化积淀的外在表现形式，是一座城市内在气质的外部呈现。一般而言，一座城市的文化特色越鲜明，就越能赢得世人的赞誉。有一种相对共识的观点是，文化特色与地理因素、经济因素相比，对一座城市魅力的形塑具有决定性意义。一座城市有了独特的个性，才会具备独特的魅力。如洛杉矶被贴上"影视之都"的标签、维也纳被誉为"音乐之都"、巴黎被称为"时尚之都"等，正是因为由于其独一无二的文化特色，才获得世界盛誉。因此，文化特色是一座城市文化魅力之所在，也是城市文化的生命力所在，有城市文化特色的城市才具有灵魂。

城市特色文化生成的最重要变量就是时间，而我国城市的发展具有悠久的历史，各个地区的城市特色文化也具有明显的时间和空间的特点。也正是在时间和空间中，城市特色文化被生产和再生产出来，它是一代又一代市民智慧的结晶与传承。在中国很多具有一定历史底蕴的城市里（当然也包括西南地区的城市），街道、河流、砖墙、石地等装饰得丰富精美，其背后体现出的是当地居民对美好生活的向往及具体的文化感悟。城市居民结合自己的生活经验与感性认知，酝酿出丰富的艺术形象，创造了不同的环境意象，从不同的视角呈现出中华上下五千年的绚烂文化与历史生命力。

但是，城市不同于一件简单的艺术品，人们可以在一定时期维持一些历史建筑的稳定和不变，有些文化部分或局部地区仅会发生缓慢的变化，但总体来说，城市始终处于动态的建构之中，因为城市中的人始终是最活跃的因素。一个具体时代的城市居民对城市特色文化的建构，尽管会受到历史、空间、周围环境等多种因素的影响，但同时，他们的具体行动还是会产生重要的影响。一个简单的例子就是，数千年的古城墙与古文化遗址，可能会因为一次武断的人类事件就被摧毁掉。

总之，有许多原因导致城市特色文化具有重要的价值，而城市特色文化一方面会随着时间而发生变化，因而需要被保护；另一方面，城市特色文化是历史的建构者和形塑者，因而为了特定的目的需要进行培育。尽管西南地区城市特色文化具有自身的历史、地埋、生态坏境、民族等，但在城市特色文化的保护和培育方面与其他地区具有共性。因此，本书后面部分提出的对策建议会基于西南城市特色文化培育的现状、条件和存在的问题给予相应的对策建议，但也会兼顾一般意义上的城市特色文化的保护和培育的观念、理念和思路等内容。因此，本部分的对策建议具体用到的学科知识包括政策科学、城市规划、历史文化学、管理学等。

本书的第四章提出了西南民族地区城市特色文化保护和培育的作用机理模型。这个模型的优点是融合了主观和客观、结构与行动、时间与空间等多个维度。也就是说，政府出台政策的背景、目标和需要解决的问题都体现在模型之中，因此，本书的对策建议也主要是根据这一理论框架来进行，见图 7 - 1。

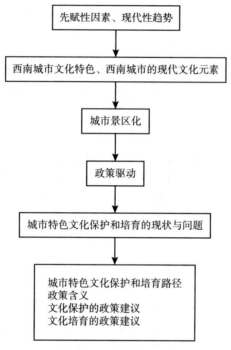

图7-1　城市特色文化保护和培育的理论脉络

第一节　城市景区化的政策含义

一、城市特色文化保护和培育的政策内涵

文化资源与文化遗产是一座城市最宝贵、最独特也是最有价值的文化优势。时至今日，当我们仔细环顾世界各地综合实力雄厚的城市时就会发现，这些城市中的绝大多数都有着非常深厚的历史文化积淀。作为一种难以简单复制的稀缺资源，城市特色文化不仅使这些城市享誉全球，同时也为城市文化的繁荣与发展提供了永不枯竭的艺术营养和文化基因。

有学者将"文化"对于"城市"的意义概括为六个方面。（1）城市文化保存城市记忆。城市自己当然不会记忆，记忆的主体是城市居民。生活在一个城市的居民，他们的事业、婚姻、家庭、日常生活等都属于这座城市，这座城市的记忆与他们的生命历程融为一体。因此，城市记忆在很大程度上就是他们自己的记忆，而城市文化记忆最好的保存方式就是文化，这是城市获得居民满意、认同的最主要来源，也是城市凝聚为一个整体的关键要素。（2）城市文化明确城市地位。文化本身是意识形态，既是城市居民生存和发展面貌的折射，更是满足人的更高层次需求的重要内容。人类是大型群居动物，天然具有相互交流的心理、情感、审美等方面的需求，而文化恰恰是交流的媒介。因此，城市文化的特点、形式、内涵、丰富程度、层次性、历史性、现代性等特征，是决定居民（尤其是非城市居民）是否对其产生兴趣的一个重要原因。（3）城市文化决定城市品质。随着全球城市化进程的加快，越来越多的城市成长起来，但不同城市的发展程度、发展质量以及整个城市的生命力均有较大差别，这些可以用城市品质来进行概括。而城市文化是城市的上层建筑，因而是城市经济、社会、政治等发展的最稳定表现。（4）城市文化展示城市风貌。一个城市的样子固然很容易从外在来进行初步判断，城市的建筑、街道、基础设施、绿化、湖泊等能够给人直观感受，但是当一个人还想要更多了解这座城市，尤其是想在此居住和生活时，文化才是他（或她）认识城市全貌的关键，这两者相当于是外在和内在的关系。城市的外在可以表现内在，但内在决定了外在。（5）城市文化塑造城市精神。城市精神相当于是城市的气质，它决定了城市在面对一切事情和问题时的应对方式，而这种气质主要来自城市文化的赋予。（6）城市文化支撑城市发展。城市文化除了可以作为城市发展的软实力，其伴随的文化产业对城市经济发展的贡献也越来越明显，这一点，从西南地区的文化旅游行业对城市 GDP 的贡献中可以很明显的看出。

但是，想要提升城市文化（尤其是特色文化），就必须对城市文化当前的底蕴、特点进行认真分析、感受、体会和研究，在此基础上找到切实可行的方法进行精心保护与大力弘扬，逐步推进。因此，我们对城市文化遗产的保护应该保持足够的重视，同时也要重点关注城市文化的创新，两部分都不应该松懈。

二、城市特色文化保护和培育存在的问题

在经济全球化背景下，各地城市特色文化的相当一部分是城市的历史传统文化，其出现了消褪的迹象。城市特色文化在发展中存在的问题可以概括为以

下几点。（1）城市建设利益化倾向。其结果是城市建设过于重物质而轻文化，重表面而轻内在，重经济回报而轻社会效应。（2）城市文化粗鄙化倾向。表现为洋风、媚俗、跟风等现象文化泛滥，挤占优秀特色城市文化的生存空间。文化粗鄙化的直接目的是迎合部分市民的低级趣味，虽然也能够带来一些新鲜感和刺激，但实际上对城市"以文化人"的目的产生的是负面影响。（3）城市景观浅薄化倾向。很多地方政府非常重视城市文化建设，它们的建设"抓手"就是城市景观，他们试图通过一些地标建筑来提升城市形象。但是城市特色文化之所以存在，就是因为它是人们共同创造并使用的符号系统，而不是简单的景观化，这是一种对城市文化建设的肤浅、慵懒认识。（4）城市形象趋同化倾向。很多时候，城市特色文化是什么，这是一个需要长期探究、发现、甚至是主动去培养的过程，但是很多地方政府急于求成，急于复制成功经验，造成的结果是城市形象的趋同化。（5）城市历史虚拟化倾向。城市的历史是这座城市的基因，是城市特色文化的最主要来源之一，但是很多地方政府仅仅将城市历史装进橱窗便以为完成了文化保护的工作，其结果是历史文化越来越虚拟化，远离城市居民，最终被逐渐淡忘。（6）城市消费奢华化倾向。城市是一个人群集中的地方，商品发达，生活方式多元。西南地区城市文化在发展过程中，随着居民生活水平的提升，消费也逐渐变得奢华，这与当地传统的朴实之风相去甚远。（7）城市休闲娱乐低俗化倾向。随着城市化进程推进，与现代性相关的城市现代文化很快占据主导地位，传统的城市特色文化逐渐边缘化，而新的文化又是以消费、刺激、娱乐等为导向的，满足的是人的表面需求。但是，与现代社会相伴随的更高层次的文化，如书香文化、科技文化、思想交流、艺术审美等，又远超不同市民的购买能力和鉴赏能力，结果是只能退而求其次，寻求居间的、易得的、及时的低俗娱乐文化。

三、城市特色文化保护和培育的政策目标

过去西南地区城市特色文化的保护和培育的直接驱动力是城市景区化。城市景区化的基本思路是同时考虑城市自身发展需要和城市旅游经济增长的需求，以及城市居民和游客的利益，通过旅游及相关产业发展打造一个整体的旅游文化氛围，从而推动城市向现代旅游城市发展和转型。虽然有一些经济利益考虑和实用主义倾向，但确实对城市传统文化、历史文化有诸多保护，甚至刻意营造了一些可供"消费"的城市特色，推动了地区经济社会的发展，城市

居民也切实享受到了发展的红利。

总体而言，西南地区城市文化特色相对鲜明，历史人文色彩、民族地域风情、城市形态与城市居民的精神面貌，都给游客留下了深刻的印象。但是，城市景区化过于强调城市文化的经济变现，结果使得城市特色文化的保护和培育工作变得表面化、肤浅化和碎片化。最主要的问题是，城市特色文化的保护和培育本身成为工具和手段，而不是目的。在前文已经分析过，城市文化对整个城市的功能的影响上，直接的经济效应仅仅是其中的一个方面。也就是说，当前西南地区城市文化保护和培育工作不能放在旅游之下，即"诗"（文化）和"远方"（旅游）的关系不应该是手段和目的的关系，而应是一个相互促进的自然过程。我们不否认，城市特色文化是旅游城市建设的最主要依靠，但是城市文化对一个城市来说是最核心的竞争力和内在特质，其给整座城市及居民带来的各种政治、经济、社会、文化、社会、环境等的效应是长期的，潜移默化的，会影响整个城市未来数十年，甚至是上百年的发展走向。而旅游城市的建设仅仅是功利的，短期的，即时性的，因此也是易逝的。城市景区化当然应该在城市特色文化中汲取最主要元素，但从本质上讲，两者是长期利益和短期利益的关系。

因此，本书关于城市特色文化保护和培育路径的研究，虽然从不否认和逃避其基本目的就是挖掘更具特色的旅游文化资源，进一步推动旅游城市的发展，但更重要的是，抛开旅游变现，从社会发展变迁规律的视角来探讨如何推动城市文化更好地保存、延续和更新。换言之，城市特色文化保护和培育的政策目的，除了抢救和保存濒危的文化遗产，还要通过政府引导、市场推动、市民参与、社会整合等方式，实现城市文化的凝聚和再生。从这一意义上讲，城市特色文化的保护和培育不再是工具和手段，而是整座城市和成熟居民最核心的诉求，它不是用来展示的窗口，也不是用来印钞票的机器，而是活着的文化。

把城市文化还给城市和居民，是城市特色文化保护和培育最主要的政策目标。它不只是用来实现旅游资源的开发，更是政府为整座城市和居民馈赠和创造的最宝贵财富。政府必须要有这样的远见，至于这样的结果是否能够给城市带来更多的经济财富，那是旅游开发部门（尤其是发展改革委员会）应该考虑的问题。换言之，城市特色文化的保护与培育是主线，城市旅游开发应当在这条主线上做文章，而不是本末倒置。

四、城市特色文化保护和培育应避免的陷阱

城市特色文化中的"特色"既是客观的，同时也可以是主观的。比如，社会主义核心价值观中"富强民主文明和谐、自由平等公正法治、爱国敬业诚信友善"中的有些内容，可以说是中国特色社会主义已经具有的鲜明特征，而另一些是正在建设中力求达到的价值诉求。同样，西南地区城市文化中具有一些鲜明的特色，但是如何把这些"特色"挑选或概括出来可能是一件令地方政府非常头疼的事情。

一般而言，城市具有鲜明特色的文化部分应该进行重点保护，但保护不是机械地保护，相对而言，这部分工作更容易推进一些。难点在于那些现代文化元素部分，很多是城市文化的一部分，但是政府应该如何对待它们？一旦选定其中一部分作为城市特色文化保护和培育的重点，就会面临不同文化的融合问题。

中国中部、东部很多城市几乎没有历史文化特色，因而城市特色文化主要汲取的是现代城市文化。而西南地区城市具有鲜明的地域、历史和民族特点，因而城市特色文化主要从这一部分汲取资源。但是城市现代转型的一个重要内容就是居民对现代城市文化的接受和吸纳。这意味着，地方政府采取政策需要同时满足这两者，既要保护和培育传统历史文化，又要满足人们现代的文化诉求，其中就存在巨大的冲突。

更具体而言，城市特色文化保护和培育应避免陷进以下几个方面：（1）"无地方性"城市空间的增加。当城市特色文化的保护和培育脱离社区和群众的时候，往往只能靠政府的一些项目来勉强维持，而随着城市空间的拓展，这些"地方性"空间逐渐会被"无地方性"空间所包围，并逐渐淹没。换言之，城市特色文化的保护和培育如果仅仅依靠政府的有限资源和行动，依靠"守"而不是主动去"培育"和"占领"，那么结果就是越来越"无地方性"。（2）"千城一面"的现象日趋严重。城市特色文化保护和培育是一项非常艰难而漫长的工作，而很多政府急于求成，既缺乏深入而广泛的调研和摸底，又缺乏专业的知识指导，仅仅靠模仿力图完成这项工作，结果只会导致城市之间的重复性，这一点在西南地区城市中也非常普遍。（3）城市规划缺少对文化特色的维护。目前，西南地区城市规划更多考虑的还是"功能"而不是"文化"，换言之，城市规划和城市特色文化保护是一种相对独立、缺乏沟通的工作状态。当地方

政府和公民非常重视城市某些特色文化内容时，甚至整个城市规划都会为文化的保护而让路。这一点，越发达的城市做得越好，上海、北京等城市就是很好的例子。这恰恰也说明，城市如何进行规划是西南地区城市建设今后需要考虑并予以解决的问题。（4）建筑设计缺乏对文化内涵的理解。建筑设计和城市规划类似，更多考虑的是个人利益，缺乏整理协调的结果是，建筑无法体现文化的特点。（5）城市建设忽视对文化肌理的尊重。城市化的一个特点是使城市发展的历史进程加快，很多时候，其推进的速度让政府和居民来不及冷静地思考发展是否正在对文化肌理进行破坏，结果是很多城市特色文化遭到破坏。（6）"文化趋同性"取代"文化多样性"。城市特色文化的保护和培育其实从来都不主张只发展被列入"特色"的文化要素或文化元素，而是一种多元中又烘托出一些共同气质的东西，"特色"只是其中最"闪亮"的"星星"。相反，城市特色文化保护和培育的狭义理解，经常造成仅仅把眼光放在几个具体的"点"上，忽略了整体的多样性和丰富性。（7）"建筑性破坏"造成城市记忆缺失。政府往往不会意识到，一条城市古道的推倒和新铺，甚至是更改名字对整个城市和居民会造成什么影响。城市居民一旦习惯性失忆，结果是新建构的城市特色文化也会最终被忽略。（8）注重使用功能而忽视精神追求。不可否认，虽然西南地区城市化进程在不断加快，但整体发展水平依然相对落后，在对城市文化设施的诉求方面，"功能"优先于"精神"。随着人们生活水平的提高，整个城市进入新的发展阶段，对精神的需求便会提高，此时再对一些遭到破坏的特色文化进行修补和抢救，效果往往大打折扣。

城市特色文化保护和培育工作，很容易因为狭隘的发展观、眼前的利益、局部的考量、急于求成的心理等步入各种"陷阱"，只有用"发展"的眼光来看待，才能走出误区。

五、城市特色文化保护和培育的政策思路

通过上述分析，应该说对推进西南地区城市特色文化保护和培育工作，有了相对清晰的思路，从政策视角看，可以归纳为以下几点。

（一）突出城市文化的主体性

政策可以引导城市特色文化的保护和培育与城市旅游业的发展相结合，但需要明确的是城市文化本身是目的而不是工具，这项工作需要单独开展，相

反；旅游城市的建设应该在城市文化保护和培育的整体框架下进一步推进。

（二）整体规划与自主探索相结合

城市特色文化既可以是政府主导和推动的结果，也可以是居民自主探索的内容。一方面，整个西南地区的特色文化具有一些共性特征，其他地区的居民对西南地区的整体印象决定了城市文化的规模效应，因而政府应该进行一定程度的统一规划；另一方面，西南地区各个城市之间又是有差异的，也需要一定的竞争，从而实现区域内的良性发展，因此，应当给地方以足够的自主探索空间。

（三）理论与实践的往返

本书提出了西南地区城市特色文化保护和培育的框架，可以为制定具体的政策提供一些思路，但是具体每一种方式和思路在现实中又会遇到各种难以推进的问题。在实践层面，地方政府和居民固然需要突破一些东西，比如眼前的利益，但是一些内生性的矛盾只有在实践中才能显现出来，这就需要反馈回理论层面（思维层面）进行完善，重新调整一些具体政策。

（四）变化与发展的眼光

布尔迪厄在《教育、社会和文化中的再生产》中提出了"文化再生产"的概念，并在书中详细分析了资本主义文化制度如何在人们的观念里制造出以维护现存社会制度的意识，从而使现存的社会结构和权力关系被保存下来，即被再生产出来。他的基本观点其实是认为文化处于一个不断的生产、再生产过程中，并在这一过程中不断发展变迁。这是文化变迁的客观规律，不以人的意志为转移，因此政府在制定政策的过程中也要用"发展"的眼光来看待文化现象，并给予指导实践。

（五）政府引导与多主体参与

城市文化保护培育的责任主体在形式上为地方政府，但是实际的行动主体并不是（也不应该仅仅是）政府。事实上，政府的财政、人力、法规资源都很有限，以政府为单一行动主体推动的保护和培育工作往往会导致碎片化结果。城市严格来说不具有独立的人格，具有人格的是政府和全体城市居民，如果城市特色文化都不为城市的主人所认同，那所有的工作都将失去最重要的意义。城市居民对城市文化最有感受，也最有发言权，但他们是一个个松散的个体，也缺乏整体的意识，因此需要政府进行引导和激发。西南地区城市特色文化的保护和培育工作，必须要调动居民的参与，因为其历史性、地域性、民族性特别鲜明，这些不是政府可以简单保护和培育出来的。

（六）保护和培育互促

传统思维认为，城市特色文化的保护，就是将那些具有传统历史文化建筑和一些文化形式进行封闭性保护，尤其是对那些容易遭到破坏的文化遗迹进行重点修复和保护。当然，这是一种狭隘的文化保护，文化遗迹、文化形式固然重要，是文化的载体，但文化本身是抽象的，是人们共同建构和维系的符号和意义系统。传统文化能否延续的关键是文化本身是否被认同和使用，而让那些被狭义"保护"的文化焕发生机的基本方法，就是让居民参与到文化的保护和重新赋予意义之中。因此，城市特色文化的保护和培育是相互促进的。

（七）点面结合："乱中有序"

城市本身是一个空间，而城市居民是一个生活共同体，在这样一个空间中生活的群众有着复杂的文化现象，不同领域的文化具有不同特点，甚至同一领域的文化也存在诸多差异，结果是文化本身是丰富和多元的。城市特色文化的培育工作，首先就是解决一般和特殊的关系问题，一方面，人们希望维持文化的多样性与普遍性，另一方面，又希望文化具有独特性、差异性。这两者虽然具有矛盾，但也可以实现统一，基本策略就是点面结合，实现"乱中有序"。

（八）问题导向的纠偏

西南地区城市在发展过程中，受到城市景区化观念的驱动，中央政府推动了西部大开发战略，并推进了一系列文化保护项目，在改善城市面貌和文化保护方面取得了很大进展。但是，城市在发展过程中也存在破坏和忽视城市文化建设的诸多问题。因此，本书提出的一些对策建议，很大程度上是对前期问题的一种纠偏。政府工作具有延续性，这种延续性往往造成一些惯性，因此有必要对工作本身进行检视和反思。

本章试图提炼的西南地区城市特色文化的保护和培育路径，基本结构是从背景（政策内涵、问题、目标、存在的陷阱）到政策思路，再到城市特色文化保护和培育的具体对策。也就是说，具体的对策建议将基于"背景"，在

"思路"的指导下具体提出，后两部分将逐一列出详细的对策建议，如图7-2所示。

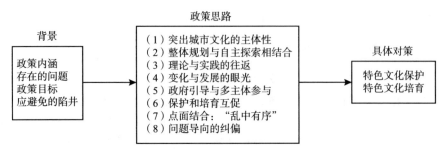

图7-2 西南地区城市特色文化的保护和培育路径

第二节 城市景区化进程中文化保护的政策建议

单霁翔（2017）曾指出，每一座城市都有特定的自然和地理条件与人文历史条件，它是物质文明与精神文明的集合。每一个历史城区的传统风貌都正是它的自然地理特征、人文历史特点的外在反映。他进一步解释，历史城的文化特征主要体现在三个方面。首先是城市的自然环境和地理环境以及古代城市遗址。它们以整体的、宏观的形象折射出其自身与其他地区历史城区的显著差异和鲜明的区别，是整个城市个性、形象、气质及地方特色得以产生的重要基础。其次是标志性传统建筑和文物古迹，包括楼阁、殿宇、庙、寺、坛、塔以及名人故居等，这些历史建筑均以个体的形式留存和散落在历史城区之中，真实而具体地呈现了城市历史发展的轨迹。最后是丰富多彩的风土民情和文化遗产，包括诗、书、绘画、音乐、戏剧、表演等艺术形式，以及在漫长的历史岁月中沉淀下来的衣食住行、人情交往、婚丧嫁娶等风俗习惯以及工艺特产和地方风味，体现出一方水土的独特性和地方性，其影响深远。

就城市历史街区的文化保护，具有以下几方面原因。（1）美学价值。老建筑和旧城区本身就拥有较高的文化价值，在本质上他们有着美的或"古董"的特征或特质，更具体地说，因为历史的古老性，其具有了稀缺性，进而具有了价值。（2）建筑多样性的价值。从中国目前的情况看，由于城市化迅速崛起，建筑的风格千篇一律，无论是材质、艺术设计、外形还是内部空间，基本都是单一的。而历史空间、历史场所给人的感受则是完全不同的，一个美的空间应该是多种建筑风格的组合并列，而不是简单为了满足功能的复制，这意味着其中任何一栋特殊建筑都难以达到这个效果。（3）环境多样性的价值。当城市生活过于同质化、单一化时，人们的审美也会变得单调乏味，生活的多元复杂性不足便会降低人对生活的期待，而城市历史文化街区则能够很好地弥补这一环。（4）城市的功能是多样性的，现代城市既需要商业街、写字楼、厂房、居住区，同样也需要休闲、娱乐、文化的休憩之地，城市历史文化街区的保护便是在维持城市功能的多样性。（5）资源的价值。里奇费尔德曾对"保护"给出了两个定义。一是检验自然或人文资源的耗费速度，二是检验人为资源如建筑的废弃（或效用降低）的程度。并且人们经过反复验证发现，仅仅从能耗的角度看，旧的建筑进行整治比全部推倒重建的经济代价相对要低很多，这样既减少了建造中能源和材料的消耗，也提高了资源管理的水平，但是目前人们过于追"新"，忽略了考虑价格机制，实际上很多旧建筑的修缮同样能达到新的效果。（6）文化记忆、遗产连续性的价值。历史遗迹、痕迹对人们建构文化认同感、实现文化延续等都具有重要价值，因为某个特定场所或个人有关的记忆具有非常重要的教育意义。从某种程度上说，这种对过去的诠释有助于明确当代社会与历史传统的关联性。（7）经济与商业价值。城市历史街区通常与旅游、休闲和消费联系在一起，人们往往来这里寻找不一样的生活方式，这里通常更有名气，甚至经常就是一座城市的文化标签，因此具有重要的商业价值。

文化保护的直接目的当然是防止城市特色文化遭到破坏。城市文化和大多数人类文明一样，建设和培育起来很难，往往需要漫长的过程，但是毁坏的速度是很迅速的。这也是为什么一定要精心保护建立起来的文化，最简单的道理就是文化培育的沉淀成本太高，而文化保护带来的边际效用则始终为正。本节在此处重新强调了文化保护的内容和意义，后面将结合西南地区城市特色文化的现状，运用城市特色文化的保护和培育路径模型，提出一些更具体的对策建议，以供相关部门参考。

一、特色识别：城市文化的摸底、调查与系统评估

在推进城市特色文化保护工作时，最为棘手的地方在于很难说清楚每个城市的具体文化"特色"是什么，哪些文化项目和内容需要优先保护，如何保

护则是相应的后续问题。但是，这个问题也不用过于纠结，通常意义上的城市"特色"文化，主要指的是传统历史文化、地域文化、民族文化以及相对应的物理实体或痕迹。通常，外部实体如城墙、道路、建筑物、河流、墓葬等能给人以直观感受，但是精神层面的文化特点难以琢磨，其识别较为困难。西南地区城市文化具有鲜明的民族特性，但随着时代的发展以及不同民族的融合，很多细小的、不为人所知的文化现象，如民族语言、服饰、诗歌、风俗习惯、建筑特色、节日、饮食等都在逐渐消失。因此，有些特色文化不仅需要被保护，甚至需要进行及时的抢救。因此，当我们在考虑如何更好地实现城市特色文化的维持、发展和带来经济效应的同时，首先要弄清楚哪些文化需要进入我们重视的范围。"特色"识别是一切城市特色化保护工作的起点。

具体而言，可以采取以下措施来进行：（1）成立专门的调查、评估团队。评估团队至少要有四类人参与：一是专家学者，他们有专业的知识、敏锐的视角，可以识别各种文化现象和文化消失的问题。二是外地居民，一个地区到底有什么特色，实际上需要一个参照系，而其他地区的居民从他们所属文化的视角进行比较，能够发现很多当地人习以为常的文化现象。三是当地居民，城市特色文化的识别、摸底与评估工作，必须要有当地居民的参与，他们是文化的直接践行者，对此最有发言权。四是政府相关工作和规划人员，处于政府核心规划工作和一线工作的公务员必须全面参与到文化的识别工作中去，只有这样，才能有更全面和更直观的认识，防止后期工作出现偏差。（2）经费保障。这项工作需要耗费大量人力、物力，因此需要充足的财政资源作为保障，所谓"磨刀不误砍柴工"，便是这个道理。（3）制定评估标准。首先，要建立文化识别的领域范围，建立一个系统的目录，然后逐一进行调查和分析。其次，要建立一个评估的具体标准，标准体系可以包括多重维度，如保持现状、风险程度、经济效益、物质与精神等。（4）进行拉网式调查。有些文化内容可以很快摸底清楚，另一些则需要花费很长时间，甚至是需要一些专业调查方法，并请当地能人志士帮助，甚至需要与当地居民生活一段时间。（5）建立城市特色文化保护的项目库。抽象的城市文化异常丰富，但是具体到某个城市的具体文化特色，完全可以梳理出来一个相对完整的清单。一旦有了一个可靠的、全面的清单，未来工作便有了抓手。（6）不定期的抽查与监控。因为城市文化发展得很快，许多文化现象会很快消失，因此需要进行不定期的调查和反馈，从而建立动态的数据库，进行实时跟踪。

二、专款保障：成立城市特色文化保护基金与管委会

西南地区城市经济的发展有三分之一与旅游及相关产业有关，这一点在本书第四章中已有说明。正因为旅游如此重要，所以目前出现的情况是，城市文化的建设完全依附于旅游行业。同时，旅游资源也很大一部分源自城市所具有的文化特色。这其中存在的一个问题是，旅游城市的定位是相对固定的，因为城市所具有的文化特色是相对固定的，结果会导致旅游城市的建设和文化保护的后劲不足。更严重的问题是，那些能够直接为旅游带来经济贡献的文化部分，如历史文化遗址等被保护得很好，而其他在短期内无法带来直接效应的文化部分难以获得持续的资源保障而被忽视，甚至是逐渐消失。因此，既然旅游产业对整个城市的发展如此重要，而城市特色文化对旅游业又更为重要，那么整个城市就很有必要从旅游收入中拿出一笔资金专门用于城市文化的保护。

基本思路是成立城市特色文化保护基金及监督管理委员会，专门讨论这笔资金如何使用，来更好推进城市特色文化的保护工作。有了这笔相对固定的资金，很多被忽视的文化部分可以得到很好的照顾。具体而言，可以做以下一些工作。（1）国家下拨的专项资金依然由地方政府及相关部门按照国家的专项要求进行落实，但可以考虑从旅游收入中拿出一定比例（具体比例可以讨论，如1%，也可以进行动态调整）成立专门的城市特色文化保护基金会和监督管理委员会，再加上政府，这三方相互协作，但独立运作。政府负责引导并提供基础信息，基金会主要负责项目的运作，监督管理委员会则具体监督每一笔钱的运行。（2）基金会的成立与人员构成。基金会可以完全按照现代基金会的运作方式运行，完全公益，除必要的行政人员外，可以由专家学者、城市文化名人、企业家、居民代表、文化遗产传承人等构成，其工作主要是考虑如何用项目和行动来对城市特色文化进行保护。基金会的工作非常重要，因为是长期、固定、独立和专业的运作，因而对城市特色文化的识别和具体保护工作的推进非常重要。（3）项目可以由组织申报、个人申报、政府申报或基金会主动选择一些保护项目来开展，最后获得资助的所有项目和账目将对社会进行公开。项目的具体实施可以是基金会自己，也可以委托的方式进行，但会对文化保护项目进行监管。（4）监督管理委员会不负责基金会的具体事务，但是对其人员更替和财务状况进行审核和评估，保证纳税人的钱真正用到实处。（5）基金会不定期进行项目的总结，重点审视文化保护项目在推动城市特色文化保护

方面的贡献和不足，及时查漏补缺。根据特定需要，可以对某些项目进行更多的投入。基金会的最主要目的，就是凝聚一批有志于文化保护的人士和专项资金来做一些文化保护的实事。

三、法治保障：制定城市特色文化保护的地方性法规

城市文化保护的很多工作之所以难以推进，一个很重要的原因就是没有法律依据。举一个很简单的例子，政府很难对一座寺庙周围房地产开发商的行为进行监管，政府很难要求所有街道的房子制作成协调一致的色彩或风格，政府很难要求民族小学必须开展哪些文化教学活动等。其实，问题不在于是否有一些政策条文，以及是否执行到位，而在于居民是否知晓和参与过。在构建城市特色文化的基础上，如何让居民参与到具体保护行动和制度构建中来，才是长久之计。

从法律、法规、政策规定的角度看，各级政府可以做许多事情来推动城市特色文化的保护工作。（1）省、市、县等各级政府要高度重视城市特色文化保护的立法工作，根据当地的实际情况，制定出基本的思路和方案。（2）公民要参与到城市文物的保护中来，可以通过立法建议、立法讨论、属地规则制定等多种方式，让居民参与其中，发表意见，提出文化保护的看法和好的建议。（3）制定的政策文本既要完备，又要精炼和明了，还要具有可操作性。在法规的制定过程中，可以先进行试点，看看实施中会存在哪些问题，然后根据实际情况进行调整，待到时机成熟，便可以逐渐推广到所有地方。这样可以降低风险，同时也可以使法律能够配合城市特色文化保护的具体需要。（4）对于违反城市特色文化保护的行为，可以进行一定程度的处罚。（5）但是如何保证各种破坏被及时发现，对破坏行为进行制止，这就需要鼓励和培育市民的主人翁意识和社会责任，只有他们意识到自己应该阻止别人破坏各种文化设施，才会真正起到公民参与监督和防范的作用。（6）法律建立完全后，还需要大力进行宣传和推广工作，人们只有知晓并认可了，才会逐渐自觉地遵守。

四、立体规划：实现城市特色文化保护统合与竞争

本书已多次强调，城市特色文化具有相对性，一个地区的所有城市具有一些共性文化特征，这与地理环境、历史传统、发展阶段等密切相关。但是，每

座城市也具有一些个性特征，即从地区的角度看一座城市与其他城市没有实质差别，但是从地区内部看，该城市与其他城市在某些细节上有很多不同。城市特色文化保护工作的一项重要内容就是进行整体规划，从功利的角度看，区域整体特色的维持会为整个地区带来更大的知名度和经济规模效应，结果是每座城市都因此获益。但也有可能出现的情况是旅游市场的非均衡性分割，区域内不同城市之间可能会为了"特色"而竞争，甚至是恶性竞争。因此，关于城市特色文化保护的规划，需要进行通盘考虑，立体设计。（1）国家层面需要对整个西南地区城市特色文化提出一个相对宏观的意见，这个意见既要概括出整个区域的城市文化最鲜明的特点，同时也要鼓励在同样特色的基础上实现城市在文化形式、文化内涵、文化产品上的多元化发展。（2）省、市政府一方面要落实中央划定的主线，另一方面也要具体推进一些工作，包括本区域更具体的指导工作。基本思路是鼓励多元化和适度竞争，但也要防止恶性竞争，防止随意跳出区域城市特色文化共性的大框架搞庸俗文化产业。（3）具体市、县在推进城市特色文化保护的工作中要有一个清晰的思路，不应急于求成，应在前期不断摸索的基础上逐步明晰规划，逐步推进，找到既符合区域文化气质，又具有自身文化特色的发展之路。

五、特色落地：构建城市文化公共空间与文化记忆

这一过程中经常出现的情况是，政府归纳、总结出了一些城市特色文化，但是这个被归纳出来的"特色"甚至不为他人知晓，更无法获得城市居民的广泛认同。其主要原因就是城市特色文化的建构完全是政府"既搭台又唱戏"，自然得不到其他人的回应。一个城市特色文化的活力，肯定应源自它被重视、被认同甚至是正在被实践，只有这样，才不至于被搁置并逐渐淡出历史舞台。其实，城市特色文化的保护最重要环节就是"特色落地"，如何落地？最直接的方式就是实现城市居民与城市特色文化的勾连，而这个勾连需要一定的空间和载体，这个空间和载体就是城市公共空间和文化空间。有了这样一个空间，城市居民的生活时间便搬入到这样一个文化情境之中，文化从而与城市居民联系起来。文化作为一种符号的意义系统，往往需要一些寄托或暗示，才会唤醒潜藏的记忆，而最好的唤醒自然就是"身临其境"。

因此，城市文化公共空间是实现城市特色文化"落地"的重要方式，在这方面，地方政府可以进行很多努力。（1）地方政府要高度重视公共空间的

建设，因为公共空间是城市居民感受和传播城市文化的最重要窗口。公共空间有很多种，包括封闭式的如建筑物，以及开放式的如文化广场、公园等，政府在城市规划和土地售卖中应充分考虑到这一点。（2）公共空间与城市文化的融合。目前政府做得比较多的是在城市开放空间中建一些地标，或文化创意雕塑，尽管也很有必要，但是其功效并不太大。城市的更多封闭性、小型的、社区层面的公共空间也应当成为城市文化保护的重要阵地。休闲和文化天然是一对"孪生兄弟"，当城市居民在这些公共空间放松和休闲时，也容易接受周围的文化现象。（3）城市公共空间的服务化、便利化。现在很多具有城市特色的文化空间，都采取收费的方式，各方面条件都很差，事实上，政府完全可以通过一些行动来推动城市公共空间的便利化甚至是免费。收费往往会阻碍城市特色文化的传播。道理很简单，城市特色文化最主要的展示窗口往往在公共空间，政府的目的就是让特色文化获得更广泛的传播和认同，那么降低传播的成本，增加接触的频率便是很好的选择。

六、产业联动：对接城市特色文化与旅游城市发展

西南地区因为旅游资源具有先天优势，城市文化与旅游的关系异常紧密，导致的结果是城市特色文化经常用来服务于旅游城市发展的需要。按照本书提出的新的城市特色文化保护思路，城市特色文化保护应当是主要目的，其本身应当具有独立性与优先性，城市旅游建设反过来应该从中尽可能汲取灵感和要素。这种思路在短期内或许会对经济发展造成一定损伤，但是从城市发展和旅游资源开发更长远的角度看是有利的。反过来，从旅游产业发展的角度看，可以采取以下举措：（1）旅游资源开发部门应当与文化保护相关部门协同工作；（2）旅游资源的具体规划应当以城市特色文化清单为突破口；（3）旅游线路的规划可以更贴近居民生活，因为对外地人而言，人们最关心的还是这一地区居民的真实生活面貌；（4）应逐步让居民参与到城市特色文化的生产和经营中来，扶持专业的技艺传承者，用文化产品勾连城市特色文化、城市居民与旅游城市三者的共同发展。

第三节　城市景区化进程中文化培育的政策建议

培育（cultivar），源自生物学中栽培（cultivar）这个词，为生物学术语，

主要是指为了满足某种特定的文化需求将两个物种杂交（通过基因融合或嫁接）而形成新的果实。同理，这个方案把多个相互竞争的系统杂糅在一起，可以提高系统的整体性能和智能。在这个定义下，本土文化和现代策略混合可以形成新的文化特征。文化培育的意思则主要是指将局部的、边缘的、相应隐形的文化"做大做强"，让其广为人所接受并逐渐成为主流，同时也包括将不同文化进行融合以产生新的文化元素和文化现象。而城市特色文化的培育，则更多指将城市文化中的某些部分进行"特色化"，注重对其的保护、宣传、开发和维护，从而使这部分被挑选的"特色"文化成为城市生活中的主流文化，甚至是城市精神。

一、整体目标：城市文化培育氛围的形成

城市居民才是城市的真正主人，他们既是城市文化的直接受益者、传承者，同时也是城市文化的实践者与创造者。在很大程度上，城市市民的素质将直接影响并决定整座城市的素质。

所以整座城市文化的培育，首先要注重对城市居民文化素养的培养。这种素养一方面来源于地方性、民族性传统文化，另一方面受全球化驱动下外域文化、流行文化等的冲击和影响。至于这种文化是否能为广大市民所熟悉、理解和接受，并进而凝聚、提炼成为城市精神和文化特色，只能是以前者为主体，充分吸收现代文明的积极因素。否则，城市文化和精神就会成为无源之水、无根之木，失去自身的根基和特色。

因此，城市文化的培育首先应是整体氛围的培养。这种氛围具体如何建设，可能是一个长期的过程，首先，城市主政者的思想观念需要转变；其次，也需要城市居民能够参与其中，最终效果是整座城市文化氛围的烘托。一旦这种氛围建立起来，文化自然也会兴盛起来而变得充满活力。具体可以采取以下措施：（1）定期和不定期对西南城市相关官员进行这方面文化课程的培训，在观念上进行熏陶和培育。（2）将城市文化培育的氛围纳入地区绩效考核的指标，鼓励地方政府在这方面投入资源和人力，重视该项工作。（3）城市文化氛围的整体培育必须体现在一些细致的方面，只有这样才能让每个城市居民感受到文化的细节和魅力。（4）通过开展各种文化评比和竞赛活动，鼓励更多家庭参与到特色文化的建设中来。

二、品牌战略：突出城市特色文化建设

城市文化品牌是城市文化发展过程中被符号化的，是集中展现城市精神风貌和城市文化的特殊载体，同时也是被选择出来最能体现城市当下特征和最能表现城市文化特点的集合体。在经济全球化的大背景下，城市文化品牌战略成为城市总体发展战略的重要组成部分。

具体可以采取以下措施：（1）注重媒体的宣传和推广，要制定具有西南地区城市特色的文化品牌中长期发展规划，充分利用当地的主流媒体，依托国内甚至是国际强势媒体，通过广播、电视、报纸等媒体方式，长跨度、高频率地宣传城市的文化品牌。此外还可以借助互联网、制作电视专题片等方式来推介城市的文化品牌。在城市重要公共区域、交通要道，设立一批以塑造城市文化品牌，提升城市形象的大型景观式宣传牌和大型显示屏，并在北上广深等大城市的重要区域设置文化品牌广告牌，扩大城市文化的影响力。（2）开展节会传播。围绕城市文化品牌培育的具体内容要求，利用文化节庆活动，借助名人、名节、名会的巨大效应，打造和推广西南城市文化品牌，进一步提高城市的知名度和美誉度。（3）注重产业烘托。要积极扶持西南城市文化龙头企业，培育特色文化产品、名牌产品。大力引进实施一批文化产业重大项目，进一步带动城市文化品牌形成，从而实现文化产业发展与城市文化品牌相互提升、相得益彰。

三、文化创新：融合传统与现代的元素

城市特色文化的培育在某种程度上也是城市文化的发展，而创新是发展的最佳源泉。对西南地区而言，文化创新的最重要方式就是寻求传统文化、民族文化、地域文化和现代文化的融合。以美学为例，有一个"新中式""新古典"的概念，就是在生活用品、文化产品、旅游资源建设等各个领域，吸纳传统元素，并结合现代美学的光、色、线条、构成等。政府应当大力鼓励这种产业的发展，同时，在各个领域，都可以考虑具体形式的结合，让其既具有现代时尚的色彩，又具有地方的、历史的文化特色。创新的主体有很多种，但是这里要充分调动各方的积极性。一是市场自发创新，政府适度引导创新的方向。二是政府主导城市文化创新的活动，但是居民要充分参与。三是社会自发创

新，政府和市场作为辅助。每种创新都有自己的特点，应当充分发挥各方优势，并且创新不是一朝一夕的事情，而是需要不断地进行，因为文化始终在变迁，社会需要也在变迁，只有创新才是适应各种变迁的最重要力量之源。

四、参与机制：推动市民融入城市文化

文化培育的一个基本目标是使某种文化逐渐被更多数人认可和实践。那么怎样才能被更多人知晓、实践、传播和认同？一个最重要的手段就是建立城市特色文化的市民融入机制。只有让市民行动起来，文化才能被不断生产出来，才能被不断地实践，进而被放大和传承。事实上，城市居民都是一个个松散的个体，每个人都有自己的生活，有自己的困扰。对个体而言，文化其实是基于各种需要在人与人的交往中形成的，因此，有其自身的逻辑。但是，城市特色文化之所以有"特色"两个字，必然是因为所有文化中的某些部分需要被突出。但现在存在的问题是，政府试图培育的城市特色文化，有可能远离城市居民的生活，或远离居民的正常需求。这里可以有两种思路，一是城市特色文化直接对接城市居民日常需求，在这种需求和文化的关系中嵌套入一种城市特色文化，这样不会显得过于生硬。二是文化本身作为一种消费品，是一种精神满足和精神需要的来源，也即直接将城市特色文化培育成城市居民需要的文化产品和内容，这样居民便会很主动地参与进来，进而认同这种行为。不管采取哪种路径，基本的思路都是要有城市居民的参与，只有参与才能构建起城市以及城市特色文化与一个个个体、家庭以及社区之间的关系，从而让文化培育变得越来越富有活力。

具体对策建议包括：（1）成立传统与特色城市文化保护协会。文化保护协会完全可以由社会热心人士和贤达人士负责独立运作，居民可以参与，甚至协会发展完善后成立各街区的分会，负责具体一个片区城市特色文化的保护工作。（2）鼓励各种社会组织的成立，政府应当放宽社会组织的门槛，对那些直接服务于城市特色文化的社会组织给予各种财政、场地、人员等的支持，鼓励其开展活动、吸纳会员、财务公开等。（3）政府可以开展一些特色文化活动，以评比、竞赛、展览、演出等各种形式来推进一些特色文化实践的具体活动。（4）将更多城市特色文化建设的活动放置在城市公共空间，比如社区服务中心、街区广场、公园、地铁站，甚至是历史古建筑之中来开展，增加文化活动的曝光度和缩小场景与居民生活的距离。（5）鼓励地方开展各种形式的

文化活动，并用项目经费等多种形式鼓励居民参与。

五、宣传引导：鼓励市民讲述城市故事

城市特色文化的培育，最经常使用的手段便是宣传。宣传是一种主动传播的有效手段，具有范围广、受众多、形式灵活、内容丰富、即时性等特点，但存在的问题是传播方向的单向性。因此，政府一旦选定一个城市特色文化的培育方向，就可以进行主动出击。但是，文化的传播没有互动和反馈，结果往往是自说自话。一开始，通过报纸、街头公益广告、电视广播等能够加大宣传的力度，市民一开始能够获得新鲜感，但久而久之便是审美疲劳，渐渐地演变为麻木与忘却。

通过讲故事能够更好地实现城市特色文化的塑造和传播，这是有理论依据的。马奇（2011）将这种适应性学习分为"低智"和"高智"两种模式。其中"低智学习"是指在不求理解因果结构的情况下复制与成功相连的行动。当面对复杂的情形时，人类的"低智学习"失效，组织及其成员便转入"高智学习"，采取的方式主要是利用故事和模型，遵循最大可理解复杂性的原则。当城市居民处于放松状态时，对整座城市的文化特点和魅力才具有感受力。文化的逻辑很大程度上就是去品味，去感受，去经历，去传递，去讲述，而不是现代市场经济驯化下的"理性"与算计逻辑。文化本身就是一种柔化的存在，故事同样也是，故事与文化是天然的结合，因此应当好好利用讲故事的特点去宣传、渲染城市特色文化。

城市特色文化培育与传播的最好方式，就是让城市居民自己来讲述他们的城市故事。文化最好的呈现方式当然是艺术和生活故事。现实生活中，人们通常不喜欢对方的说教，甚至是国家的说教，人们不想随便改变自己的想法，但是如果采取一些循循善诱的方法，便能够让城市特色文化深入人心。习近平总书记曾多次强调，中国人应该讲好自己的故事。中国人有着独特的文化传统、独特的历史命运、独特的基本国情，这些注定了中国必然要走适合自己特点的发展道路。

政府可以从两方面来推进这项工作。（1）每座城市在对外宣传中，采用讲故事的逻辑，要精心选择和编辑能够代表西南城市特色、反映西南城市居民生活面貌和精神面貌的故事，同时，这种故事最好是与城市特色文化相契合。这样的文宣工作，完全可以同时吸纳专业人士与普通城市居民参与，从他们之

中选择故事，然后编辑故事，再进行包装和宣传。（2）城市内宣上，也要注重市民文化的宣扬和市民故事的挖掘。其实政府在这方面做得很好，但需要矫正的是城市特色文化的宣传较为生硬刻板，能够生动、形象、丰富又有趣地讲述这座城市的故事和这座城市中人的故事的例子并不多。很多时候，并不是城市缺乏故事，而是缺乏用心地去发现、观察、收集和包装这些故事。好的故事往往蕴藏在生活细节中，同时，政府作为一座城市最终的行动者之一，本身可以制造很多故事，这也是可以进行宣传的重要内容。（3）将城市特色文化搬上舞台，用各种艺术的形式来进行动态的展演。这方面需要培育一大批艺术工作者，鼓励其创作与城市文化相关的内容，鼓励其展示自己的艺术作品，帮助他们向市场和社会推出艺术作品，比如工艺作品、美术作品、演出作品等。基本思路就是让城市特色文化能够用艺术的形式不断演绎出来。（4）鼓励市民讲述他们的故事。从艺术的方式，可以考虑拍一些纪录片，并进行后期剪辑与制作，推向前台。在文学上，也可以鼓励更多城市文化方面的创作，鼓励撰写与城市特色文化相关的诗歌、小说。在学术上，可以考虑口述史和人物专访，让城市居民自己讲述他们的故事。

六、文化检视：坚决抵制腐蚀性文化的流行

我们虽然可以推动一些城市特色文化的发展，但是我们常常容易忘记对其他文化现象的检视、引导和管制工作。一些现代资本主义的流行文化，很容易腐蚀和排挤传统文化，他们以各种庸俗的方式迎合部分市民的低级趣味。尤其是一些非主流文化强调及时行乐，强调破坏而不是建设。当然，政府也不应当敌视和排挤所有未被纳入城市特色文化范围的非主流、边缘性文化（尤其是青年人中的），虽然很多这样的文化其实是会对政府倡导的特色文化形成一种侵蚀和破坏。

西南地区城市特色文化较为鲜明，而现代化以及当前的一些糟粕文化和现象，如各种色情服务业、赌博、毒品文化等。这一类国家明令禁止的文化现象应该坚决予以取缔。还有一些文化，比如网络流行文化、非主流二次元等应当适当进行引导。西南民族地区总体而言，有些世外桃源的感觉，因此，可以发展与之相适应的文学创作、音乐、诗歌文化，让这种高雅的艺术与西南城市，以及整个西南地区的情景相适应。这里还存在的一种情况就是少数民族或传统文化中，本身还有一些糟粕、落后、原始的文化需要破除，值得我们警醒。有

时候，文化的部分很难一次性切分清楚，我们在宣扬和推广传统文化时，应注意传统文化中的比如三纲五常等文化现象。相反，我们应该宣扬少数民族中的平等文化，并将其与现代社会主义核心价值观相融合，而这本身就是一种传统文化在当代再现的方式。

政府可以采取的措施有：（1）成立专门部门。这个部门相当于文化舆情收集部门，部门可以设置在文化与旅游局内部，当然也可以交给一个特定的部门。这个部门的任务要求是不定期收集和监控部分文化现象，实时掌握最新动态，并对其进行系统评估。每年要形成系统材料，鼓励政府部门人员开展调研，了解实际情况。（2）形成专业的文化舆情报告。可以将这样的工作以项目的形式委托给专业的调查机构来完成，从而获得较为专业的报告，在决策中作为一个重要的参考依据。（3）实施监管。如有必要，可以采取一些合法又合规的方法或措施来限制这种文化的发生和传播。比如，取缔一些不合时宜的文化场所，对一些腐化的文化现象进行公开批评和处罚等。（4）疏导文化向新的方向发展。政府在给一些营业部门，如酒店行业颁布营业执照和进行年检时，应与企业签订文化倡议协议，明令禁止市场主体开展与社会主义主流价值观、城市特色文化相悖的文化服务活动。（5）不定期开展关于这种文化的讨论甚至是批判会，让这种文化的信奉者能够在自由的讨论中认清糟粕。

七、旅游驱动：引导城市旅游资源合理开发

西南地区城市最大的特色自然是民族，民族特色文化的培育工作不应该因为它足够鲜明和丰富而不注重培育。在民族传统文化的整个内部，市场的力量其实是非常强大的，因为市场是实现经济增长、改善生活质量的最主要来源。没有一定的经济基础，丰富的文化便缺失了重要的社会基础。如今，发展是每个民族的必然要求和选择，民族文化（当然在很大程度上也是传统文化）的确能够带来大量的经济效益和社会效益。文化资本被一步步开发利用，带动第三产业的发展，甚至是整个区域经济的发展。在此过程中，市场这只"无形的手"必然会触及传统文化的每个细胞。这也就是说，过去在商品经济发展相对落后的基础上形成的价值观念、道德文化、人际关系、民俗民风等必然会受到市场的检验。传统文化走向市场的时候必然也会遵循市场逻辑，可能会逐渐远离原来的生发背景，从而被仪式化、舞台化，甚至成为被观赏的对象。那些被再生、可以用来消费的文化背后会出现富有个性特点、独具民族特色的文化，

会逐渐沦为一种同质化的大众文化，甚至是历史性、独特性的文化"工艺品"。但政府也不能轻易否定市场在培育和保护传统文化方面作出的重要贡献。市场是无形的，政府只能引导而不能大加干涉。政府可以在城市特色文化保护和培育中，充分认识和利用市场规律，运用政府管制、公民参与等各种政策工具来推动城市文化向培育的方向发展。

本 章 小 结

　　本章在现状分析、理论分析以及实证检验的基础上，通过对西南民族地区城市特色文化保护和培育的分析，提出了有针对性的政策建议。城市特色文化一方面会随着时间变化而发生变化，因为需要被保护；另一方面，城市特色文化是历史的建构和形塑者，因此，为了特定的目的需要进行培育。尽管西南地区城市特色文化具有自身的历史、地理、生态环境、民族等的不同，但在城市特色文化的保护和培育方面与其他地区具有共性特征。本书后部分提出的对策建议基于西南城市特色文化培育的现状、条件和存在的问题给予了相应的对策建议，但也兼顾了一般意义上的城市特色文化的保护和培育的观念、理念和思路等内容。然后，在文化保护的政策建议中，提出了特色识别、专款保障、法治保障、立体规划、特色落地、产业联动六个方面的建议。在文化培育的对策建议中，提出了城市文化整体氛围的培育、突出城市特色文化的品牌建设、融合传统与现代的创新元素、推动市民融入的参与机制、鼓励市民讲述城市故事以及对腐蚀性文化进行实时检视等方面的建议。

第八章

结　论

城市景区化作为新型城镇化建设的目标之一，对经济社会的发展已经显示出了巨大的推动作用。要实现从功能城市向文化城市的战略转型，城市景区化是城市建设实践中迫切需要解决的问题之一。而走特色文化培养创新之路，是现代城市发展的必然趋势。西南民族地区的城市文化有着与生俱来的优势和特色，因此，因地制宜地探讨城市景区化对西南民族地区城市特色文化保护与培育的影响因素、特征和作用机理，是选择西南民族地区城市特色文化保护与培育路径的关键。本书所做的主要工作和得出的结论如下。

第一，梳理了城市发展的基本内涵和基本特征以及城市特色文化的相关理论知识。首先，对外部性理论、城市区位理论、产业融合理论等进行了深入的描述和解读，旨在为接下来城市化进程中西南民族地区城市特色文化保护和培育现状的分析提供详细的理论基础。其次，本书从文化的缘起和发展的角度，全方位整理了关于城市文化、城市特色文化等方面的研究，既有基础层面的研究，也有更深层次的研究，为后期厘清城市化进程和城市特色文化保护和培育之间的关系奠定了良好的基础。最后，描述了西南民族地区城市特色文化保护和培育的内涵和特征，对西南民族地区城市特色文化保护和培育有了整体的认识，这也为下一阶段的研究提供了强有力的理论支撑和现实参考。

第二，详细分析了西南民族地区城市景区化进程中城市特色文化保护与培育状况的现状。从景区化、城市景区化、民族社区景区化、非物质文化遗产保护、文化产业、文化和城市发展、文化产业和城市竞争力、文化产业和城市转型等角度梳理了相关文献，并从西南民族地区各省（以桂滇黔为例）中选取典型案例地进行个案调查，获得城市景区化和城市特色文化保护与培育的现状，这其中主要包括对不同城市和不同城市特色文化类型及其保护和培育机制进行重点分析，提炼出现状、特征和问题，提出构建城市景区化对西南民族地区城市特色文化保护与培育作用机理的现实依据，并结合西南民族地区城市景区化的内涵，探讨城市景区化进程中西南民族地区城市特色文化保护与培育路径的民族性和特殊性。

第三，梳理了城市景区化背景下西南民族地区城市特色文化保护与培育的影响因素、特征及作用机理。通过研究发现，当前西南民族地区城市文化由两大基本部分构成：西南城市特色文化和现代城市文化。其中，以中国其他城市作为参照，西南城市特色文化主要体现为传统历史文化、地域文化和民族文化等，这些文化是西南地区的先赋性因素造成的，这些因素包括自然环境、地理地形、人口迁移、历史原因等。另外，随着时代的变迁，西南城市开启了其自身的现代性历程，因而现代城市文化开始为城市居民所接受，这些文化与其他城市相比具有共性特征，文化体现出理性与个性、多元竞争、契约与市场、消费主义、流行文化、跨文化等。西南地区城市的现代文化显然是因为工业化、市场化、城市化、全球化、知识普及化、网络化等诱发的。到那时，两种文化之间存在一定冲突，主要表现为现代城市文化有一种消解先赋因素的动力，而现代性的力量在很大程度上又会抑制西南城市特色文化的保护和培育。这种冲突凸显为两种发展诉求。其中，城市旅游开发和经济发展，会推动西南城市特色文化的保护和培育，而城市居民为了融入现代人生活又对现代城市文化提出了更高的要求。其结果是，城市景区化必须同时解决这两类问题。国家在相应的政策层面上会同时做出推动西部大开发与文化保护战略。其中，西部大开发战略主要是推动基础设施建设和资源适度开发，推动现代城市的建设，满足现代社会城市居民对美好生活的多元需求。文化保护战略，除了是因为西南独具民族和地域特色的城市文化正在逐渐消失和被边缘化之外，更重要的一个原因就是西南城市对旅游及带动起来的服务业等极为依赖。这一地区城市缺乏大规模的资本和技术，没有成规模的制造业，GDP 总体而言排在全国倒数，城市还需要辐射的周边扶贫村落较多，因而只能大规模发展旅游产业。当然，这两者都是在城市景区化背景下展开的。

第四，针对理论模型，进行问卷调查，对模型进行了实证检验。基于城市景区化对城市特色制度文化保护的调查数据进行分析，运用城市景区化对城市特色文化保护的分析，进行了城市景区化对城市特色物质文化的研究假设与实证检验。同时还进行了城市景区化对城市特色制度文化的实证检验以及城市景区化对城市特色精神文化的实证检验，从而得出了基本的结论。

　　第五，提出城市景区化进程中城市特色文化保护与培育路径。城市特色文化一方面会随着时间变化而发生变化，因为需要被保护；另一方面，城市特色文化是历史的建构者和形塑者，因而为了特定的目的需要进行培育。尽管西南地区城市特色文化具有自身的历史、地理、生态环境、民族等，但在城市特色文化的保护和培育方面与其他地区具有共性特征。因此，本书后面部分提出的对策建议基于西南城市特色文化培育的现状、条件和存在的问题给予了相应的对策建议，但也兼顾了一般意义上的城市特色文化的保护和培育的观念、理念和思路等内容。然后，在文化保护的政策建议中，提出了特色识别、专款保障、法治保障、立体规划、特色落地、产业联动六个方面的建议。在文化培育的对策建议中，提出了城市文化整体氛围的培育、突出城市特色文化的品牌建设、融合传统与现代的创新元素、推动市民融入的参与机制、鼓励市民讲述城市故事以及对腐蚀性文化进行实时检视等。

附 录

城市景区化对西南民族地区城市
特色文化保护与培育的调查问卷

尊敬的女士/先生：

您好！我是"城市景区化进程中西南民族地区城市特色文化保护与培育路径研究"课题组的调查员，为了完成相关研究工作，希望您抽出一点时间，以自身的实际经验填写以下内容，您的回答将是本研究的重要依据，请您耐心作答，避免错漏。

我郑重向您承诺，本问卷只用于学术研究分析，绝不做他用。问卷不会涉及您的隐私，且获得的全部数据也将绝对保密，敬请安心作答。再次感谢您的支持！请在所选选项上打"√"即可。

一、基本信息

1. 性别：

A. 男　　　　　　　B. 女

2. 您属于：

A. 汉族　　　　　　B. 少数民族

3. 您的年龄：

A. 14 岁以下　　B. 15～24 岁　　C. 25～44 岁　　D. 45 岁以上

4. 您的学历：

A. 小学及以下　　B. 初中　　　C. 高中（中专）　　D. 大专及以上

5. 您的家庭是否有从事旅游行业的成员：

A. 是　　　　　　　B. 否

二、城市景区化发展状况

被访者的旅游感知情况。请您根据您的判断进行选择，1 表示最低（最少、最不好、最不满意），2 表示较低（较少、比较不好、比较不满意），3 表示中等（一般、无所谓高低），4 表示较高（较多、较好、较为满意），5 表示最高（最多、最好、最满意）。

表 1　　　　　　　　　　　城市景区化发展状况

序号	测量指标	满意程度				
		1	2	3	4	5
1	城市景区化的先赋因素：包括城市建设状态、外在景观、内在生态、少数民族文化、优秀历史传统等					
2	城市景区化的现代化因素：包括知识普及化、工业化发展、经济的市场化、城市化的推进、全球化的演进					
3	城市景区化的经济发展因素：包括城市面貌、景区联动情况、可持续发展状况					
4	城市景区化的政策因素：包括西部开发政策、财政的转移支付、旅游开发政策					

三、城市特色文化保护与培育状况

被访者的旅游感知情况。请您根据您的判断进行选择，1 表示最低（最少、最不好、最不满意），2 表示较低（较少、比较不好、比较不满意），3 表示中等（一般、无所谓高低），4 表示较高（较多、较好、较为满意），5 表示最高（最多、最好、最满意）。

表 2　　　　　　　　城市特色物质文化保护与培育状况

序号	测量指标	满意程度				
		1	2	3	4	5
1	城市景区化进程中的城市建筑文化情况					
2	城市景区化进程中的城市道路交通文化情况					

续表

序号	测量指标	满意程度				
		1	2	3	4	5
3	城市景区化进程中的城市居住文化情况					
4	城市景区化进程中的城市饮食文化情况					
5	城市景区化进程中的城市服饰文化情况					
6	城市景区化进程中的城市环境文化情况					

表3　　　　　　　　　　城市特色制度文化保护与培育状况

序号	测量指标	满意程度				
		1	2	3	4	5
1	城市景区化进程中的家庭制度文化：包括婚姻、习俗、礼仪、生育、亲子关系、继承关系等					
2	城市景区化进程中的经济制度文化：包括公有制经济、私有制经济、个体经济、私营经济等					
3	城市景区化进程中的政治制度文化：包括法律制度、体制、规则、法规、惯例等					

表4　　　　　　　　　　城市特色精神文化保护与培育状况

序号	测量指标	满意程度				
		1	2	3	4	5
1	城市景区化进程中的城市文化知识传播情况					
2	城市景区化进程中的城市传统艺术保护情况					
3	城市景区化进程中的城市信仰情况					
4	城市景区化进程中的城市道德提升情况					
5	城市景区化进程中的城市传统习俗保护情况					
6	城市景区化进程中的城市传统节日保护情况					

衷心感谢您的配合！

参 考 文 献

[1] 艾菊红. 文化生态旅游的社区参与和传统文化保护与发展——云南三个傣族文化生态旅游村的比较研究 [J]. 民族研究, 2007 (4): 52 - 61.

[2] 安传艳. 旅游城市化内涵及动力机制研究 [J]. 理论界, 2008 (8): 223 - 224.

[3] [英] 安东尼·吉登斯. 现代性的后果 [M]. 田禾, 译. 南京: 译林出版社, 2011.

[4] 安富海. 论地方性知识的价值 [J]. 当代教育与文化, 2010 (2): 34 - 41.

[5] 巴顿. 城市经济学: 理论和政策 [M]. 北京: 商务印书馆, 1984.

[6] 巴桑吉巴, 胡海燕, 孟祥娜. 拉萨市国家级非物质文化遗产旅游开发适宜性评价 [J]. 西藏研究, 2014 (6): 43 - 48.

[7] 柏淑娟. 高校学生培养成本中影子成本的计算 [J]. 教育财会研究, 2004 (3): 54 - 57.

[8] 柏巍, 刘昆轶, 城市文化建设与发展的策略探索——以上海静安区为例 [J]. 现代城市研究, 2011 (6): 66 - 72.

[9] 保华. 城市文化刍议 [J]. 城市问题, 2000, 1 (17).

[10] 蔡俊豪, 陈兴渝. "城市化" 本质含义的再认识 [J]. 城市发展研究, 1999 (5): 22 - 25.

[11] 陈柳钦. 城市文化: 城市发展的内驱力 [J]. 西华大学学报 (哲学社会科学版), 2011 (1): 108 - 114.

[12] 陈少峰. 提升城市文化软实力的对策思考 [J]. 福建论坛 (人文社会科学版), 2011 (10): 17 - 20.

[13] 陈学璞. 发展广西地域文化 彰显八桂地方特色 [J]. 广西教育学院学报, 2014 (2): 1 - 7.

[14] 程皓. 西南民族地区城市景区化对城中村改造作用机理研究 [D].

桂林：广西师范大学，2015：35 – 37.

[15] 戴维·弗里斯比. 现代性的碎片——齐美尔、克拉考尔和本雅明作品中的现代性理论 [M]. 卢晖临，周怡，李林艳，译. 北京：商务印书馆，2003：62.

[16] 单霁翔. 城市文化特色保护 [M]. 天津：天津大学出版社，2017：230.

[17] 单霁翔. 从功能城市走向文化城市 [C]. 城市文化国际研讨会暨城市规划国际论坛. 2007.

[18] 邓莹璐. 桂林旅游产业与文化产业融合发展研究 [D]. 桂林：广西师范大学，2014.

[19] 段银河，马良灿. 论民族村落景区化发展的主体 [J]. 青海民族研究，2015（3）：49 – 54.

[20] 方创琳. 中国城市群形成发育的新格局及新趋向 [J]. 地理科学，2011，31（9）：1026 – 1033.

[21] 方钦. 制度：一种基于社会科学分析框架的表诠 [J]. 学术月刊，2016，48（2）：66 – 75.

[22] 冯天瑜，何晓明，周积明. 中华文化史 [M]. 上海：上海人民出版社，1990.

[23] 付德申，程皓. 我国城市景区化问题研究 [J]. 2014（2）：14 – 16.

[24] 高波，张志鹏. 文化资本：经济增长源泉的一种解释 [J]. 文化产业研究，2006（41）：102 – 112.

[25] 高玉玲，王萍. 1922～1937 年青岛城市建设与旅游现代化 [J]. 旅游学刊，2014（9）：120 – 128.

[26] 葛敬炳，陆林，凌善金. 丽江市旅游城市化特征及机理分析 [J]. 地理科学，2009，29（1）：134 – 140.

[27] 谷继建. 非物质文化遗产保护的非正式制度研究 [J]. 社会科学战线，2009（3）：204 – 207.

[28] 韩春鲜. 旅游感知价值和满意度与行为意向的关系 [J]. 人文地理，2015，30（3）：137 – 144，150.

[29] 郝朴宁. 民族文化遗存形态的产业社会化与文化生态建设 [M]. 北京：科学出版社，2010.

[30] 何秋. 桂林民俗旅游资源开发模式研究 [D]. 桂林：广西师范大

学，2008.

[31] 贺能坤. 旅游开发中民族文化变迁的三个层次及其反思——基于贵州省黎平县肇兴侗寨的田野调查 [J]. 广西民族研究，2009（3）：178-183.

[32] 贺学君. 关于非物质文化遗产保护相关理论的再思考 [J]. 民间文化论坛，2009（2）：16-19.

[33] 亨利·列斐伏尔."什么是现代性？——致柯斯塔斯·阿克舍洛斯"，包亚明主编"现代性与空间的生产" [M]. 上海：上海教育出版社，2002：1.

[34] 胡甜甜. 革命烈士陵园景区化规划思想研究 [D]. 武汉：华中师范大学，2013：25-26.

[35] 黄钦琳. 新疆畜牧业发展问题研究 [D]. 乌鲁木齐：新疆财经大学，2010.

[36] 黄稳书. 云南特色民族文化在"一带一路"战略中的作用研究 [J]. 价值工程，2017，36（9）：1-5.

[37] 黄永久. 在新的起点上把南宁市旅游业培育成战略性支柱产业 [J]. 中共南宁市委党校学报，2010，12（6）.

[38] 简文湘. 贺州桂林携手共建"大旅游圈" [N]. 广西日报，2008-09-29.

[39] [美] 简·雅各布斯. 美国大城市的生与死 [M]. 金衡山，译，南京：译林出版社，2005：223.

[40] 蒋多，杨乔. 生产性保护背景下非物质文化遗产国际化的路径与对策 [J]. 中国海洋大学学报（社会科学版），2015（1）：103-107.

[41] 金江军，潘懋，承继成. 论信息时代的城市发展 [J]. 国土资源信息化，2005（2）：2-5，41.

[42] [美] 克利福德·吉尔兹. 地方性知识：阐释人类学论文集 [M]. 王海龙，张家宣，译. 北京：中央编译出版社，2000.

[43] 克利斯多夫·克拉格，索珊娜·格罗斯巴得·斯哥茨曼. 文化资本与经济发展导论 [M]. 吴丹，译. 全球化与文化资本.2005：223.

[44] 来仪. 西部少数民族文化资源开发走向市场 [M]. 北京：民族出版社，2007.

[45] 李博，贾志永，靳取. 桂林区域性中心城市辐射力范围分析 [J]. 广西财经学院学报，2009，22（1）：37-41.

[46] 李城. 音乐类非物质文化遗产保护新思路——从生产性保护和文化

产业发展谈起 [J]. 中国音乐, 2014 (4).

[47] 李富强. 让文化成为资本: 中国西部民族文化资本化运营研究 [M]. 北京: 民族出版社, 2004.

[48] 李更生. 推进贵州特色民族文化和旅游融合发展探析 [J]. 理论与当代, 2012 (9): 32 – 35.

[49] 李培林. 巨变: 村落的终结——都市里的村庄研究 [J]. 中国社会科学, 2012 (1): 168 – 179.

[50] 李桥. 文化自信视域下的黔东南苗族文化传承发展研究 [D]. 北京: 华北水利水电大学, 2018.

[51] 李铁映. 关于加速我国城市化的几个问题 [J]. 中国城市经济, 1999 (1): 9 – 15.

[52] 李小建. 经济地理学 [M]. 北京: 高等教育出版社, 2002.

[53] 李晓琴, 银元, 陈宇. 城市景区化概念模型及内涵探讨 [J]. 西南民族大学学报 (人文社会科学版), 2011 (9): 145 – 148.

[54] 李晓琴. 基于 "产业融合" 理论的低碳旅游业态创新路径研究 [J]. 西南民族大学学报 (人文社科版), 2016 (2): 126 – 130.

[55] 李晓钟, 陈涵乐, 张小蒂. 信息产业与制造业融合的绩效研究——基于浙江省的数据 [J]. 中国软科学, 2017 (1): 22 – 30.

[56] 厉无畏. 建设创意城市与发展会展业 [J]. 国际经贸探索, 2012 (8): 4 – 11.

[57] 林峰, 王雄伟. "桂林山水" 的重新诠释与大桂林旅游经济圈发展战略 [N]. 中国旅游报, 2005 – 11 – 28.

[58] 林筱颖. 广西少数民族文化旅游资源特色及开发定位研究 [J]. 南宁职业技术学院学报, 2013, 18 (5): 70 – 73.

[59] 刘小燕. 少数民族非物质文化遗产传承的旅游开发研究 [J]. 贵州民族研究, 2014 (12): 153 – 156.

[60] 刘易斯·芒福德, 宋俊岭, 宋一然, 城市发展史——起源、演变与前景 [J]. 书城, 2019 (2): 70.

[61] 陆大道. 关于 "点—轴" 空间结构系统的形成机理分析 [J]. 地理科学, 2002 (1): 1 – 6.

[62] 陆林, 葛敬炳. 旅游城市化研究进展及启示 [J]. 地理研究, 2006 (4): 183 – 192.

［63］陆林，於冉，朱付彪，等．基于社会学视野的黄山市汤口镇旅游城市化特征和机制研究［J］．人文地理，2010，25（6）：19－24.

［64］罗方雅．技术视野下非物质文化遗产保护的数字化［J］．四川戏剧，2015（2）：125－128.

［65］罗永常．民族村寨旅游发展问题与对策研究［J］．贵州民族研究，2003（2）：102－107.

［66］马怀政．少数民族地区特色文化产业发展问题研究［D］．银川：北方民族大学，2017.

［67］［美］马泰·卡林内斯库．现代性的五幅面孔：现代主义、先锋派、颓废、媚俗艺术、后现代性［M］．顾爱彬，李瑞华，译．北京：商务印书馆，2002：12－14.

［68］梅青，陈慧倩．上海石库门考今与可持续发展探讨［J］．建筑学报，2008（4）：85－88.

［69］帕克，伯吉斯，麦肯齐，等．城市社会学：芝加哥学派城市研究［M］．上海：商务印书馆，2012.

［70］彭碧群．桂东后发展地区精神文化建设研究［D］．桂林：广西师范大学，2018.

［71］彭瑛，易红．分类学视角下的非物质文化遗产保护——以湖北恩施州土家族为例［J］．贵州民族研究，2014（12）：49－53.

［72］普忠良．从全球的濒危语言现象看我国民族语言文化生态的保护和利用问题［J］．贵州民族研究，2001（4）：127－134.

［73］秦斌明．关于"城市景区化"和"景区城市化"的浅析［J］．旅游调研，2006（8）：16－21.

［74］秦伟山，张义丰，李世泰．中国东部沿海城市旅游发展的时空演变［J］．地理研究，2014（10）：1956－1965.

［75］饶会林．城市文化与文明［M］．北京：高等教育出版社．2005.

［76］任媛媛．桂林历史文化旅游资源开发研究［D］．桂林：广西师范大学，2006.

［77］桑月华．丽江纳西族非物质文化遗产保护和传承刍议［J］．云南社会主义学院学报，2017（1）：118－120.

［78］上海社会科学院课题组．塑造实力与福利兼顾的国际大都市——"十一五"时期上海国民经济和社会发展的理论思考［J］．上海经济研究，

2005（2）：41-51.

[79] 施惟达. 态与势：云南文化产业研究［M］. 昆明：云南大学出版社，2007.

[80] 施惟达. 文化与经济：民族文化与产业化发展［M］. 昆明：云南大学出版社，2011.

[81] 史蕾琦，王燕茹. 文化创意产业与城市品牌营销的研究——以无锡市为例［J］. 现代城市研究，2012（8）：95-99.

[82] 司马云杰. 文化社会学［M］. 北京：中国社会科学出版社，2015.

[83] 松涛. 传统裂变于现代超越：西部大开发与西南少数民族生活方式变革问题研究［M］. 北京：民族出版社，2006：14.

[84] 宋冬林，汤吉军. 沉淀成本与资源型城市转型分析［J］. 中国工业经济，2004（6）：58-64.

[85] 宋俊岭. 城市的根本职责——《城市文化》中译本序［J］. 北京城市学院学报，2009（3）.

[86] 孙洁. 文化创意产业的空间集聚促进城市转型［J］. 社会科学，2012（7）：49-56.

[87] 孙倩雯. 城市文化作用下的城市发展——以改革开放后的北京、上海、广州为例［D］. 上海：华东理工大学，2015.

[88] 陶良虎，张道金. 论产业竞争力理论体系［J］. 湖北行政学院学报，2006（4）：53-55.

[89] 田敏. 近十年国内民族村寨旅游开发与民族文化保护和传承研究述评［J］. 中南民族大学学报（人文社会科学版），2012（11）：36-40.

[90] 田敏. 民族社区社会文化变迁的旅游效应再认识［J］. 中南民族大学学报（人文社会科学版），2003（5）：39-43.

[91] 王光荣. 南方习俗与边疆民族文化产业的整合［J］. 广西师范学院学报（哲学社会科学版），2008（3）·16-21.

[92] 王国中. 培育城市文化品牌，促进魅力无锡建设［J］. 江南论坛，2012（9）：11-13.

[93] 王辑思. 民族与民族主义［J］. 欧洲，1993（5）：14-19.

[94] 王克岭. 微观视角的西部地区少数民族文化产业可持续发展研究［M］. 北京：光明日报出版社，2011.

[95] 王铭铭. 文化变迁与现代性的思考 [J]. 民俗研究, 1998 (1): 1 – 14.

[96] 王淑荣. 旅顺经济开发区制造业与文化产业融合研究 [J]. 对外经贸, 2016 (12): 75 – 77.

[97] 王维艳, 沈琼, 李强. 西部乡村民族社区景区化的内涵及表征——以云南典型乡村民族社区为例 [J]. 云南地理环境研究, 2011 (2): 13 – 18.

[98] 王维艳. 西部乡村社区景区化响应模式及其优化研究——基于现代物权理论的视角 [J]. 经济问题探索, 2013 (8): 102 – 108.

[99] 王文洪. 从城市竞争力视角看城市文化的重要作用 [J]. 中共浙江省委党校学报, 2005 (2).

[100] 王晓军, 罗显克. 广西边境地区少数民族文化与旅游资源开发初探 [J]. 百色学院学报, 2006 (4): 106 – 109.

[101] 王新刚. 大庆服务外包产业竞争力评价及提升途径 [D]. 东北石油大学, 2011.

[102] 威廉·费尔丁·奥格本. 社会变迁——关于文化和先天的本质 [M]. 杭州: 浙江人民出版社, 1989: 89.

[103] 吴敬琏. 路径依赖于中国改革——对诺斯教授演讲的评论 [J]. 改革, 1995 (3): 57 – 59.

[104] 吴良镛. 中国建筑与城市文化 [M]. 北京: 昆仑出版社, 2009.

[105] 夏季芳. 以丽江古城为例谈城市历史文化遗产的保护和规划 [J]. 工程与建设, 2008 (6): 763 – 765.

[106] 肖胜和. 旅游"非景区化"现象及其影响探析 [J]. 地理与地理信息科学, 2009 (5): 98 – 101.

[107] 谢琛琛. 广西隆安壮族"芒那节"保护与开发研究 [D]. 南宁: 广西大学, 2017.

[108] 谢春山, 魏巍. 辽宁省旅游产业转型升级对策研究 [J]. 财经问题研究, 2009 (12): 133 – 137.

[109] 徐高福, 严世峰, 潘兰贵. 地域景区化旅游发展探究——以千岛湖所在的浙江省淳安县为例 [J]. 林业调查规划, 2012 (4): 73 – 76.

[110] 徐榕璟. 云南城市发展中多民族文化资源的美学审视 [D]. 昆明: 云南大学, 2015.

[111] 杨福泉. 从丽江古城谈遗产地文化保护和发展的一些想法 [J]. 西

南民族大学学报（人文社科版），2007（9）：32 - 37.

［112］杨桂华．民族生态旅游接待村多维价值的研究——以香格里拉霞给村为例［J］．旅游学刊，2003（4）：75 - 78.

［113］杨丽萍．城市文化手稿［M］．郑州：大象出版社，2008.

［114］易宏伟，范洪．城市社会学［M］．北京：教育科学出版社，1995.

［115］易燕，曹玲．少数民族非物质文化遗产苗绣的知识产权保护［J］．贵州民族研究，2014（12）：41 - 44.

［116］于瑮．广西特色文化发展研究［M］．南宁：广西人民出版社，2010.

［117］袁行霈，钟文典，刘硕良．中国地域文化通览·广西卷［M］．北京：中华书局，2013.

［118］曾鹏，曹冬勤．城市景区化进程中城中村的演化研究——以贵阳市花溪区为例［J］．广西民族大学学报（哲学社会科学版），40（6）：194 - 203.

［119］詹姆斯·G. 马奇．经验的疆界［M］．丁丹，译，北京：东方出版社，2011：11 - 56.

［120］张凤阳．西方民族 国家成长的历史与逻辑［J］．中国社会科学，2015（6）：4 - 21.

［121］张娟，张晓松．贵州特色民族文化与旅游的融合发展浅议［J］．绿色科技，2013（6）：274 - 276.

［122］张莉莉．安徽省非物质文化遗产旅游开发SWOT分析［J］．旅游纵览（下半月），2015（1）.

［123］张胜冰，屈小青，邹龙．民族艺术与文化产业［M］．北京：中国海洋大学出版社，2009.

［124］张伟．文化产业与城市更新——基于"台儿庄古城"项目的实证分析［J］．东岳论丛，214（4）：155 - 158.

［125］张娅姣．城市文化与城市发展·成都经验［D］成都：西南交通大学，2011.

［126］赵浩兴．论中小型旅游城市的城市旅游功能完善与个性体现——以浙江省金华市为例［J］．桂林旅游高等专科学校学报，2003（2）.

［127］赵丽娜．城市发展中的文化资本研究［D］．哈尔滨：哈尔滨工业大学，2006.

[128] 赵玲, 胡春. 新兴文化产业的发展: 三网融合新产业 [J]. 现代传播 (中国传媒大学学报), 2012, 34 (6): 87 - 90.

[129] 赵士林. 论民族文化传承的本质 [J]. 北京大学学报 (哲学社会科学版), 2002 (3): 10 - 16.

[130] 赵霞, 韩一军, 姜楠. 农村三产融合: 内涵界定、现实意义及驱动因素分析 [J]. 农业经济问题, 2017 (4): 51 - 59.

[131] 赵子志. 少数民族文化产业发展研究 [D]. 大连: 辽宁师范大学, 2013.

[132] 郑月波. 广西生产性服务业发展之我见 [J]. 百色学院学报, 2010, 23 (5): 64 - 69.

[133] 钟韵, 刘东东. 文化创意产业集聚区效益的定性分析——以广州市为例 [J]. 城市问题, 2012 (9): 95 - 100.

[134] 周波. 桂林贺州签署旅游合作框架协议 [N]. 桂林日报, 2008 - 09 - 28.

[135] 周和平. 我国保护非物质文化遗产的实践与探索 [J]. 艺术教育, 2018 (17): 8 - 12.

[136] 周靖翔, 和爱军. 论全球化背景下丽江市少数民族文化的保护与发展 [J]. 中共云南省委党校学报, 2014, 16 (3): 138 - 141.

[137] 周婷婷. 武陵山片区新型城镇化进程中民族文化旅游创意产业发展研究 [D]. 武汉: 中南民族大学, 2015.

[138] 周宪, 许钧. "现代性研究译丛·总序", 见戴维·弗里斯比. 现代性的碎片——齐美尔、克拉考尔和本雅明作品中的现代性理论 [M]. 卢晖临, 周怡, 李林艳, 译. 北京: 商务印书馆, 2003.

[139] 周一星. 城市地理学 [M]. 上海: 商务印书馆, 1995.

[140] A. C. Pigou. The Economic of Welfare [M]. London: Macmillan, 1920.

[141] Bedate A, Luis César Herrero, José ángel Sanz. Economic valuation of the cultural heritage: application to four case studies in Spain [J]. Journal of Cultural Heritage, 2004, 5 (1): 101 - 111.

[142] Chu C S J, Liu N, Zhang L. Significance test in nonstationary multinomial logit model [J]. Economics Letters, 2016 (143): 94 - 98.

[143] Coase. The Problem of Social Cost [J]. Journal of low and Economics, 1960, 3 (1): 1 - 44.

[144] Gladstone D L. Tourism urbanization in the United State [J]. Urban Affairs Review, 1998, 33 (1): 3 – 27.

[145] Hannigan J A. Tourism urbanization [J]. Current Sociology, 1995, 43 (1): 192 – 200.

[146] Marshall A, Principles of Economics [M]. London: Macmillan, 1920.

[147] Mullins P. Tourism Urbanization [J]. International Journal of Urban and Regional Research, 1991, 15 (3): 326 – 342.

[148] Vivien A. Schmidt. Discursive institutionalism: the explanatory power of ideas and discourse [J]. Annual Review of Political Science, 2008 (11): 303 – 326.

[149] Vivien A. Schmidt. Taking ideas and discourse seriously: explaining change through discursive institutionalism as the fourth 'new institutionalism' [J]. European Political Science Review, 2010, 2 (1): 1 – 25.